暨南大学铸牢中华民族共同体意识研究系列丛书

丛书主编 夏 泉

# 多元与共识

## 海外侨胞中华民族共同体意识的构建研究

陈奕平 罗发龙 关亦佳 石沧金 宋敏锋

苏 朋 杨晶滢 代 帆 尹昭伊 赵子琴 著

李才玉 莫光木 陈友明 朱 磊 黄思婷

暨南大学出版社

JINAN UNIVERSITY PRESS

中国·广州

图书在版编目（CIP）数据

多元与共识：海外侨胞中华民族共同体意识的构建研究／陈奕平等著. —广州：暨南大学出版社，2023.10（2025.7 重印）

（暨南大学铸牢中华民族共同体意识研究系列丛书／夏泉主编）

ISBN 978 - 7 - 5668 - 3777 - 6

Ⅰ.①多…　Ⅱ.①陈…　Ⅲ.①中华民族—民族意识—研究　Ⅳ.①C955.2

中国国家版本馆 CIP 数据核字（2023）第 183111 号

**多元与共识：海外侨胞中华民族共同体意识的构建研究**
DUOYUAN YU GONGSHI：HAIWAI QIAOBAO ZHONGHUA MINZU GONGTONGTI YISHI DE GOUJIAN YANJIU

著　者：陈奕平　等

出 版 人：阳　翼
责任编辑：高　婷
责任校对：刘舜怡　黄亦秋
责任印制：周一丹　郑玉婷

出版发行：暨南大学出版社（511434）
电　　话：总编室（8620）31105261
　　　　　营销部（8620）37331682　37331689
传　　真：（8620）31105289（办公室）　37331684（营销部）
网　　址：http://www.jnupress.com
排　　版：广州尚文数码科技有限公司
印　　刷：广州方迪数字印刷有限公司
开　　本：787mm×1092mm　1/16
印　　张：16.25
字　　数：320 千
版　　次：2023 年 10 月第 1 版
印　　次：2025 年 7 月第 2 次
定　　价：69.80 元

# 总　序

中华民族共同体意识，是国家统一之基，是民族团结之本，是精神力量之魂。

党的十八大以来，以习近平同志为核心的党中央高度重视民族工作，创造性地提出铸牢中华民族共同体意识这一重大原创性论断。2014 年 5 月，习近平总书记首次提出牢固树立"中华民族共同体意识"。2014 年 9 月，习近平总书记在中央民族工作会议上指出："加强中华民族大团结，长远和根本的是增强文化认同，建设各民族共有精神家园，积极培养中华民族共同体意识。"2017 年 10 月 18 日，习近平总书记在党的十九大报告中指出，要"铸牢中华民族共同体意识，加强各民族交往交流交融，促进各民族像石榴籽一样紧紧抱在一起，共同团结奋斗、共同繁荣发展"，并将铸牢中华民族共同体意识写入党章和新修订的宪法，成为全党和全国各族人民的共同意志和根本遵循。2019 年 9 月，在全国民族团结进步表彰大会上，习近平总书记进一步强调要以铸牢中华民族共同体意识为主线做好各项工作。2021 年 8 月，在中央民族工作会议上，习近平总书记明确表示，要以铸牢中华民族共同体意识为新时代党的民族工作的"纲"，坚定不移走中国特色解决民族问题的正确道路。习近平总书记关于铸牢中华民族共同体意识的系列重要论述为新时代党的民族工作指明了前进方向，提供了根本遵循。

为进一步贯彻落实习近平总书记关于铸牢中华民族共同体意识的重要论述，以铸牢中华民族共同体意识为主线做好各项工作，服务党和国家民族工作需要，推动构建具有中国特色、中国风格、中国气派的民族研究学科体系、学术体系、话语体系，为实现中华民族伟大复兴的中国梦提供重要智力支撑，2019 年 10 月，中央统战部、中央宣传部、教育部、国家民委正式启动了建设首批铸牢中华民族共同体意识研究基地的工作，暨南大学以其鲜明的办学特色和学科优势成功入选。

　　"中华民族"的提法是近代以后的产物，目前已写入《中华人民共和国宪法》，具有最高的宪制地位。它包括56个民族在内的中华人民共和国公民、港澳台同胞和海外侨胞。广义上而言，它甚至包括所有对中华民族有文化认同、民族认同的海内外全体中华儿女。历史和现实充分证明中华民族是一个血脉相连的命运共同体，港澳台同胞和海外侨胞是中华民族的组成部分，总数已达9 000余万，分布于世界各地及我国港澳台地区，与中华民族伟大复兴战略全局和人类命运共同体建设的愿景紧密相关。港澳台同胞和海外侨胞是中华民族命运共同体不可或缺的重要组成部分，铸牢他们的中华民族共同体意识攸关中华民族共同体建设的完整性，且因为他们的特定状况，铸牢他们的中华民族共同体意识攸关"一国两制"行稳致远、祖国和平统一进程，以及凝聚海内外中华儿女的力量同心共圆中国梦的战略全局，必须尽一切努力抓紧抓好。

　　暨南大学港澳台侨学生众多，目前有来自95个国家和地区的14 621名港澳台侨和外国留学生在校学习，是海外华裔及港澳台地区学生报考深造首选的热门高校，也是国内规模最大的港澳台侨高素质人才培养基地，是铸牢港澳台同胞和海外侨胞中华民族共同体意识，打造知华、友华、爱华"同心圆"的重要试验场域。自建校以来，暨南大学秉持"宏教泽而系侨情"的办学宗旨，坚持"面向海外，面向港澳台"的办学方针，为世界170多个国家和我国港澳台地区培养各类人才40余万人，有"华侨最高学府"的美誉。2018年10月24日，习近平总书记莅临暨南大学视察并发表重要讲话，希望暨南大学坚持办学特色，把学校办得更好，为海外侨胞回祖（籍）国学习、传承中华文化创造更好的条件。这是暨南大学办学特色与办学使命的突出体现，也是面向未来的神圣责任。

　　在长期的办学实践中，暨南大学形成了自己的学科传统与特色优势，在华侨华人研究、港澳历史与文化、港澳特区经济、海外华文文学、华文教育、中华文化港澳台及海外传承传播等研究领域处于国内领先地位，具有广泛的学术影响力，涌现出一批在港澳台侨领域深有造诣的资深学者和中坚力量。暨南大学的铸牢中华民族共同体意识研究基地建设便充分依托其学科传统和特色优势，整合校内外各方面的资源，凝聚马克思主义理论、民族学、政治学、历史学、新闻传播学、文学、经济学、法学等多学科的力量，在港澳台与国家认同、海外侨胞与民族认同、海外传播与实践路径三个主攻方向上集中发力，形成自己的基地建设特色，打造铸牢中华民族共同体意识的特色品牌，以实际行动践行国家赋予暨南大学的办学任务与办学使命。

自基地立项建设以来，暨南大学高度重视，成立了以校党委书记林如鹏、副书记夏泉为正、副理事长的理事会，整合校内外各方力量共建基地，港澳研究专家夏泉研究员任基地主任，华侨华人研究专家陈奕平教授任基地首席专家，依托中华民族凝聚力研究院为实体研究机构进行建设，马克思主义学院、中华民族凝聚力研究院院长程京武教授任基地常务副主任。为更好地建设基地，基地聘请著名民族史专家、云南大学刘正寅教授任学术委员会主任，厦门大学公共事务学院教授李明欢、中国社会科学院民族与人类学研究所研究员曾少聪、澳门科技大学社会和文化研究所教授汤开建、国务院港澳办港澳研究所副所长谢兵、华中师范大学政治学研究院教授徐勇、暨南大学新闻与传播学院院长支庭荣、中山大学马克思主义学院教授詹小美、基地主任夏泉、基地常务副主任程京武为学术委员会成员，从马克思主义理论、民族学、历史学、政治学、新闻传播学等学科领域指导基地科学研究的远景规划。目前，基地已按照主攻方向设置三个研究所，即港澳台与国家认同研究所、海外侨胞与民族认同研究所、海外传播与实践路径研究所，组建专业团队，引进优秀的科研师资，共同开展基地建设。基地自运行以来，开局良好。

为进一步打造富有港澳台侨特色的学科体系、学术体系、话语体系，暨南大学铸牢中华民族共同体意识研究基地与暨南大学出版社合作，启动了暨南大学铸牢中华民族共同体意识系列丛书出版计划。该丛书面向海内外学者，组织出版与基地主攻方向有关的系列著作、编著、译著、论文集、资料集等，从基地的角度出发，为铸牢中华民族共同体意识提供重要学术支撑。

面向未来，基地将围绕国家重大战略需要，开展科学研究、决策咨询和社会服务，为铸牢港澳台同胞和海外侨胞的中华民族共同体意识，加强海内外中华儿女大团结，为形成海内外全体中华儿女心往一处想、劲往一处使的生动局面，汇聚起实现民族复兴的磅礴力量贡献暨南智慧。

编　者

2023 年 3 月

# 前　言

随着改革开放的推进、经济的快速增长和综合国力的上升，新时代的中国"处于近代以来最好的发展时期"，中华民族"迎来了从站起来、富起来到强起来的伟大飞跃"①。在百年变局和世纪疫情叠加的当下，实现中华民族伟大复兴迎来了光明的前景，同时面临复杂的国际和国内形势的挑战。基于新时代国际国内形势的变化，习近平提出了"铸牢中华民族共同体意识"等有关民族工作的系列原创性论述和论断，要求以铸牢中华民族共同体意识为主线，构筑中华民族共有精神家园，促进各民族交往交流交融，动员各族人民为实现全面建成社会主义现代化强国的第二个百年奋斗目标而团结奋斗。②

有关中华民族共同体意识的研究，当前学术界主要从文化观、民族观和国家观等层面来阐释其内涵，即将中华民族共同体意识看作一种心理过程或心理意识，一种民族观和一种国家（集体）认同。③ 其中，围绕海外侨胞是否属于中华民族共同体的组成部分、中华民族共同体意识建构对象应否包含海外侨胞，学术界有不同意见。一种意见认为海外侨胞是中华民族大家庭的成员，比如，"海外移民是中华民族在海外的发展"④，"中华民族共同体不是狭隘的国族共同体，不是狭隘的民族主义共同体，而是立于世界之林的、基于'祖国'的全球华人的、认同中华文化的、作为人类命运共同体一部分的中华民族共同体"⑤，"中华民族

---

① 新华网：《习近平指出，中国特色社会主义进入新时代是我国发展新的历史方位》，http://www.xinhua-net.com//politics/19cpcnc/2017-10/18/c_1121819978.htm，2017年10月18日。

② 中国政府网：《习近平出席中央民族工作会议并发表重要讲话》，http://www.gov.cn/xinwen/2021-08/28/content_5633940.htm，2021年8月28日。

③ 参见高承海：《中华民族共同体意识：内涵、意义与铸牢策略》，《西南民族大学学报（人文社会科学版）》，2019年第12期；丹珠昂奔：《中华民族共同体意识的概念构成、内涵特质及铸牢举措》，《民族学刊》，2021年第1期。

④ 曾少聪：《中国海外移民与中华民族认同》，《民族研究》，2021年第4期。

⑤ 张小军：《"中华民族共同体"的差序格局及其文化实践》，《广西民族大学学报（哲学社会科学版）》，2020年第1期。

共同体是中华各民族、港澳台同胞、世界各地华人共同的'文化之家''精神之家',更是一个实实在在的'祖国之家'"①。也有一些学者反对上述观点,担心将中华民族共同体的范围扩大到海外华人会引发国家间误解、矛盾乃至冲突。②

基于国际移民与祖籍国的长期互动和民族共同体建构跨界拓展的历史趋势,以及广大海外侨胞一直维系族群认同、中华文化或华族文化认同的事实,我们认为海外侨胞理应成为中华民族共同体的一员,中华民族共同体意识建构离不开海外侨胞。在国际移民与祖籍国的互动方面,国际移民总数从 1970 年的 0.84 亿增加到 2020 年的近 2.81 亿③,低收入和中等收入国家的劳工 2019 年寄回国内的汇款总额达到创纪录的 5 540 亿美元,超过了外国直接投资的金额,其中东亚太平洋地区的汇款流入达到 1 470 亿美元。④ 国际移民浪潮的涌现及大量移民的跨国流动,开启了移民输出国族群的跨界拓展,构建了族群的跨国社会。"不同的族裔群体自外而内地带来了不同的文化认同和多元的历史记忆"⑤,这是对基于乡土和国家疆界的民族共同体建构的突破。在祖籍国与移民的跨界互动方面,联合国半数以上的成员国成立了专门针对侨民的正式政府机构,以各自的方式认定侨民及其后代,并尝试用务实的举措来接触或管理侨民。⑥ 对于祖籍国跨越疆界来接触或管理侨民,虽然一些评论者比较悲观地把它看作"远距离的民族主义者",认为对于民族国家的发展稳定和国际关系秩序的维持总体上弊大于利⑦,但其他评论者则把它视为后民族国家、超民族国家、跨民族国家公民形式的出现。⑧ 在族群认同和文化认同方面,广大华侨华人一直试图维系自身的族群和文化身份。"就华人的认同而言,在不同的国家,华人与主流社会的关系不一,有的国家族群关系融洽,有的则相对生疏。但无论在哪个国家,仅就我们调研的范

---

① 王鉴:《中华民族共同体意识的内涵及其构建路径》,《中国民族教育》,2018 年第 4 期。
② 参见第一章第四节内容。
③ International Organization for Migration. World Migration Report 2022, https://publications. iom. int/books/world - migration - report - 2022, 2021 - 12 - 01.
④ World Bank Migration and Remittances Team. COVID - 19 Crisis through a Migration Lens: Migration and Development Brief 32, https://www. knomad. org/sites/default/files/2020 - 06/R8_Migration% 26Remittances_brief32. pdf, 2020 - 04 - 13.
⑤ 张会龙、朱碧波:《中华国家范式: 民族国家理论的省思与突破》,《政治学研究》,2021 年第 2 期。
⑥ 〔美〕亚历山大·德拉诺、〔新西兰〕艾伦·加姆伦著,罗发龙译,陈奕平校:《祖籍国与离散族裔的关系: 比较与理论的视角》,《东南亚研究》,2015 年第 4 期。
⑦ 梁茂春:《远距离民族主义: 离散族群的跨国政治认同与实践》,《世界民族》,2020 年第 1 期。
⑧ 〔美〕亚历山大·德拉诺、〔新西兰〕艾伦·加姆伦著,罗发龙译,陈奕平校:《祖籍国与离散族裔的关系: 比较与理论的视角》,《东南亚研究》,2015 年第 4 期。

围而言，从整体而言，华人仍然试图维系自身的族群和文化身份，他们学习华文最大的目的仍然是'更好地了解华人的文化和传统'。"①

如何看待海外侨胞与中华民族共同体的关系，如何理解海外侨胞中华民族共同体意识的内涵和维度？费孝通曾提出中华民族多元一体格局的理论，分析了这一格局的形成机制。他认为，中华民族的凝聚是"一个过程（Process）"，"经过多次北方民族进入中原地区及中原地区的汉族向四方扩散，才逐渐汇合了长城内外的农牧两大统一体。又经过各民族流动、混杂、分合的过程，汉族形成了特大的核心，……同时，汉族通过屯垦移民和通商在各非汉民族地区形成一个点线结合的网络，把东亚这一片土地的各民族串联在一起，形成了中华民族自在的民族实体并取得大一统的格局"，"这个自在的民族实体在共同抵抗西方列强的压力下形成了一个休戚与共的自觉的民族实体"，"在中华民族的统一体之中存在着多层次的多元格局"。② 许倬云曾提出："中国本是'天下国家'，在'中国'观念的普世秩序下，曾包含许多族群。中国固然也是一个文化观念，但其中也容纳了许多地方性的差异。"③ 他认为，这些地方性区域文化受到中原文化的影响，也受到外部其他文明体系的影响。

笔者受费孝通的"差序格局"理论、许倬云和马戎等学者就中华文明共同体的阐述④的启发，提出如下看法：就海外侨胞而言，中华民族共同体是一种差序格局下实在和想象并存的多维立体空间；作为中华民族共同体的组成部分，海外侨胞是中华民族多维立体空间的拓展者、桥梁和纽带，被称为"华社三宝"的华人社团、华文媒体和华文学校以及华人精英中蕴含的丰富资源和有效的社会网络是海外侨胞中华民族共同体意识构建的重要基础；海外侨胞中华民族共同体

① 代帆、陈奕平等：《实证分析：华裔新生代的认同、对华认知及对侨务工作的意义》，刘泽彭、陈奕平主编：《华侨华人在国家软实力建设中的作用研究》，广州：暨南大学出版社，2018年，第387页。
② 参见费孝通：《中华民族的多元一体格局》，《北京大学学报（哲学社会科学版）》，1989年第4期；潘乃谷：《费先生讲"武陵行"的研究思路》，《北京大学学报（哲学社会科学版）》，2008年第5期；马戎：《中华文明共同体的结构及演变》，《思想战线》，2019年第2期。
③ 许倬云：《万古江河——中国历史文化的转折与开展》，转引自马戎：《中华文明共同体的结构及演变》，《思想战线》，2019年第2期。
④ 参见费孝通：《中华民族的多元一体格局》，《北京大学学报（哲学社会科学版）》，1989年第4期；马戎：《"差序格局"：中国传统社会结构和中国人行为的解读》，《北京大学学报（哲学社会科学版）》，2007年第2期；马戎：《中华文明共同体的结构及演变》，《思想战线》，2019年第2期；张小军：《"中华民族共同体"的差序格局及其文化实践》，《广西民族大学学报（哲学社会科学版）》，2020年第1期；张继焦：《人类学民族学研究范式的转变：从"差序格局"到"社会结构转型"》，《西北师大学报（社会科学版）》，2016年第3期。

意识体现在对祖籍国的情感、多维的认同和义利观，呈现多元和共识交织的特征，这正是本书取名"多元与共识"的缘由。就差序格局而言，由于移民时间和代际关系、地理距离和网络空间可及性、祖籍国政策和跨国互动等因素影响程度的差异，海外侨胞的中华民族共同体意识呈现亲疏差异。从多维视角看，海外侨胞在族群认同、文化认同、经济联系和社会网络等不同维度维持程度不同的中华民族空间联结或参与民族家园建设。在经济维度方面，经济全球化推动人员、商品和文化思想的跨国流动，推动地方共同体的不断拓展，推动民族认同和共识走向更深更广泛的层次，并与世界市场和国际社会命运与共。"当资本主义使各个单独的个人摆脱各种不同的民族局限和地域局限，而'同整个世界的生产（也包括精神的生产）发生实际联系，而且可能有力量来利用全球的这种全面生产（人们所创造的一切）'时，'各个人的全面的依存关系'，及这种'世界历史性的共同活动'方式，便在空前的规模上把民族同化推向更深更广泛的层次。"可见，"民族同化虽表现为人们的主观活动，但其最根本的内在推动都源于人类经济发展的要求，具有客观历史进程的本质，海外华人经济正是在这种客观的民族同化过程中成长起来的，它为我们正确理解民族同化的本质、内容及其与经济发展的互动关系，提供了一个极好的历史典例"[1]。在文化维度方面，"世界华人有不同的国籍和当地文化的认同，也有中华民族的文化认同。在世界华人的中华文化认同中，'祖国'是一个基础的文化概念。在主权'国家'层面，海外的华人各有自己的国家。但是，作为中华文化土壤和文化血脉的'祖国'，是所有世界华人的'文化'血脉和认同之所在。世界各地华人有着各自的华人文化，甚至没有了汉语的马来西亚和新加坡的峇峇华人，都还顽强地保持着自己的华人文化。这些多元的华人文化是中华文化的一部分，凝聚了全世界华人，使得中华文化的生命力长盛不衰"[2]。

如何推进海外侨胞中华民族共同体意识的建构？海外侨胞中华民族共同体意识的核心，是对中华民族共同体的认知和认同，既有"自在"的历史传承和现实存在，也有"自为"的互动联结和传扬，还有住在国同化政策和社会歧视乃

---

[1] 陈庆德：《民族同化与认同对移民经济体的影响：海外华人经济的实例分析》，《云南民族学院学报（哲学社会科学版）》，1995 年第 3 期。

[2] 张小军：《"中华民族共同体"的差序格局及其文化实践》，《广西民族大学学报（哲学社会科学版）》，2020 年第 1 期。

至排华运动的影响。我们认为，一是要明确中华民族共同体意识的内涵、建构范围和建构目的，特别强调主权原则下"去政治化"的跨界治理及全球化背景下的交往交流交融和人类命运共同体建设；二是在尊重差异性的前提下找到民族共同体意识的最大公约数。我们建议注重以下方面的现实和共识：第一，文化认同和族群认同是中华民族共有精神家园培育的文化基础；第二，共同发展是中华民族共同体建设意识的经济基础；第三，跨国网络是中华民族共同体意识建构的平台和纽带。当然，中华民族共同体意识在海外的建构，与在中国大陆和港澳台的建构有所不同，重在文化认同与共同精神家园的建设、族群认同与民族谱系的构建及跨国互动与共享社会经济网络的完善。

本书汇聚多学科力量，基于前期研究成果，包括已发表的学术论文和笔者的博士硕士研究生的论文，根据习近平"铸牢中华民族共同体意识"等有关民族工作的系列原创性论述和论断以及关于海内外中华儿女共同"根魂梦"的论述，分析海外侨胞中华民族共同体意识构建的思想基础，并提出分析框架；基于田野调研和问卷调查，分析海外侨胞的多元认同和"中华性"；分析百年变局和世纪疫情的影响，探讨海外侨胞中华民族共同体意识建构面临的新形势和新挑战；提出海外侨胞中华民族共同体意识建构的思路，认为要在尊重海外侨胞与中国大陆同胞具有明显差异性的前提下，找到民族共同体意识的公约数，即共有的文化基础、经济基础和跨国网络，并完善铸牢中华民族共同体意识的路径、机制和平台。

全书的总体构思、撰写框架、写作提纲和统稿由陈奕平负责，各部分的分工如下：第一章，陈奕平、罗发龙；第二章，陈奕平、石沧金、代帆、宋敏锋、陈友明、李才玉、朱磊、黄思婷；第三章，陈奕平、关亦佳、尹昭伊、赵子琴、莫光木；第四章，陈奕平、苏朋；第五章，陈奕平、关亦佳、尹昭伊、杨晶滢。

陈奕平

2022 年 8 月

# 目　录

# 第一章 "根魂梦"论述：海外侨胞中华民族共同体意识构建的思想基础

党的十八大以来，面临国内外的新形势新特点，尤其是百年变局下民族工作的复杂因素和多种挑战，以习近平同志为核心的党中央创造性提出"铸牢中华民族共同体意识"这一重大论断，引领我国民族工作在创新发展中迈上新台阶。而习近平在 2014 年 6 月接见世界华侨华人社团联谊大会的海外侨胞时有关海内外中华儿女"根魂梦"的重要论述，不但是对侨务工作的重要论述，也是对铸牢中华民族共同体意识的重要指导。落实习近平有关民族工作和侨务工作的系列原创性论述和论断，推进海内外中华儿女共同体意识的建构，这是新时代国内外形势发展的需要，也是新时代海外统一战线工作的重要使命。

# 第一节 "大侨务"和"根魂梦"：
# 习近平有关侨务工作的论述

习近平有关侨务工作的论述是对毛泽东、邓小平等老一辈领导人侨务思想的继承和发展，也是他长期分管侨务工作实践经验的总结与提升。习近平的侨务论述涉及内容广泛，包括侨务工作的宗旨、指导思想和原则、政策目标和手段、工作内容以及有关华侨华人与中国关系等。

## 一、 习近平侨务论述的实践与理论基础

中国特色的侨务理论并不是凭空、自发产生的，而是中国共产党人在科学判断和准确把握基本世情与时代特征、时代主题的基础上，结合中国改革开放40多年的实践，逐步形成和发展起来的。

习近平继承了毛泽东、邓小平、江泽民、胡锦涛基于国内外大势提出的侨务思想。但由于习近平所处的时代特征、国际局势以及国内所面临的问题不同，个人的任职经历不同，习近平有关侨务工作的论述在继承的基础上有所发展和创新。进入21世纪以来，中国综合国力和国际影响力明显提升，国内生产总值在2010年就已经位居世界第二，但外部给予中国的压力也日趋增大，中国既要处理好大国之间的关系，又面临着复杂的周边关系和领土争端。而国内正在为实现"两个百年奋斗目标"、实现中华民族伟大复兴而奋斗。国内外环境的不同，习近平对侨务工作的认识也会不一样。另外，习近平的任职经历也对其有关侨务工作的论述有重要的作用。

从1985—2002年长达18年的时间里，习近平先后任福建省厦门市委常委、副市长，宁德地委书记，福州市委书记、市人大常委会主任，福建省委常委、副书记，福建省代省长、省长等职务，长期分管侨务工作。从2002—2007年的6年间，习近平又任"新侨大省"浙江省委副书记、代省长、省委书记、省人大常委会主任等职务，对侨务工作十分关心。从2007年到中央工作后，习近平先后任中央政治局常委、中央书记处书记，中华人民共和国副主席，以及中华人民

共和国主席、中共中央总书记。习近平在出国访问会见华侨华人、接见回国参访的侨团、参加各种涉侨会议等活动时对侨务工作有过重要的论述。丰富的涉侨工作经验使习近平对海外华侨华人有着深刻的认识。

## 二、 习近平侨务论述的认识论基础——"根魂梦"

对华侨华人的准确认识有利于解释侨务工作的普遍规律。习近平在丰富的涉侨工作实践中，敏锐而准确地抓住了华侨华人的本质特征，提出了"根魂梦"的论述。2010 年 7 月 25 日，时任国家副主席的习近平出席海外华裔及港澳台地区青少年"中国寻根之旅"夏令营开营式，并作重要讲话，正式提出了"根魂梦"的侨务论述："团结统一的中华民族是海内外中华儿女共同的根；博大精深的中华文化是海内外中华儿女共同的魂；实现中华民族伟大复兴是海内外中华儿女共同的梦。""根魂梦"论述实际指明了海外侨胞的来源、认同及责任三大问题。所谓"根"，不但指海外侨胞的祖籍地或乡情，更重要的是指海外侨胞的族裔归属，即同属中华民族大家庭。所谓"魂"，是指中华文化情结或中华文化认同。而"梦"则是海外侨胞与国内各民族共同实现中华民族伟大复兴的理想，强调的是一份责任和义务。

海外华侨华人身上流淌着中华民族的血液，有着黄皮肤、黑眼睛、黑头发的生理特征，对中国和祖籍地有着魂牵梦绕的情缘。正是中华民族有着共同的根，所以习近平指出："一代又一代海外侨胞，秉承中华民族优秀传统，不忘祖国，不忘祖籍，不忘身上流淌的中华民族血液，热情支持中国革命、建设、改革事业，为中华民族发展壮大、促进祖国和平统一大业、增进中国人民同各国人民的友好合作作出了重要贡献。"[①] 海外华侨华人无论身处何地，无论从事什么职业，无论在国外生活多长时间，只要他们认同是中华民族的一员，他们都会对中国有很强的亲近感。因为这种"根"的意识，具有恒久和稳定的特性，跟特定族群直接联系。习近平认为"团结统一的中华民族是海内外中华儿女共同的根"，切中了海外华侨华人的本质特征，即海外华侨华人属于中华民族的一员，这一属性不会随着时间、地点而改变，中国和祖籍地对他们具有很强的向心力。

同时，习近平认为"博大精深的中华文化是海内外中华儿女共同的魂"，准确把握了华侨华人的精神特质。他指出："中华文明有着 5 000 多年的悠久历史，

---

① 刘维涛、王尧：《习近平在会见第七届世界华侨华人社团联谊大会代表时强调"共同的根共同的魂共同的梦，共同书写中华民族发展新篇章"》，《人民日报》，2014 年 6 月 7 日。

是中华民族自强不息、发展壮大的强大精神力量。我们的同胞无论生活在哪里，身上都有鲜明的中华文化烙印，中华文化是中华儿女共同的精神基因。"① 海外华侨华人无论离开中国多久，无论融入当地社会多深，他们始终带着中华文化的印记，他们始终保持着中华民族节日庆典的礼仪、婚丧嫁娶的传统、饮食服饰的习惯。在东南亚，甚至一些融入当地社会很深的土生华人，也始终捍卫中华文化。"到现在为止，印尼、马来西亚和新加坡这三个地方还有不少土生华人跟以前一样，保留中国的传统风俗。""他们的服装、家具、建筑都是遵循着中国的风格。""饮食方面多多少少还保留了一些中国人的饮食传统，还有其他的风俗习惯，如结婚、生死的仪式还保留着。"② 海外华侨华人还保留了吃苦耐劳、顽强拼搏、敢为人先、团结互助的优良传统，这有利于他们在经济、科技、文化、教育、政治等领域，事业有成，卓有建树。正如习近平所言："中华民族在漫长历史发展中形成的独具特色的文化传统，是海内外中华儿女共同的宝贵财富。特别是中华民族在漫长的历史进程中锻造的伟大民族精神，是海内外中华儿女世世代代自强不息、团结奋斗的强大精神支撑。"③ 习近平把中华文化作为海内外中华儿女共同的魂，作为海内外中华儿女共同的精神基因，这反映了海外华侨华人身上不仅流淌着中华民族的血液，还共享着相同的文化。

"实现中华民族伟大复兴是海内外中华儿女共同的梦"，这是习近平在了解中国近代以来的屈辱史，了解海外华侨华人因为国家软弱无力而遭受的歧视、虐待和迫害的基础上作出的高屋建瓴的判断。实现中华民族伟大复兴切合包括海外华侨华人在内的广大中华儿女的心愿。泰国华商总会的刘锦庭说："中华民族的伟大复兴是数代中国人共同的愿景和追求，是一个大国之梦、强国之梦。这一点，数千万的海外华侨华人体会最深，愿意为中国梦的早日实现添砖加瓦。"④ 海外华侨华人所经历的歧视和凌辱是他们挥之不去的伤疤。他们不愿重复过去的痛苦，他们希望祖国能繁荣强盛，能保护他们在海外不受欺辱。习近平还指出："中国梦是国家梦、民族梦，也是每个中华儿女的梦。广大海外侨胞有着赤忱的爱国情怀、雄厚的经济实力、丰富的智力资源、广泛的商业人脉，是实现中国梦的重要力量。只要海内外中华儿女紧密团结起来，有力出力，有智出智，团结一

---

① 刘维涛、王尧：《习近平在会见第七届世界华侨华人社团联谊大会代表时强调"共同的根共同的魂共同的梦，共同书写中华民族发展新篇章"》，《人民日报》，2014 年 6 月 7 日。
② 王赓武：《华人与中国》，上海：上海人民出版社，2013 年，第 211 页。
③ 中国新闻网：《习近平提醒华裔青少年寻根牢记"根、魂、梦"》，http://www.chinanews.com/hr/2010/07-25/2423864.shtml，2010 年 7 月 25 日。
④ 《泰国华人的"中国梦"》，《人民日报》，2013 年 2 月 25 日。

心奋斗，就一定能够汇聚起实现梦想的强大力量。"① 这段话反映了海外华侨华人不仅有实现中国梦的赤子情怀，也有实现中国梦的良好条件和独特优势，他们能为实现中国梦贡献自己的力量。

习近平有关侨务工作"根魂梦"的论述准确把握了华侨华人的本质特征，分析了华侨华人愿意为实现中国梦努力的精神动因，充分反映了中国共产党人在社会历史中的自我意识和自主创造。习近平的"根魂梦"论述必将为开展侨务工作提供认识论基础。"根魂梦"论述对做好新时期侨务工作，引导华侨华人融入当地社会的同时积极传承、弘扬和传播中华文化，发展中国同住在国友好关系，塑造中国良好国家形象，增强中华民族凝聚力和向心力具有重要意义。

## 三、 习近平侨务论述的方法论基础——"大侨务"

习近平不仅准确把握了华侨华人的本质特征，还在具体的侨务工作实践中对存在的问题、侨情的变化等有着深刻的了解，并在此基础上提出了"大侨务"的思想。1995 年，习近平任中共福建省委常委、福州市委书记时，在《战略与管理》杂志上发表了《"大侨务"观念的确立》一文，系统论述了"大侨务"的思想。习近平在文中指出："确立'大侨务'观念，是新形势发展的迫切需要……我们认为，新时期的侨务工作要打破地域的界限，跳出侨务部门的范围，使之成为党和各级政府的大事，成为全社会共同关心、参与的大事。"② 文中习近平还从工作力量、工作内容、工作对象、工作范围和工作方式等方面提出了具体的工作思路与工作要求。③

第一，在工作力量上，要从侨务部门唱"独角戏"，向各级各部门共同参与转变。习近平认为："侨务工作面广、量大，单靠侨务部门力不从心。特别是一些重点侨区、侨乡，几乎每家每户与'侨'字都沾亲带故，这是做好侨务工作的潜在力量。我们要善于把这方面的优势利用起来，发动全社会力量共同来参与。……如何更好承担起协调指导好全社会做侨务工作的责任，是侨务部门面临的大课题。"他要求，"作为地方一级党委、政府，不仅要重视、支持侨务工作，必要时领导还要亲自做有代表性的侨商、侨裔的工作"。

第二，在工作内容上，要从服务经济建设的大局出发，鼓励全方位的合作交

---

① 刘维涛、王尧：《习近平在会见第七届世界华侨华人社团联谊大会代表时强调"共同的根共同的魂共同的梦，共同书写中华民族发展新篇章"》，《人民日报》，2014 年 6 月 7 日。

② 习近平：《"大侨务"观念的确立》，《战略与管理》，1995 年第 2 期。

③ 本节主要引文均来自习近平：《"大侨务"观念的确立》，《战略与管理》，1995 年第 2 期。

流，达致互惠互利和长远发展。习近平指出："经济建设是我们党的中心任务，侨务工作自然也要围绕这个中心来展开。……我们要适时加以引导，努力跳出以往侧重迎来送往，联络感情，接受捐赠等常规做法的局限，立足于互惠互利，着眼于长远发展。这既符合广大侨胞的利益，也是我们扩大开放、发展经济的现实要求。"他特别提到，要鼓励海外侨胞回乡进行全方位的合作交流，通过引资兴业健全"造血"功能，增强发展后劲。

第三，在工作对象上，要由主要做老一代华侨的工作，转向同时重视新一代侨裔和华侨新移民的工作。习近平强调："随着岁月的推移，老一代华侨必然越来越少，我们要趁着这些老人家还健在的时候，通过老一代华侨做好新一代侨裔的工作，激发二、三代华侨对祖国、对故乡的认同感和眷顾之情。"他也指出："由于文化背景、生活条件等方面的差异，新一代侨裔对家乡的感情一般不如老一辈那么执着、强烈，这就需要花更大的工夫，把侨务工作做得更细、更实一些。"他特别提到做好新一代侨裔和华侨新移民工作对祖国和平统一的重要性。

第四，在工作范围上，要打破本乡本土的亲缘、地缘关系，在更广的范围中寻找新的合作伙伴。习近平指出："客观上存在的亲缘、地缘关系，决定了每个地区的侨务工作都有相对固定的范围和稳定的群体，这是各个地区侨务工作的重点，但仅仅做到这点还是不够的。……发展经济无国界、地域之分，如果我们仅囿于在本土本乡华侨中交朋友，利用侨资就不可能有新的突破。只有放开眼界，主动把侨务工作扩大到本土本乡以外的华侨、华人群体中去，合作伙伴才会越来越多。"

第五，在工作方式上，要由主要做国内归侨、侨眷、侨属的工作，转向国内外兼顾：从送上门转向主动上门工作。习近平指出："侨务工作的基础在国内，侨眷、侨属工作做得如何，对海外华侨、华人影响最大。但不能以此为满足，如果能同时做好海外这部分人的工作，收到的效果就更直接。……特别是对那些对国家政策理解不深，在海外政治界、经济界甚有影响的华侨华人更要主动上门释疑解惑，以诚待人，才能建立信任感，拓展进一步的合作。"

第六，在工作原则上，习近平多次讲话体现了和谐与共赢的思想，实际体现了中国梦、侨胞梦和世界梦的一致性。1995年，习近平就撰文提出"三有利"的侨务工作新思路。"三有利"是指"对投资者有利、对住在国有利、对中国有利"。2012年2月，习近平在洛杉矶出席当地华侨华人欢迎晚宴时盛赞旅美华侨华人为中美双边关系作出的贡献，并对海外侨胞提出三点殷切希望：一是继续发扬中华民族"以和为贵，协和万邦"的优良传统，努力成为与住在国人民和睦相处的典范；二是继续发挥熟悉住在国、了解祖籍国的独特优势，努力成为促进中国现代化建设与世界人民友好相处的典范；三是继续发挥了解中华文化的独特优势，努力成为弘扬中华优秀文化和促进中外文化交流的典范。①

习近平在担任福建省省长和浙江省委书记时，依然在侨务实践中贯彻"大侨务"的思想。2002 年时任福建省省长的习近平在接受《中国企业报》采访时谈道："福建将根据华侨华人的变化趋势和特点，从五个方面做好'侨'的文章，促进福建的经济和社会发展。即积极拓展侨务工作的视野和领域；在继续做好老一代华侨华人工作的同时，加强与新一代华侨华人的交流与合作；继续扩大利用侨资规模，努力提高利用侨资的水平；继续大力引进华侨华人资金，广泛开展多形式的引进华侨华人智力工作；继续鼓励华侨华人回祖国投资兴企，帮助和支持华侨华人事业加快发展。"② 2005 年 9 月 27 日，时任浙江省委书记的习近平在全省侨务工作会议上指出："要紧密结合浙江侨情和侨务工作实际，正确认识和妥善处理涉侨工作方面的五个关系，即侨务工作为浙江发展大局服务与为侨服务的关系；国内侨务工作与国外侨务工作的关系；立足浙江籍侨胞与面向全世界华侨华人的关系；侨务工作的原则性与灵活性的关系；调动涉侨部门积极性与发挥侨务部门职能作用的关系。"③

习近平的"大侨务"观具有宏观的视野，深刻洞悉了世界政治、经济、科技发展对侨务工作提出的新要求，海内外侨情变化对侨务工作提出的新课题，中国和平发展、和谐发展、科学发展对侨务工作提出的新任务。虽然习近平的"大侨务"观是从福建省、浙江省的具体侨务实践中总结、提炼出米的，但是符合侨务工作的一般规律，对全国的侨务工作也有着重要的实践指导作用。

# 四、 习近平侨务论述渗透了其外交思想

党的十八大报告提出了"两个一百年"的奋斗目标和中华民族复兴的伟大构想，并把经济建设作为实现这两个目标的重要手段，明确指出："以经济建设为中心是兴国之要，发展仍是解决我们所有问题的关键。只有推动经济持续健康发展，才能筑牢国家繁荣富强、人民幸福安康、社会和谐稳定的物质基础。"④

① 中国新闻网：《习近平赞旅美侨胞为中美关系做贡献并提三点希望》，http://www.chinanews.com/gn/2012/02 - 17/3677390.shtml，2012 年 2 月 17 日。
② 高建生、王南桂：《发挥地域优势促进经济发展——访九届全国人大代表、福建省省长习近平》，《中国企业报》，2002 年 3 月 8 日。
③ 新浪网：《浙江省对侨务工作作出新部署》，http://news.sina.com.cn/o/2005 - 09 - 27/19517050374s.shtml，2005 年 9 月 27 日。
④ 胡锦涛：《坚定不移沿着中国特色社会主义道路前进，为全面建成小康社会而奋斗——在中国共产党第十八次全国代表大会上的报告》，《人民日报》，2012 年 11 月 18 日。

而外部环境也随着中国的迅速崛起变得复杂多变。一些大国和周边国家开始在舆论上散播"中国威胁论"，在实践上故意制造争端。如何营造一个有利于中国稳定发展的外部环境是外交工作的重中之重。中国外交部部长王毅指出："中国的外交首先还是要紧紧围绕国家发展这个中心，服务发展，促进发展，更加积极有效地为全面建成小康社会营造良好的外部环境。"①

基于对国内外形势的判断，习近平把侨务工作尤其是对外侨务工作作为外交工作的重要组成部分，可以说他在涉侨活动的讲话中渗透了其外交思想。习近平在 2013 年 10 月召开的周边外交工作座谈会上全面阐述了他的周边外交思想。他认为："思考周边问题、开展周边外交要有立体、多元、跨越时空的视角。""要着力加强对周边国家的宣传工作、公共外交、民间外交、人文交流，巩固和扩大我国同周边国家长远发展的社会和民意基础。……要对外介绍好我们的内外方针政策，讲好中国故事，传播好中国声音。"② 习近平的讲话不仅反映其对周边外交的看法，更是其外交思想的整体体现。在习近平的外交思想中，海外华侨华人在中国的民间外交工作中起着非常重要的作用。由于海外华侨华人积极融入住在国社会，同当地人民和睦相处，为各国经济发展和社会进步作出了积极贡献。同时，海外华侨华人积极到中国投资兴业，捐资助学，开展文化交流，推动中国人民同世界各国人民的友好往来，成为中国民间外交、公共外交、人文交流的重要载体，是中国同住在国友谊与合作的亲历者、见证者和推动者。习近平在会见第七届华侨华人社团联谊大会代表时强调，华侨华人"要积极推动中外文明交流互鉴，讲述好中国故事，传播好中国声音，促进中外民众相互了解和理解，为实现中国梦营造良好的环境"③。习近平也鼓励海外华裔青少年"继承和弘扬祖辈的光荣传统，从中华民族的历史和文化宝库中汲取精神营养，成为中华文化的热情传播者；广泛学习借鉴世界各国优秀文明成果，博采各种文化之长，成为中华民族文化同世界各国文化交流互鉴的积极促进者；积极参与各种形式的文化交流活动，让更多国家和人民了解丰富多彩的中华文化，成为住在国人民同中国人民友好交往的民间使者"④。

习近平侨务论述是中国特色侨务理论的重要组成部分，是对邓小平、江泽民、胡锦涛侨务思想的继承和发展，是在丰富的侨务工作实践当中总结和提炼出来的，为新时期侨务工作的开展不仅提供了思想和理论源泉，也提供了有效的方式方法。

---

① 王毅：《探索中国特色大国外交之路》，《国际问题研究》，2013 年第 4 期。
② 人民网：《习近平在周边外交工作座谈会上发表重要讲话》，http://politics. people. com. cn/n/2013/1025/c1024 – 23331526. html，2013 年 10 月 25 日。
③ 刘维涛、王尧：《习近平在会见第七届世界华侨华人社团联谊大会代表时强调"共同的根共同的魂共同的梦，共同书写中华民族发展新篇章"》，《人民日报》，2014 年 6 月 7 日。
④ 中国新闻网：《习近平提醒华裔青少年寻根牢记"根、魂、梦"》，http://www.chinanews.com/hr/2010/07 – 25/2423864. shtml，2010 年 7 月 25 日。

# 第二节 铸牢中华民族共同体意识是新时代的重大使命

　　随着改革开放的推进、经济快速增长和综合国力的上升，中华民族"彻底改变了近代以后100多年中国积贫积弱、受人欺凌的悲惨命运"，逐渐从"站起来"走向"富起来"，迈上民族复兴的壮阔道路。中国国内生产总值（GDP）从1978年的3 679亿元增加到2000年的10万亿元，2010年突破40万亿元，超过日本成为世界第二大经济体。2020年面对新冠肺炎疫情的冲击，我国率先控制住疫情、率先复工复产、率先实现经济增长由负转正，中国GDP首次突破100万亿元。中国经济占全球的比重由1978年的1.75%上升到了约17%。①

　　新时代的中国迎来了实现中华民族伟大复兴的光明前景。习近平指出："我们前所未有地靠近世界舞台中心，前所未有地接近实现中华民族伟大复兴的目标，前所未有地具有实现这个目标的能力和信心。"②而实现中华民族伟大复兴需要中国共产党凝聚各方力量，推动中华民族走向包容性更强、凝聚力更大的命运共同体。

　　然而，中华民族共同体建设面临诸多挑战：第一，在百年未有之大变局的大背景下，我国面临复杂的国内外形势，同"台独""疆独""藏独"等分裂势力的斗争依然尖锐；第二，我们长期注重发扬各民族的特殊性，而对中华民族共同性、整体性重视不够，形成民族特殊性与中华民族共同性的张力；第三，西方意识形态冷战下海外侨胞出现新的变化，部分人出于自保，与中国关系趋向谨慎，甚至有人主动献出"投名状"，公开宣布与中国和中国共产党进行所谓的"切割"。③

　　正是基于新时代国际国内形势的变化，习近平提出了"铸牢中华民族共同体

---

① 新华网：《里程碑！中国经济总量跃上百万亿元》，http://www.xinhuanet.com/2021 - 01/18/c_1126995425.htm，2021年1月18日。

② 中国社会科学网：《"世界处于百年未有之大变局"：从政治学、经济学、历史学的多角度观察和解读一个重大战略判断》，http://www.cssn.cn/zx/201901/t20190114_4810263.shtml，2019年1月14日。

③ 币海财经网：《在美华人处境恶化 出现新的"切割派"》，https://www.bihai123.com/info/ywshrd/9448，2022年7月1日。

意识"等有关民族工作的系列原创性论述和论断。2014年，习近平在中央民族工作会议上提出"积极培养中华民族共同体意识"。2017年，党的十九大提出"铸牢中华民族共同体意识，加强各民族交往交流交融，促进各民族像石榴籽一样紧紧抱在一起，共同团结奋斗、共同繁荣发展"①。2019年，党的十九届四中全会指出："坚持各民族一律平等，铸牢中华民族共同体意识，实现共同团结奋斗、共同繁荣发展的显著优势"②。可以说，铸牢中华民族共同体意识是新时代的重大使命。

## 一、 中华民族共同体意识的历史演变

在中国五千年的历史进程中，中华大地的各个民族在社会经济和文化领域的交往、交流和交融过程中，对"中华""中华文化""中华民族""中华民族共同体"的认识和认同，循序渐进、逐步深化，从"自在"到"自觉"再到"自新"。

"中华"在中国历史上的内涵指称和外延范围各有不同，并在变化过程中形成了特定的意涵。"中华"是在"中国"的基础上发展而来的。"中国"初指"居天地之中者"。在"中国"指代的地理空间上居住的民族集团谓之"华夏"。"中国"的内涵指称一直在变，春秋时期，黄河中下游的周、晋、郑、齐、鲁、宋、卫等国以中国自居，他们把秦、楚、吴、越等国视作夷狄，到了秦汉时期，秦、楚、吴、越等地亦称中国。晋时，东晋人将十六国看作夷狄。南北朝时期，南朝把北朝视作索虏，北朝认南朝为岛夷，双方都将自己视为中国，视为正统。到了唐朝，南北朝皆是中国。宋时，宋人将辽、金、夏、大理视为夷狄，而辽、金自视为中国正统。到了元朝，辽、金、夏、宋、大理、吐蕃等皆为中国。明朝将长城以外视为夷狄，而到了清朝，长城内外皆为中国。

中国疆域的变化以及"中国"内涵的聚焦，一方面反映了历史上各民族对于"中国"的认同，另一方面反映了中国各民族一直以来对"大一统"的追求，并在精神文化上形成了"大一统"与"和合"的共同思想基础。

"大一统"思想的萌发有悠久的历史，而明确提出是在战国和秦汉之际。③

---

① 新华网：《习近平：决胜全面建成小康社会 夺取新时代中国特色社会主义伟大胜利——在中国共产党第十九次全国代表大会上的报告》，http://www.xinhuanet.com/2017-10/27/c_1121867529.htm，2017年10月27日。

② 人民网：《中国共产党第十九届中央委员会第四次全体会议公报》，http://cpc.people.com.cn/big5/n1/2019/1031/c64094-31431615.html，2019年10月30日。

③ 郝时远：《中国共产党怎样解决民族问题》，南昌：江西人民出版社，2018年，第20页。

成书于战国时期的《春秋公羊传》开宗明义的第一句话就是"大一统"："曷为先言王而后言正月？王正月也。何言乎王正月？大一统也。"① 自秦朝以降，"大一统"成为中国历史的主流，保留了统一多民族国家的历史脉络。无论是汉族还是游牧民族，入主中原的唯一目的就是建立统一强大的国家。这不仅彰显了各民族共同推动历史上中国与中华民族实现大一统的史实，而且印证了各民族携手创造中国与中华民族历史的规律。"中国是一个统一的国家，这一点已牢牢地印在我国的历史意识之中，正是这种意识才使我们能作为一个国家而被保存下来，尽管它过去遇到了许多破坏的力量。"② 2011 年 9 月，习近平在中央党校秋季学期开学典礼上的讲话中提出："基于这种（大一统）的认识，各族人民都把维护国家统一看作天经地义、义不容辞的神圣使命与责任。尽管在一些历史时期也曾出现过分裂局面，但统一始终是主流。而且不论分裂的时间有多长、分裂的局面有多严重，最终都会重新走向统一。"③ 大一统既是我国两千多年历史发展形成的政治传统，更是熔铸在每一个中国人心中最高的理想追求。

"和合"文化是中国传统文化的核心内容之一，和谐理念是中国人自古以来共同的价值追求。习近平指出："中国'和'文化源远流长，蕴含着天人合一的宇宙观、协和万邦的国际观、和而不同的社会观、人心和善的道德观。"④

这种"和合"思想深深植根于中国人的精神中，深深体现在中国人的行为上。而后中庸的理念更是扩大了"和"的范畴，将"和"与"中"统一，"中也者，天下之大本也；和也者，天下之达道也。致中和，天地位焉，万物育焉"⑤。和合，是一种海纳百川的包容精神，追求的是多样性中的统一、差异性中的和谐。正是因为讲求和而不同，在漫长的历史发展过程中不同民族之间不断迁徙融合，在交往中寻求生存发展，自在自为地形成了中华民族多元一体的内在格局，和谐共处于中国疆域。

进入近代以来，中国遭受西方列强的侵辱，国家蒙辱、人民蒙难、文明蒙尘，中华民族遭受了前所未有的劫难。亡国灭种的危机让中国各族人民意识到命运与共。1902 年，梁启超在《论中国学术思想变迁之大势》中第一次提出了"中华民族"的概念。"齐，海国也。上古时代，我中华民族之有海权思想者，

---

① 《中央民族工作会议暨国务院第六次全国民族团结进步表彰大会在北京举行》，《人民日报》，2014 年 9 月 30 日。

② 国家民族事务委员会：《中央民族工作会议精神学习辅导读本》，北京：民族出版社，2015 年，第 41 页。

③ 习近平：《领导干部要读点历史》，《学习时报》，2011 年 9 月 5 日。

④ 《习近平在中央民族工作会议上强调以铸牢中华民族共同体意识为主线推动新时代党的民族工作高质量发展》，《人民日报》，2021 年 8 月 29 日。

⑤ 毛泽东：《毛泽东书信选集》，北京：人民出版社，1983 年，第 3 页。

厥惟齐。故于其间产出两种观念焉，一曰国家观；二曰世界观。"孙中山、章太炎等先后采用和阐发了这一概念，提出"五族合一、五族共和"的主张。梁启超及其之后的思想家对中华民族的界定和思考，以及此后中国历史发展的实践证明了这个历久弥新的提法——中华民族，无论是基于血缘、地缘，还是基于情感、语言和宗教，都逻辑地建构了中华民族共同体这个群体身份。

中华民族真正团结起来，真正凝聚为一个命运共同体，是在抗日战争爆发后。1937 年日本全面侵略中国，中国共产党建立抗日民族统一战线，团结全国各族人民抗击日本帝国主义。中华民族生死存亡的命运共同体意识被激发出来，其目的是建立独立的、涵盖各个民族的国家。费孝通先生曾经指出："中华民族作为一个自觉的民族实体，是在近百年来中国和西方列强对抗中出现的，但作为一个自在的民族实体则是几千年的历史过程所形成的。"[①] "中华民族是包括中国境内 56 个民族的民族实体，是相互依存的、统一而不能分割的整体，在这个民族实体里所有归属的成分已具有高层次的民族认同意识，即共休戚、共存亡、共荣辱、共命运的感情和道义。"[②] 在这种形势下，中华民族是一个中国境内各民族共御外侮、共同抗击帝国主义侵略的命运共同体，是一个中国各兄弟民族团结统一、共同建立"中华民族的新社会和新国家"的政治共同体。[③]

1949 年，中华人民共和国成立，完成"民族独立解放"的历史任务，解决了中华民族生死存亡的问题。中华人民共和国成立以后，推倒了压在中华民族头上的三座大山，建设社会主义国家，实现各族人民繁荣富强，成为重要任务和主要目标。中国共产党新中国建设"有意识地将国家构建与国族建构列入同步推进"[④]。中华人民共和国成立初期，党在民族问题上的基本政策是："巩固祖国的统一和各民族的团结，共同来建设伟大祖国的大家庭；在统一的祖国大家庭内，保障各民族在一切权利方面的平等，实行民族区域自治，在祖国的共同事业的发展中，与祖国的建设密切配合起来，逐步地发展各民族的政治、经济和文化，消灭历史上遗留下来的各民族间事实上的不平等，使落后的民族得以跻身于先进民族的行列，过渡到社会主义。"[⑤] 这一时期，"民族大家庭"用于描述中国境内各民族之间的关系。"大家庭"这一称谓一方面要求各民族一律平等，1954 年 9 月第一届全国人民代表大会通过的《中华人民共和国宪法》规定："我国各民族已

---

① 费孝通主编：《中华民族多元一体格局》，北京：中央民族大学出版社，2018 年，第 17 页。
② 费孝通主编：《中华民族多元一体格局》，北京：中央民族大学出版社，2018 年，第 11 页。
③ 俞祖华、江洋：《百年来中共中华民族共同体观念的演进》，《东岳论丛》，2021 年第 7 期。
④ 陈建樾：《建设一个中华民族的新社会和新国家——中华人民共和国民族政策话语体系形成的历史脉络》，《中南民族大学学报（人文社科版）》，2020 年第 4 期。
⑤ 中共中央文献研究室编：《建国以来重要文献选编》，北京：中央文献出版社，2011 年，第 560 页。

经团结成为一个自由平等的民族大家庭。在发扬各民族间的友爱互助、反对帝国主义、反对各民族内部的人民公敌、反对大民族主义和地方民族主义的基础上，我国的民族团结将继续加强。"另一方面则反映了各民族是一种手足兄弟的关系，命运与共、手足相连。实行民族区域自治制度的目的是"在平等友爱的民族大家庭中建设社会主义的强大的祖国"。"在中国这个民族大家庭中，我们采取民族区域自治政策，是为了经过民族合作、民族互助，求得共同的发展、共同的繁荣，中国的民族宜合不宜分。"①

改革开放以来，中华民族大家庭观念得到了进一步的阐释，"中华民族大家庭"及由此延伸的"全体中华儿女""中华民族共有精神家园""中华民族一家亲"等词语被"高频率大范围地使用"。1990 年 9 月 1 日，江泽民在视察新疆时指出："我们伟大的中华民族，是由五十六个民族构成的。在我们祖国的大家庭里，各民族之间的关系是社会主义的新型关系，汉族离不开少数民族，少数民族离不开汉族，少数民族之间也相互离不开。"② 2014 年 9 月，习近平在中央民族工作会议上的讲话中指出中华民族和各民族的关系，是一个大家庭与家庭成员的关系；各民族之间的关系，是一个大家庭里不同成员间的关系。同时习近平强调，"各族人民亲如一家，是中华民族伟大复兴必定要实现的根本保证"，"中华民族是一个大家庭，一家人都要过上好日子"③。2019 年 10 月中共中央办公厅、国务院办公厅印发了《关于全面深入持久开展民族团结进步创建工作铸牢中华民族共同体意识的意见》，要求"大力营造中华民族一家亲的社会氛围"，打造"中华民族一家亲"系列实践教育活动平台。④

进入新时代，党中央在继续使用"中华民族大家庭"的同时，明确提出了"中华民族共同体"这一概念，强调要铸牢中华民族共同体意识，把"中华民族共同体"这一学术话语发展成为国家决策层的政治话语。2014 年 5 月，习近平在第二次中央新疆工作座谈会上强调："民族团结是各族人民的生命线。要坚持团结稳疆，高举各民族大团结的旗帜，在各民族中牢固树立国家意识、公民意识、中华民族共同体意识，最大限度团结依靠各族群众，使每个民族、每个公民

① 周恩来：《关于我国民族政策的几个问题》，中共中央文献研究室编：《建国以来重要文献选编》，北京：中央文献出版社，2011 年，第 439 - 456 页。
② 国家民族事务委员会政策研究室：《中国共产党主要领导人论民族问题》，北京：民族出版社，1994 年，第 237 - 238 页。
③ 习近平：《在全国民族团结进步表彰大会上的讲话（2019 年 9 月 27 日）》，《光明日报》，2019 年 9 月 28 日。
④ 人民网：中办国办印发《关于全面深入持久开展民族团结进步创建工作铸牢中华民族共同体意识的意见》，http://politics.people.com.cn/n1/2019/1024/c1001 - 31417004.html，2019 年 10 月 24 日。

都为实现中华民族伟大复兴的中国梦贡献力量，共享祖国繁荣发展的成果。"①
习近平在这次会议上鲜明提出"中华民族共同体意识"的重大论断，此后又多
次深入阐释铸牢中华民族共同体意识的深刻内涵和重大意义。2017 年党的十九
大将"铸牢中华民族共同体意识"首次写入党章。2018 年"中华民族"被写入
宪法。2021 年 8 月，习近平在中央民族工作会议上强调，要准确把握和全面贯彻
我们党关于加强与改进民族工作的重要思想，以铸牢中华民族共同体意识为
主线。

　　构建"中华民族共同体"的历史和实践基础是"我们辽阔的疆域是各民族
共同开拓的""我们悠久的历史是各民族共同书写的""我们灿烂的文化是各民
族共同创造的""我们伟大的精神是各民族共同培育的"。所以中国境内各民族
休戚与共、荣辱与共、生死与共、命运与共，是一个文化共同体、政治共同体、
经济共同体。《关于全面深入持久开展民族团结进步创建工作铸牢中华民族共同
体意识的意见》明确指出："中华民族共同体意识是国家统一之基、民族团结之
本、精神力量之魂"，要求"坚持以铸牢中华民族共同体意识为根本方向，坚持
以加强各民族交往交流交融为根本途径，坚持以'中华民族一家亲，同心共筑中
国梦'为总目标，做好新时代民族团结进步创建工作"②。

　　中华民族共同体意识的历史演进呈现一个由单维度到多维度、由模糊到清
晰、由自在到自为的过程，并最终落脚在实现中华民族伟大复兴上。

## 二、 中国共产党的民族政策与民族共同体建设

　　中国共产党自成立之日起就把为中国人民谋幸福、为中华民族谋复兴作为自
己的初心使命。一百年来，中国共产党坚持把马克思主义民族理论作为指导思
想，并在具体实践中研究中华民族问题的特点，不断调整民族政策，逐步推进中
华民族共同体建设，走出一条用中国特色解决民族问题的正确道路。

　　中国共产党受列宁关于民族和殖民地问题的理论影响，在分析国际和国内形
势基础上制定民主革命纲领，担负起引领中国革命前进方向、凝聚中国各族人民
意志的历史重任。列宁指出："各民族完全平等，各民族有自决权，各民族工人
融合起来——这就是马克思主义教导给工人的民族问题纲领，全世界经验和俄国

① 中共中央文献研究室编：《习近平关于社会主义政治建设论述摘编》，北京：中央文献出版社，2017
年，第 148 页。
② 《关于全面深入持久开展民族团结进步创建工作铸牢中华民族共同体意识的意见（2019 年 10 月 23
日）》，《人民日报》，2019 年 10 月 24 日。

经验教导给工人的民族问题纲领。"① 1922 年 7 月，中国共产党第二次全国代表大会提出了民族自治的概念，指出："推翻国际帝国主义的压迫，达到中华民族完全独立""统一中国本部（东三省在内）为真正民主共和国""蒙古、西藏、回疆三部实行自治，成为民主自治邦""用自由联邦制，统一中国本部、蒙古、西藏、回疆，建立中华联邦共和国。"②

从中国共产党成立到抗日战争爆发前，党的民族工作纲领主要内容是"承认民族自决权"和实行联邦制，这两项纲领均不适合当时国情，对于幼年的中国共产党来说，还需要继续探索。抗日战争之后，中国共产党的民族政策将民族平等、民族团结、建立统一多民族的国家作为主要内容和奋斗目标，主要举措是建立民族区域自治制度。毛泽东在中共扩大的六届六中全会上所作的《论新阶段》的报告中明确指出："允许蒙、回、藏、苗、瑶、彝、番各民族与汉族有平等权利，在共同对日原则之下，有自己管理自己事务之权，同时与汉族联合建立统一的国家。"③ 同时，1939 年 12 月，毛泽东在《中国革命和中国共产党》一文中进一步指出，"数十种少数民族，虽然文化发展的程度不同，但都已有长久的历史"，"中国是一个由多数民族结合而成的拥有广大人口的国家"，"中华民族的各族人民都反对外来民族的压迫，都要用反抗的手段解除这种压迫。他们赞成平等的联合，而不赞成互相压迫"④。

1949 年 10 月，中华人民共和国成立以后，在实行自治地方制还是效仿苏联实行联邦制的问题上，中国共产党经过慎重分析，认为中国同苏联在民族构成、历史状况和现实情况等方面存在很大不同，因此民族区域自治更符合中国国情。⑤ 1949 年 9 月《中国人民政治协商会议共同纲领》明确规定："各少数民族聚居的地区，应实行民族的区域自治，按照民族聚居的人口多少和区域大小，分别建立各种民族自治机关。"⑥ 1954 年 9 月，党的民族政策和民族区域自治制度正式载入新中国第一部宪法。同一时期，针对地方干部处理民族问题不慎重的问题，专门发出《中央关于处理少数民族问题的指示》："必须严格防止机械搬用

---

① 中共中央马克思恩格斯列宁斯大林著作编译局编：《列宁选集（第二卷）》，北京：人民出版社，1972年，第 566 页。

② 中共中央统战部编：《民族问题文献汇编（1921.7—1949.9）》，北京：中共中央党校出版社，1991年，第 18 页、第 667 页。

③ 中央档案馆编：《中共中央文件选集（第十一册）》，北京：中共中央党校出版社，1991 年，第 619 页。

④ 毛泽东：《毛泽东选集（第二卷）》，北京：人民出版社，1991 年，第 624 页。

⑤ 郝鹏飞：《百年党史视角下中华民族共同体建设的探索历程、内在逻辑和当代启示》，《山东省社会主义学院学报》，2021 年第 5 期。

⑥ 中共中央文献研究室编：《建国以来重要文献选编（第一册）》，北京：中央文献出版社，2011 年，第 10 页。

汉人地区的工作经验和口号，必须严格禁止以命令主义的方式在少数民族中去推行汉人地区所实行的各种政策。"① 并突出强调："在我国各民族都已实行了社会主义改造的今天，各民族间的关系都是劳动人民间的关系。因此，所谓'民族问题实质是阶级问题'的说法是错误的。"②

"文化大革命"结束以后，中共中央对错误的民族政策进行了纠偏。1987 年 4 月 17 日，中共中央、国务院批转中央统战部、国家民族事务委员会《关于民族工作几个重要问题的报告》指出：党的十一届三中全会以来，民族工作进入新的历史发展时期，今后民族工作总的指导思想和根本任务是坚持四项基本原则，坚持改革、开放、搞活的基本国策，紧密结合少数民族地区和少数民族的实际，从民族平等、民族团结、民族进步、相互学习、共同致富出发，以经济建设为中心，全面发展少数民族的政治、经济和文化，不断巩固社会主义的新型民族关系，实现各民族的共同繁荣。这份报告是指导这一时期党和国家民族工作的纲领性文献。

改革开放以后，中国共产党的民族工作实践和理论体系逐步成熟与完善。主要内容包括：一是民族工作目标：建设社会主义现代化，实现中华民族伟大复兴。二是根本保证：中国共产党的领导。三是实现路径：共同团结奋斗、共同繁荣发展。四是主题主线：铸牢中华民族共同体意识。五是基本民族政策：①坚持民族平等和维护民族团结政策；②民族区域自治制度；③发展少数民族地区经济文化事业的政策；④大力培养和选拔少数民族干部的政策；⑤尊重和发展少数民族语言文字的政策；⑥尊重少数民族风俗习惯和宗教信仰自由的政策；⑦高举爱国主义旗帜，维护祖国统一和社会稳定。

## 三、 习近平有关铸牢中华民族共同体意识的原创性论述和论断

一百年来，中国共产党始终坚持以马克思主义民族理论为指导，立足中国统一多民族的实际，在革命、建设、改革等实践中不断丰富和完善对中华民族问题的认识，制定了具有中国特色的社会主义民族政策，成功地解决了中华民族的理论和实践问题。党的十八大以来，以习近平同志为核心的党中央就民族工作作出一系列重大决策部署，推动中华民族团结进步事业取得了历史性成就。

---

① 中央档案馆、中共中央文献研究室编：《中共中央文件选集（1949 年 10 月—1966 年 5 月）》，北京：人民出版社，2013 年，第 154 – 155 页。
② 中共中央文献研究室、国家宗教事务局编：《新时期宗教工作文献选编》，北京：宗教文化出版社，2014 年，第 14 页、第 180 页。

习近平关于民族工作的重要论述，形成了以铸牢中华民族共同体意识为核心内容的党关于民族工作的创新理论体系，开辟了马克思主义民族理论中国化的新境界。铸牢中华民族共同体意识是中华民族工作的主线和"纲"，一切工作都要向此聚焦。习近平关于铸牢中华民族共同体意识的重要论述是对中国特色社会主义民族理论体系的创新与发展，具有鲜明的历史继承性、明确的现实指向性和强烈的实践指导性，是做好新时期民族工作的根本遵循和行动指南。

### （一）铸牢中华民族共同体意识的深刻内涵

#### 1. 把中华民族伟大复兴作为民族工作的出发点和落脚点

实现中华民族伟大复兴的中国梦，凝聚了几代中国人的夙愿，体现了中华民族的整体利益，是每一个中华儿女的共同期盼。今天，我们比历史上任何时期都更接近、更有信心和能力实现中华民族伟大复兴的目标。实现中华民族伟大复兴是中国各个民族共同努力的目标。在这个过程中，一个民族也不能落下。习近平在多个场合明确强调，中华民族是一个大家庭，一家人都要过上好日子。没有民族地区的全面小康和现代化，就没有全国的全面小康和现代化。2019 年 7 月，习近平在内蒙古考察并指导开展"不忘初心、牢记使命"主题教育时强调："全面建成小康社会，一个民族不能少；实现中华民族伟大复兴，一个民族也不能少。共产党说到就要做到，也一定能够做到。"① "必须从中华民族伟大复兴战略高度把握新时代党的民族工作的历史方位，以实现中华民族伟大复兴为出发点和落脚点，统筹谋划和推进新时代党的民族工作。"②

#### 2. 把坚持维护祖国统一和民族团结作为中华民族最高利益的底线

习近平在第五次中央民族工作会议上指出："铸牢中华民族共同体意识是维护各民族根本利益的必然要求，只有铸牢中华民族共同体意识，构建起维护国家统一和民族团结的坚固思想长城，各民族共同维护好国家安全和社会稳定，才能有效抵御各种极端、分裂思想的渗透颠覆，才能不断实现各族人民对美好生活的向往，才能实现好、维护好、发展好各民族根本利益。"③ 祖国统一是各族人民的最高利益，民族团结是祖国统一的重要保证。铸牢中华民族共同体意识是国家统一之基。铸牢中华民族共同体意识，就要引导各族群众牢固树立正确的国家观，深刻认识国家统一是各民族最高利益，铸牢共同维护国家统一的思想根基。

---

① 新华网：《习近平在内蒙古考察并指导开展"不忘初心、牢记使命"主题教育》，http://www.xinhuanet.com/local/2019－07/16/c_1124761316.htm，2019 年 7 月 16 日。
② 新华网：《习近平出席中央民族工作会议并发表重要讲话》，http://www.gov.cn/xinwen/2021－08/28/content_5633940.htm，2021 年 8 月 28 日。
③ 新华网：《习近平出席中央民族工作会议并发表重要讲话》，http://www.gov.cn/xinwen/2021－08/28/content_5633940.htm，2021 年 8 月 28 日。

为此，要树立正确的祖国观、民族观、宗教观、文化观。坚持正确的祖国观，坚决开展反分裂斗争，在反分裂斗争这一重大原则问题上，旗帜鲜明、立场坚定，敢于发声亮剑、敢于冲锋在前。坚持正确的民族观，坚决反对大汉族主义和狭隘民族主义，不断增强"五个认同"，牢固树立"三个离不开"思想，深化"民族团结一家亲"和民族团结联谊活动，坚定地做民族团结的促进者、维护者、捍卫者。坚持正确的宗教观，切实培养保护关爱爱国宗教人士，发挥爱国宗教人士的积极作用，依法治理非法宗教活动，持续深入推进"去极端化"，坚决遏制极端宗教思想渗透蔓延。坚持正确的文化观，坚持用社会主义核心价值观引领各族干部群众，切实坚持正确处理意识形态领域和历史领域现实问题的重要遵循，坚决打赢意识形态领域反分裂斗争。

**3. 明确民族团结是各民族的生命线**

2014年3月4日，习近平在参加全国政协第十二届二次会议少数民族界委员联组会时指出："国家的统一，人民的团结，国内各民族的团结，这是我们的事业必定要胜利的基本保证。正确认识和处理民族关系，最根本的是要坚持民族平等，加强民族团结，推动民族互助，促进民族和谐。我们要坚持各民族共同团结奋斗、共同繁荣发展的主题，深入开展民族团结宣传教育，牢固树立汉族离不开少数民族、少数民族离不开汉族、各少数民族之间也相互离不开的思想观念，打牢民族团结的思想基础。"同时，习近平还多次强调，民族团结是各民族的生命线，要作为基础性事业抓好。

2019年9月27日，习近平在全国民族团结进步表彰大会上指出："各族人民亲如一家，是中华民族伟大复兴必定要实现的根本保证。实现中华民族伟大复兴的中国梦，就要以铸牢中华民族共同体意识为主线，把民族团结进步事业作为基础性事业抓紧抓好。我们要全面贯彻党的民族理论和民族政策，坚持共同团结奋斗、共同繁荣发展，促进各民族像石榴籽一样紧紧拥抱在一起，推动中华民族走向包容性更强、凝聚力更大的命运共同体。"[①] 强调"实现中华民族伟大复兴，需要各民族手挽着手、肩并着肩，共同努力奋斗"。

**4. 爱国主义是中华民族共同体意识的核心**

以社会主义核心价值观为引领，构建各民族共有精神家园，增强各民族的文化认同，是铸牢中华民族共同体意识的重要内容。习近平指出："加强中华民族大团结，长远和根本的是增强文化认同，建设各民族共有精神家园，积极培养中华民族共同体意识。文化认同是最深层次的认同，是民族团结之根、民族和睦之

---

① 新华网：《习近平出席全国民族团结进步表彰大会并发表重要讲话》，http://www.xinhuanet.com/politics/leaders/2019－09/27/c_1125050602.htm，2019年9月27日。

魂。文化认同问题解决了，对伟大祖国、对中华民族、对中国特色社会主义道路的认同才能巩固。"① 爱国主义是文化认同的核心，也是铸牢中华民族共同体意识的核心。习近平指出："爱国主义精神深深植根于中华民族心中，是中华民族的精神基因，维系着华夏大地上各个民族的团结统一，激励着一代又一代中华儿女为祖国发展繁荣而不懈奋斗。"

爱国主义是我们民族精神的核心，是中华民族团结奋斗、自强不息的精神纽带。强化爱国主义教育，对于凝聚各族人民的向心力，克服大汉族主义、地方民族主义，正确处理好"一"与"多"的关系，维护祖国统一和民族团结，增进对伟大祖国、中华民族、中华文化、中国共产党、中国特色社会主义道路的认同具有重要意义。习近平指出："要抓好爱国主义教育这一课，把爱我中华的种子埋入每个孩子的心灵深处，让社会主义核心价值观在祖国下一代的心田中生根发芽。各民族都要培养孩子们树立中华民族一员的意识，不要让孩子们只知道自己是哪个民族的人，首先要知道自己是中华民族，这是月亮和星星的关系。这件事一定要大张旗鼓做起来，持之以恒做下去。"②

**5. 坚持党的领导是做好民族工作的根本保证**

中国共产党领导是中国特色社会主义最本质的特征和最大政治优势。东西南北中，工商军民学，党是领导一切的。坚持中国共产党的领导是一切社会主义事业成功的保证，民族工作也概莫能外。2014 年 9 月 28 日，习近平在中央民族工作会议上指出："民族工作能不能做好，最根本的一条是党的领导是不是坚强有力。中国共产党的领导是民族工作成功的根本保证，也是各民族大团结的根本保证。没有坚强有力的政治领导，一个多民族国家要实现团结统一是不可想象的。只要我们牢牢坚持中国共产党的领导，就没有任何人任何政治势力可以挑拨我们的民族关系，我们的民族团结统一在政治上就有充分保障。这一点，各民族的同志都要牢记在心。"③ 只有中国共产党才能实现中华民族的大团结，只有中国特色社会主义才能凝聚各民族、发展各民族、繁荣各民族。

**（二）铸牢中华民族共同体意识的理论创新**

"中华民族共同体"是指中华各民族在历史演进中结成的相互依存、共担共享的有机统一体和亲缘体，突出中华民族以共同体形式存在和发展的状态与实

① 中国共产党新闻网：《中央民族工作会议暨国务院第六次全国民族团结进步表彰大会在京举行》，http://cpc.people.com.cn/n/2014/0929/c64094－25762843.html，2014 年 9 月 29 日。
② 中国共产党新闻网：《中央民族工作会议暨国务院第六次全国民族团结进步表彰大会在京举行》，http://cpc.people.com.cn/n/2014/0929/c64094－25762843.html，2014 年 9 月 29 日。
③ 中国共产党新闻网：《中央民族工作会议暨国务院第六次全国民族团结进步表彰大会在京举行》，http://cpc.people.com.cn/n/2014/0929/c64094－25762843.html，2014 年 9 月 29 日。

质，蕴含了中华民族共同体的整体性、共同性和实体性特征。① 这个共同体是各民族长久以来在物质交往和生产实践中，从自在的状态走向自觉的状态。由于各民族生活在共同的疆域，共享着同样的文化，在相同政治体制下，生存发展命运与共，所以中华民族共同体具有地域共同体、实践共同体、文明共同体（意识共同体）、国家共同体、生命共同体等丰富内涵，涵盖了地域、文明、政治、生命等多个维度。中华民族共同体意识是我国各民族对中华民族和中华民族共同体在态度与评价中的认同，包括共同的价值认同意识、共同的情感归属意识和共同的维系铸牢意识，其内容涉及各民族、民族成员对共同命运、共同利益、共同文化、共同政治生活的集体意识的总和。② 中华民族共同体意识是各民族对中华民族共同体的意识反映，其本质是理性与感性相统一的社会意识，政治认同、文化认同、身份认同是其重要的核心要义。③ 这种共同体意识主要应该体现为中华民族认同、中华文化认同、国家认同、中国共产党认同、社会主义认同以及引导人民群众所树立的正确历史观、民族观、国家观、文化观。铸牢中华民族共同体意识，就是要引导各族人民牢固树立休戚与共、荣辱与共、生死与共、命运与共的共同体理念。

2014 年召开的中央民族工作会议上，习近平指出，"坚持打牢中华民族共同体的思想基础"。这是"中华民族共同体意识"表述的雏形。自 2014 年至 2020 年底，"中华民族共同体意识"相关论述在习近平十余次重要讲话及多个中央文件中出现。从讲话场合看，以民族工作相关会议为主，如中央民族工作会议、全国民族团结进步表彰大会、中央西藏工作座谈会等，兼有习近平在民族地区考察期间的各类讲话。从文件来源看，包括中央重大会议审议通过的纲领性文件以及民族工作相关文件，如《中共中央关于坚持和完善中国特色社会主义制度、推进国家治理体系和治理能力现代化若干重大问题的决定》《中共中央关于制定国民经济和社会发展第十四个五年规划和二〇三五年远景目标的建议》《关于全面深入持久开展民族团结进步创建工作铸牢中华民族共同体意识的意见》。铸牢中华民族共同体意识从学术话语变成政治话语，进而成为政策举措，指导民族工作的实践。

铸牢中华民族共同体意识具有重要的战略意义，"新时代党的民族工作的'纲'，所有工作要向此聚焦"。习近平强调："要赋予所有改革发展以彰显中华

---

① 孔亭、毛大龙：《论中华民族共同体的基本内涵》，《社会主义研究》，2019 年第 6 期。
② 许晓东：《中华民族共同体意识的历史、问题与铸牢路径》，《华中科技大学（社会科学版）》，2021 年第 3 期。
③ 董慧、王晓珍：《中华民族共同体意识的基本内涵、现实挑战及铸牢路径》，《中南民族大学学报（人文社会科学版）》，2021 年第 4 期。

民族共同体意识的意义，以维护统一、反对分裂的意义，以改善民生、凝聚人心的意义，让中华民族共同体牢不可破。"[1] 并指出"实现中华民族伟大复兴的中国梦，就要以铸牢中华民族共同体意识为主线，把民族团结进步事业作为基础性事业抓紧抓好"[2]。具体来说，铸牢中华民族共同体意识是维护各民族根本利益的必然要求，是实现中华民族伟大复兴的必然要求，是巩固和发展平等团结互助和谐社会主义民族关系的必然要求，是党的民族工作开创新局面的必然要求。

铸牢中华民族共同体意识是习近平立足马克思主义的广阔视角，从其唯物辩证的意识观、民族观、历史观、国家观出发探究中华民族共同体及其意识的反映，是对马克思主义理论时代活力的彰显，具有深厚理论之源、文化之根、历史之承和实践之基。习近平关于铸牢中华民族共同体意识的重要论述汲取了马克思主义民族理论的精髓要义，赓续了中华民族"和合"文化的千年传统，积累了中国共产党处理民族问题的宝贵经验，回应了实现民族复兴大业的使命诉求，升华和发展了中华民族多元一体格局理论。

### （三）铸牢中华民族共同体意识的实践路径

习近平关于民族工作的重要思想既有理论、历史的源头，更为铸牢中华民族共同体意识提供了具体的实践路径。

#### 1. 坚持党的领导

坚持党的领导是铸牢中华民族共同体意识的重要内涵。习近平不仅肯定其在铸牢中华民族共同体意识中的重要意义，还提出了如何通过坚持党的领导强化铸牢中华民族共同体意识的方式方法。习近平指出："我们要坚持党的领导，不忘初心、牢记使命，坚持走中国特色解决民族问题的正确道路。"同时强调："我们要坚定不移坚持党的民族政策、坚持民族区域自治制度。要深入细致开展党的民族政策宣传和思想政治工作，坚决克服和防止简单化、片面化，坚决克服和防止忽左忽右、摇摆不定。随着形势发展，需要完善的可以完善，需要改革的可以改革，但不能在根本立场上动摇。"[3]

习近平对做民族工作的党员干部提出了很细很实的要求。他强调："'麻绳最容易从细处断。'各族群众对党和政府最直观的感受来自身边的党员、干部，来自常打交道的基层组织和基层政权。民族地区要重视基层党组织建设，使之成

---

① 新华网：《习近平出席中央民族工作会议并发表重要讲话》，http://www.gov.cn/xinwen/2021 - 08/28/content_5633940.htm，2021 年 8 月 28 日。

② 习近平：《习近平谈治国理政（第三卷）》，北京：外文出版社，2020 年，第 299 页。

③ 中国共产党新闻网：《习近平：坚持依法治疆团结稳疆长期建疆　团结各族人民建设社会主义新疆》，http://cpc.people.com.cn/n/2014/0530/c64094 - 25083518.html，2014 年 5 月 30 日。

为富裕一方、团结一方、安定一方的坚强战斗堡垒，使每一名党员都成为维护团结稳定、促进共同富裕的一面旗帜。"① 各级领导干部需要切实提高做好民族工作的能力和水平。懂不懂民族工作、会不会搞民族团结是考察领导干部的重要标准。正如习近平在全国民族团结进步表彰大会上指出："做好新形势下民族工作，必须加强党对民族工作的领导。各级党委要把民族工作摆上重要议事日程，把懂不懂民族工作、会不会搞民族团结作为考察领导干部的重要内容。要加强民族领域基础理论问题和重大现实问题研究，创新中国特色社会主义民族理论政策的话语体系，提升在国际上的影响力和感召力。要夯实基层基础，推动党政机关、企事业单位、民主党派、人民团体一起做好民族工作。要重视民族工作干部队伍建设，大力培养选拔少数民族干部和各类人才，支持民族工作部门更好履职尽责。"② "各族干部要全面理解和贯彻党的民族理论和民族政策，自觉从党和国家工作大局、从中华民族整体利益的高度想问题、作决策、抓工作，只要是有利于铸牢中华民族共同体意识的工作就要多做，并且要做深做细做实；只要是不利于铸牢中华民族共同体意识的事情坚决不做。"③

**2. 加强社会主义核心价值观的教育和引导，构建各民族共有精神家园**

2019 年 9 月 27 日，习近平在全国民族团结进步表彰大会上强调："各民族在文化上要相互尊重、相互欣赏，相互学习、相互借鉴。在各族群众中加强社会主义核心价值观教育，牢固树立正确的祖国观、民族观、文化观、历史观，对构筑各民族共有精神家园、铸牢中华民族共同体意识至关重要。"④ 同时指出："要以此为引领，推动各民族文化的传承保护和创新交融，树立和突出各民族共享的中华文化符号和中华民族形象，增强各族群众对中华文化的认同。要搞好民族地区各级各类教育，全面加强国家通用语言文字教育，不断提高各族群众科学文化素质。"⑤

共同精神家园的构筑，一定要以社会主义核心价值观作为引领，进一步强化爱国主义教育，既要反对大汉族主义，又要反对地方民族主义。习近平指出："要向各族人民反复讲，各民族都对中华文化的形成和发展作出了贡献，各民族

① 中国共产党新闻网：《中央民族工作会议暨国务院第六次全国民族团结进步表彰大会在京举行》，http://cpc. people. com. cn/n/2014/0929/c64094 – 25762843. html，2014 年 9 月 29 日。
② 中华人民共和国中央人民政府网：《习近平在全国民族团结进步表彰大会上发表重要讲话》，http://www. gov. cn/xinwen/2019 – 09/27/content_5434024. htm，2019 年 9 月 27 日。
③ 中国共产党新闻网：《习近平在参加内蒙古代表团审议时强调：不断巩固中华民族共同体思想基础，共同建设伟大祖国，共同创造美好生活》，https://www. ccps. gov. cn/xtt/202203/t20220305_153143. shtml，2022 年 3 月 5 日。
④ 中国共产党新闻网：《中央民族工作会议暨国务院第六次全国民族团结进步表彰大会在京举行》，http://cpc. people. com. cn/n/2014/0929/c64094 – 25762843. html，2014 年 9 月 29 日。
⑤ 中国共产党新闻网：《中央民族工作会议暨国务院第六次全国民族团结进步表彰大会在京举行》，http://cpc. people. com. cn/n/2014/0929/c64094 – 25762843. html，2014 年 9 月 29 日。

要相互欣赏、相互学习。把汉文化等同于中华文化、忽略少数民族文化，把本民族文化自外于中华文化、对中华文化缺乏认同，都是不对的，都要坚决克服。"① 同时，他指出："小德川流，大德敦化。中华民族为什么几千年能够生生不息、不断发展？很重要的原因是我们有以爱国主义为核心的民族精神，有一脉相承的价值追求。社会主义核心价值观决定着各民族共有精神家园的发展方向，一定要在全社会、在各民族中大力培育和践行。在这个过程中，要注重从少数民族文化中汲取营养。"②

### 3. 推动民族地区经济发展

习近平高度强调，在全面实现社会主义现代化过程中各民族发展的平衡性和整体性，同时把民族地区的经济社会发展置于铸牢中华民族共同体意识的核心。他在 2014 年的中央民族工作会议上指出："发展是解决民族地区各种问题的总钥匙。关键是实现什么样的发展？'安民可与为义，而危民易与为非。'要多办一些顺民意、惠民生的实事，多解决一些各族群众牵肠挂肚的问题。"③

对于如何推进民族地区的经济发展，习近平提出了一系列思路和举措。如"要完善差别化的区域政策，优化转移支付和对口支援机制，实施好促进民族地区和人口较少民族发展、兴边富民行动等规划"④，"着力加强民族地区基础设施建设，着力培育民族地区特色优势产业，有序开发民族地区特色优势资源，提高民族地区产业结构层次，增强民族地区自我发展能力和可持续发展能力。社会事业发展和民生建设资金要向民族地区倾斜，让民族地区群众共享改革发展成果"⑤，"加快少数民族和民族地区发展，推进基本公共服务均等化，提高把'绿水青山'转变为'金山银山'的能力，让改革发展成果更多更公平惠及各族人民"⑥。

习近平还高度重视少数民族群众的就业增收问题。他强调："就业是社会稳定的重要保障。一个人没有就业，就无法融入社会，也难以增强对国家和社会的认同。失业的人多了，社会稳定就面临很大危险。有的民族地区就业问题突出，必须坚持就业第一，增强就业能力，拓宽就业渠道，扩大就业容量，切实把这个

---

① 中国共产党新闻网：《中央民族工作会议暨国务院第六次全国民族团结进步表彰大会在京举行》，http://cpc.people.com.cn/n/2014/0929/c64094－25762843.html，2014 年 9 月 29 日。

② 中国共产党新闻网：《中央民族工作会议暨国务院第六次全国民族团结进步表彰大会在京举行》，http://cpc.people.com.cn/n/2014/0929/c64094－25762843.html，2014 年 9 月 29 日。

③ 中国共产党新闻网：《中央民族工作会议暨国务院第六次全国民族团结进步表彰大会在京举行》，http://cpc.people.com.cn/n/2014/0929/c64094－25762843.html，2014 年 9 月 29 日。

④ 中华人民共和国中央人民政府网：《习近平在全国民族团结进步表彰大会上发表重要讲话》，http://www.gov.cn/xinwen/2019－09/27/content_5434024.htm，2019 年 9 月 27 日。

⑤ 中国共产党新闻网：《习近平参加青海代表团审议》，http://cpc.people.com.cn/n1/2016/0310/c64094－28189454.html，2016 年 3 月 10 日。

⑥ 中华人民共和国中央人民政府网：《习近平在全国民族团结进步表彰大会上发表重要讲话》，http://www.gov.cn/xinwen/2019－09/27/content_5434024.htm，2019 年 9 月 27 日。

民生头等大事抓好。民族地区发展二、三产业，开发项目、建设重点工程，无论谁投资，都要注重增加当地群众就业、促进当地群众增收。"①

### 4. 促进各民族交往交流交融

习近平在2014年中央民族工作会议上对各民族交融汇聚成多元一体中华民族的历史进程进行了描述："我国历史演进的这个特点，造就了我国各民族在分布上的交错杂居、文化上的兼收并蓄、经济上的相互依存、情感上的相互亲近，形成了你中有我、我中有你，谁也离不开谁的多元一体格局。"② 这一多元一体格局的形成是全国各民族交往交流交融具体实践的生动写照，也是现有我国民族关系的直接体现。"改革开放以来，孔雀东南飞，我国进入了各民族跨区域大流动的活跃期，少数民族人口大规模向东部和内地城市流动。内地人口向民族地区及不同民族之间也在进行着大规模流动。"③ 要创新方式载体，在全社会不留死角地搞好民族团结宣传教育。各族干部群众都要像爱护自己的眼睛一样爱护民族团结，像珍视自己的生命一样珍视民族团结，坚决反对一切不利于民族团结的言行。"70年来特别是改革开放以来，各民族在社会生活中紧密联系的广度和深度前所未有，我国大散居、小聚居、交错杂居的民族人口分布格局不断深化，呈现出大流动、大融居的新特点。我们要顺应这种形势，出台有利于构建互嵌式社会结构的政策举措和体制机制，完善少数民族流动人口服务管理体系，促进各民族共建美好家园、共创美好未来。"④ 同时"要挖掘、整理、宣传西藏自古以来各民族交往交流交融的历史事实，引导各族群众看到民族的走向和未来，深刻认识到中华民族是命运共同体，促进各民族交往交流交融"⑤。

### 5. 依法治理民族事务

习近平在全国民族团结进步表彰大会上指出："依法治理民族事务，确保各族公民在法律面前人人平等。要全面贯彻落实民族区域自治法，健全民族工作法律法规体系，依法保障各民族合法权益。要坚持一视同仁、一断于法，依法妥善处理涉民族因素的案事件，保证各族公民平等享有权利、平等履行义务，确保民族事务治理在法治轨道上运行。对各种渗透颠覆破坏活动、暴力恐怖活动、民族

---

① 中国共产党新闻网：《中央民族工作会议暨国务院第六次全国民族团结进步表彰大会在京举行》，http://cpc.people.com.cn/n/2014/0929/c64094-25762843.html，2014年9月29日。

② 中国共产党新闻网：《中央民族工作会议暨国务院第六次全国民族团结进步表彰大会在京举行》，http://cpc.people.com.cn/n/2014/0929/c64094-25762843.html，2014年9月29日。

③ 中国共产党新闻网：《中央民族工作会议暨国务院第六次全国民族团结进步表彰大会在京举行》，http://cpc.people.com.cn/n/2014/0929/c64094-25762843.html，2014年9月29日。

④ 新华网：《习近平出席全国民族团结进步表彰大会并发表重要讲话》，http://www.xinhuanet.com/politics/leaders/2019-09/27/c_1125050602.html，2019年9月27日。

⑤ 中共中央党校网：《习近平：全面贯彻新时代党的治藏方略 建设团结富裕文明和谐美丽的社会主义现代化新西藏》，https://www.ccps.gov.cn/tpxw/202008/t20200829_142975.shtml，2020年8月29日。

分裂活动、宗教极端活动，要严密防范、坚决打击。"①

习近平强调要增强法律意识，提高政治和政策水平，对涉及民族的问题仔细甄别。"涉及民族因素的矛盾和问题，有不少是由于群众不懂法或者不守法酿成的。这些矛盾和问题，虽然带着'民族'字样，但不都是民族问题。""要严格区分两类不同性质的矛盾，是什么问题就按什么问题处置。不能因为当事人身份证上写着'某某民族'就犯嘀咕、绕着走，处理起来进退失据。对极少数蓄意挑拨民族关系、破坏民族团结的犯罪分子，对搞民族分裂和暴恐活动的犯罪分子，不论什么民族出身、信仰哪种宗教，都要坚决依法打击。"②

# 第三节　多维互动与中华认同：海外侨胞中华民族共同体意识构建的逻辑

纵观世界历史，国际移民与祖籍国的长期互动是历史趋势，而广大海外侨胞也长期维系族群认同和文化认同及情系祖籍国和家乡。由此，我们认为海外侨胞理应成为中华民族大家庭的一员，中华民族共同体意识建构离不开海外侨胞。当然，中华民族共同体意识在海外的建构，与在中国大陆和港澳台的建构有所不同，重在文化认同与共同精神家园的建设、族群认同与民族谱系的构建及跨国互动与共享社会经济网络的完善。

有关中华民族共同体意识的研究，当前学术界主要从文化观、民族观和国家观等层面来阐释中华民族共同体意识的内涵，即将中华民族共同体意识看作一种心理过程或心理意识、一种民族观、一种国家（集体）认同。③ 其中，围绕海外侨胞是否属于中华民族的组成部分、中华民族共同体意识建构对象应否包含海外侨胞，学术界有不同意见。一种意见认为："中华民族共同体是中华各民族、港澳台同胞、世界各地华人共同的'文化之家''精神之家'，更是一个实实在在

① 新华网：《习近平出席全国民族团结进步表彰大会并发表重要讲话》，http://www.xinhuanet.com/politics/leaders/2019-09/27/c_1125050602.html，2019年9月27日。

② 中国共产党新闻网：《中央民族工作会议暨国务院第六次全国民族团结进步表彰大会在京举行》，http://cpc.people.com.cn/n/2014/0929/c64094-25762843.html，2014年9月29日。

③ 高承海：《中华民族共同体意识：内涵、意义与铸牢策略》，《西南民族大学学报（人文社会科学版）》，2019年第12期；丹珠昂奔：《中华民族共同体意识的概念构成、内涵特质及铸牢举措》，《民族学刊》，2021年第1期。

的'祖国之家'。""要以中华民族共同体意识的认同为出发点,将中华民族共同体的范围扩大到港澳台地区,进而扩大到世界各地的华人。"① 也有一些学者反对上述观点,担心将中华民族共同体的范围扩大到海外华人会引发国家间误解、矛盾乃至冲突。这种意见主要从国籍和公民角度出发定义民族共同体,认为"中华民族是拥有中国国籍的中国公民共同体……中华民族应该是包括今天 56 个民族在内的、生活在中华大地上所有民族及其海外华侨的统称……中华民族不包括原来拥有中国国籍、现在加入其他国籍的华人,这些人有的生活在国外,有的可能生活、工作在中国境内,虽然他们心向祖国,但已经不拥有中国国籍,他们在公民意义上不属于中华民族成员"②。

如何看待中华民族共同体应否包含海外侨胞? 我们作出如下分析。

# 一、 国际移民浪潮开启了民族共同体建构的跨界拓展

自 20 世纪 70 年代以来,国际移民数量和占人口比例都在逐年增加。据国际移民组织的报告,国际移民总数从 1970 年的 0.84 亿增加到 1995 年的 1.61 亿和 2020 年的近 2.81 亿,占全球人口的比重从 2.3% 增加到 2.8% 和 3.6%。其中,2020 年印度移民约 1 787 万,墨西哥移民 1 119 万,中国移民 1 046 万(见表 1-1)。国际移民浪潮的涌现及大量移民的跨国流动,开启了移民输出国族群的跨界拓展,构建了族群的跨国社会。"不同的族裔群体自外而内地带来了不同的文化认同和多元的历史记忆"③,这是对基于乡土和国家疆界的民族国家建构的突破。

表 1-1 1990—2020 年世界移民情况

(单位: 人)

| 时间 | 1990 年 | 2000 年 | 2010 年 | 2020 年 |
|---|---|---|---|---|
| 世界移民总数 | 152 986 157 | 173 230 585 | 220 983 187 | 280 598 105 |
| 印度移民 | 6 619 431 | 7 928 051 | 13 221 963 | 17 869 492 |
| 墨西哥移民 | 4 395 355 | 9 562 878 | 12 415 222 | 11 185 737 |
| 中国移民 | 4 231 625 | 5 884 919 | 8 714 648 | 10 461 170 |

资料来源: International Migrant Stock, https://www.un.org/development/desa/pd/content/international-migrant-stock.

---

① 王鉴:《中华民族共同体意识的内涵及其构建路径》,《中国民族教育》,2018 年第 4 期。
② 沈桂萍:《准确认识和把握中华民族共同体认同》,《中国民族报》,2015 年 3 月 27 日。
③ 张会龙、朱碧波:《中华国家范式: 民族国家理论的省思与突破》,《政治学研究》,2021 年第 2 期。

## 二、 跨国主义与主要移民大国的跨界动员

爱尔兰、印度和以色列等国家都在实施侨民战略（Diaspora Strategy），积极进行跨界动员，鼓励海外侨胞为祖籍国发展贡献力量。印度等经济迅速发展的国家重视侨务工作，多成立独立的侨务管理机构，致力于增强海外侨胞与祖籍国的联系，为国家发展战略的实施寻求资源。而以色列更强调公共外交和亲以的国际环境。以色列政府于 1950 年 7 月 5 日颁布了《回归法》（Law of Return），该法是以以色列移民政策为法律基础，旨在号召全世界的犹太人或具有犹太信仰的人都应回到他们祖先的脚下。此外，以色列通过各种组织机构加强犹太人的联系，支持和推动犹太文化的传承。在美国形成游说集团，营造亲以的国际环境。其实，美国奥巴马政府也曾推出"全球侨民接触战略"，构建国际侨民接触联盟（International Diaspora Engagement Alliance），"旨在促进侨民社区与私营部门和公共机构之间的合作"，"支持以侨民为中心的伙伴关系的发展"，以此"促进（侨民）祖籍国的贸易和投资、志愿者服务、慈善事业及外交、创业和创新等"。[①]

中外学者一直在研究移民跨国现象，提出了跨国主义和"远程民族主义"等理论。跨国主义（Nationalism）作为分析国际移民的一种理论范式，突破了传统的以地缘及民族国家为核心的分析框架，把国际移民领域的研究拓展至全球、跨国的范式，强调跨国流动与互动。[②] "相对于以往移民学研究中的以民族国家为视角的研究方法，跨国主义尝试打破国家边界的禁锢，从跨界的全球视野出发，将国际移民放置于跨国社会空间中加以考察，这样有助于我们分析具有活力而多变的移民，为我们对以往的同化、认同、地理空间、民族国家等概念和理论提供一个重新认识的视角。"[③] 所谓"远程民族主义"（Long Distance Nationalism），是由美国学者本尼迪克特·安德森提出的理论，主要用来指移民对母国的民族主义感情以

---

① 陈奕平：《美国"国际侨民接触"战略及其对我国侨务政策的启示》，《东南亚研究》，2012 年第 2 期。

② 有关华侨华人研究的跨国主义理论，参见：Aihwa Ong. Flexible Citizenship：The Cultural Logics of Transnationality，North Carolina：Duke University Press，1999；Frank N. Pieke，Pál Nyíri，Mette Thunø & Antonella Ceccagno. Transnational Chinese：Fujianese Migrants in Europe，Palo Alto：Stanford University Press，2004；Li Minghuan. Seeing Transnationally：How Chinese Migrants Make Their Dreams Come True，Leuven University Press，Zhejiang University Press，2013；Shibao Guo. From International Migration to Transnational Diaspora：Theorizing "Double Diaspora" from the Experience of Chinese Canadians in Beijing，Journal of International Migration and Integration，2016（1）；潮龙起：《移民史研究中的跨国主义理论》，《史学理论研究》，2007 年第 3 期；吴前进：《跨国主义的移民研究——欧美学者的观点和贡献》，《华侨华人历史研究》，2007 年第 4 期。

③ 潮龙起：《跨国华人研究的理论和实践——对海外跨国主义华人研究的评述》，《史学理论研究》，2009 年第 1 期。

及跨国政治活动。他介绍道："报纸上写满了母国的罪恶和贫困，移民们仍然有一种思乡之情甚至负罪感；感受到母国的重要性，又在不断为自己的新身份辩护；在国外过着安逸的生活，却在网上鼓吹国内抗争独立。"① 这说明，无论环境如何，无论差异性有多大，移民对祖籍国的情感是存在的，在各方面以不同形式支持祖籍国。当然，远程民族主义也包括"鼓吹国内抗争独立"给祖籍国政权所带来的政治变动和政治风险，这是我们需要注意的。②

## 三、 广大海外侨胞一直积极维系族群认同和文化认同

笔者主持的教育部重大课题攻关项目"华侨华人在国家软实力建设中的作用研究"，曾在东南亚和欧美进行了问卷调查，统计结果也证实了一个假设，就是华侨华人一直试图维系自身的族群和文化身份。"就华人的认同而言，在不同的国家，华人与主流社会的关系不一，有的国家族群关系融洽，有的则相对生疏。但无论在哪个国家，仅就我们调研的范围而言，从整体而言，华人仍然试图维系自身的族群和文化身份，他们学习华文最大的目的仍然是'更好地了解华人的文化和传统'，中国的方言也仍然很大程度上被华人使用。"③

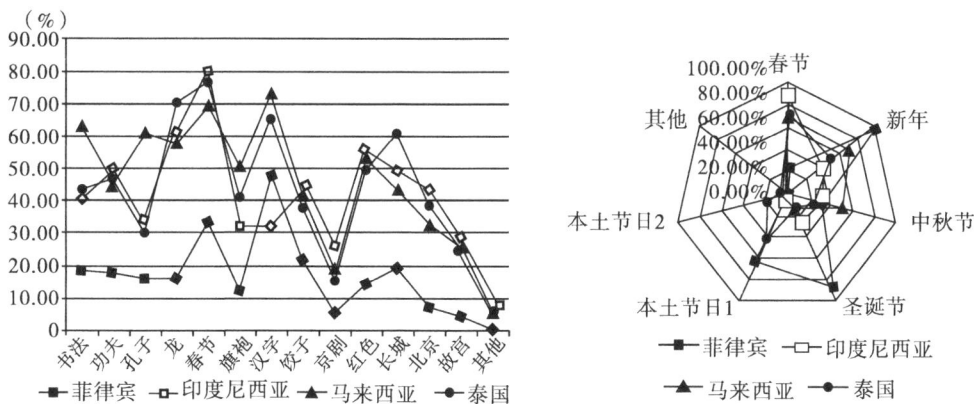

图 1-1 华裔新生代对中华文化符号的熟悉度和家庭重要节庆

资料来源：刘泽彭、陈奕平主编：《华侨华人在国家软实力建设中的作用研究》，广州：暨南大学出版社，2018 年，第 342-343 页。

---

① 梁茂春：《远距离民族主义：离散族群的跨国政治认同与实践》，《世界民族》，2020 年第 1 期；澎湃新闻：《演讲｜本尼迪克特·安德森：民族主义研究中的新困惑》，http://m.thepaper.cn/kuaibao_detail.jsp?contid=1408407&from=kuaibao，2014 年 12 月 13 日。

② 梁茂春：《远距离民族主义：离散族群的跨国政治认同与实践》，《世界民族》，2020 年第 1 期。

③ 代帆、陈奕平等：《实证分析：华裔新生代的认同、对华认知及对侨务工作的意义》，刘泽彭、陈奕平主编：《华侨华人在国家软实力建设中的作用研究》，广州：暨南大学出版社，2018 年，第 387 页。

笔者 2019 年在印度尼西亚调研时，看到 20 世纪初当地中华会馆学校成立时发布的公开信时，很受感动。该公开信反映当地华侨为子女"番"化、失去文化之根乃至"种类"存亡忧心忡忡，主动倡议创办中华会馆，建立华校。"以四千余年神明之胄，远处海外，番其举止，番其起居，番其饮食，番其礼法，华语且不识，遑知有中学，诗书且不读，遑知有孔孟，其弊随地有之，且巴城尤甚。……论种类则自生自灭，论圣训则或存或亡，岂不哀哉！""某等不敏，独拳拳于会馆孔庙学堂诸端，正为此也。今既蒙荷政府准予开办，集众公议于会馆先设立小学校一区……"①

习近平在 2014 年 6 月接见世界华侨华人社团联谊大会的海外侨胞时有关海内外中华儿女"根魂梦"的论述，不但是对侨务工作的重要论述，也是对铸牢中华民族共同体意识的重要指导。习近平指出："团结统一的中华民族是海内外中华儿女共同的根，博大精深的中华文化是海内外中华儿女共同的魂，实现中华民族伟大复兴是海内外中华儿女共同的梦。"② 这也是理解中华民族共同体意识跨界建构的钥匙。

综上，基于国际移民与祖籍国长期互动及民族共同体建构跨界拓展的历史趋势，广大侨胞一直维系族群认同和文化认同的事实，我们认为海外侨胞理应成为中华民族共同体的一员，中华民族共同体意识建构离不开海外侨胞。当然，也应该注意中华民族共同体意识在海外的建构与在中国大陆和港澳台的建构有所不同，尤其要注意海外侨胞的多样性和差异性。

---

① 巴达维亚中华董事会：《巴城创设中华会馆兴办学堂公启》，《华侨导报月刊》，1955 年 5 月 1 日，第 16 页；巴达维亚八帝贯中华学校：《八华月刊》，《华侨导报月刊》，1955 年 5 月 1 日，第 16 页。

② 新华网：《习近平：中华文化是海内外中华儿女共同的魂》，http://www.xinhuanet.com//politics/2014 - 06/06/c_1111025922.htm，2014 年 6 月 6 日。

# 第二章 文化认同与族群认同：海外侨胞中华民族共同体意识构建的人文基础

　　海外华侨华人作为沟通中国与世界的重要桥梁，不仅是当今中国和平发展的重要人脉资源，也是中国在国际范围内提升影响力的重要力量基础。华侨华人认同上的差异和共识是我们探讨海外侨胞民族共同体意识必须厘清的一个问题。华侨、华人同为侨务工作服务对象，对其政策却有明显的界限区别。作为中国公民，华侨有责任维护中国国家利益，有义务为促进祖国和住在国的发展、为祖国和住在国的友好合作发挥积极的作用；而作为外国公民的华人自然应效忠属籍国，为属籍国国家利益尽责。如何把握、保持、发展与外籍华人的关系，在文化认同、族群认同、共同发展及共享网络等"公约数"基础上，凝聚和扩大促进海内外中华儿女的共识，关系到侨务工作的科学发展和可持续发展。

# 第一节  海外侨胞的多元认同及新变化

由于国籍身份具有非固定性，移民个体主观层面的认知与认同就显得愈发重要。实际上，华侨华人通过与"他群"的互动认识自我、认清自我并坚定"我本如此"的反身性自我认同早已出现了萌芽。① 在海外社会，华侨华人与祖籍国的时空关系被切割，传统文化实践的场域也发生了转换。随着华侨华人融入程度、经济地位和社会地位的不断提高，移民个体对传统聚居社区的依赖性也大幅下降。慢慢地，华人移民逐渐成为脱域的"想象共同体"。著名华人问题专家王赓武在总结有关东南亚华侨华人认同问题研究的基础上，提出了既非同化亦非双重认同的观点，认为东南亚华侨华人的认同是多重认同。② 我们很赞同王赓武先生的观点，身处在全球化日益加快的当今世界，海外华侨华人的相关认同应该是多重认同，他们对自我归属的认知以及自身的意识结构是复杂的、混合的，或者说是多元化的。

## 一、 海外侨胞的多元认同与共识问题

"认同"（Identity）问题是目前学术研究领域中的一个重要问题，尤其在全球化日益加剧的今天，"认同"问题已经成为众多专家学者关注和研究的热点问题之一。对"认同"问题的研究，起初多基于人格认同。后来，"认同"研究范围扩大到政治认同、社会认同、文化认同、国家认同、民族认同等方面。多元认同是一个由国家认同、民族认同和文化认同等构成的相互关联与相互作用的有机整体。其中，国家认同和民族认同的概念更容易理解一些，它们是指人们对所属的国家和民族所产生的一种情感与意识上的归属感，也可以被理解为对国家和民族身份的自我确认。国家认同会受到民族认同的影响，即民族感情影响着公民对国家的效忠程度；而民族认同也会受到国家认同的影响，即公民的国籍身份在一定程度上强化或限制着民族意识和民族感情的程度。在一定条件下，民族认同会

---

① 朱靖江、高冬娟：《虚拟社区中自我认同的反身性重构——基于移动短视频应用"快手"的人类学研究》，《民族学刊》，2019 年第 4 期，第 47－53 页。

② 王赓武、林金枝：《东南亚华人认同问题的研究》，《南洋资料译丛》，1986 年第 4 期，第 92－108 页。

超越国家认同的束缚，从而实现更广泛意义上的民族情感融合。

文化认同是一个复合词，最初文化和认同是彼此分开的，其概念要更为复杂且难以清晰理解。文化认同是人类对于文化的倾向性共识与体认，并由此产生的深层心理积淀。使用相同的文化符号、遵循共同的文化理念、秉承共有的思维模式和行为规范，是文化认同的依据。文化认同具有先天性和原初性，在社会历史发展中处于相对稳定和恒久的状态。[1]

拥有共同的文化往往是民族认同和国家认同的基础，因为后两者中无不包含着文化认同的内容，其所蕴含的对象及特性也只有置于一定的文化背景中才具意义；同时，任何形态的文化都是适应民族、国家的存在特点而形成和发展的。

具体到海外华侨华人，"二战"后，由于他们中的绝大多数已经取得住在国国籍，他们在政治上认同住在国，因而绝大多数海外华侨华人国家认同的对象也是住在国。不过，国家认同的主要标志是国籍认同，相对而言具有可变性和流动性。我们观察到，尤其在全球化不断加深的今天，许多国家实行双重国籍政策，更促进国家认同出现多元化的发展态势。与此同时，中国的快速发展以及融入国际社会步伐的加快，也可能会促使许多海外华人的国家认同发生变化。

海外华侨华人的民族认同，首先体现为对中华民族或住在国华人族群的认同。至于海外华侨华人的文化认同，则是指向中华文化或者华人文化。文化作为一种认同，主要是和文化个体归属的民族联系在一起。海外华侨华人无论处于哪一个国家，其民族的生理特征，尤其是自身文化的特质始终是难以泯灭的。历史经验告诉我们，国家认同、民族认同和文化认同有时并不是单一重叠的。海外华侨从"落叶归根"转为"落地生根"，在政治上认同住在国，在民族上仍然可以归属于自己的民族（族群），在文化上依然可以归属于自己的民族文化，尤其是当祖（籍）国直接或间接给予他们自信心的时候，他们的相关认同必然呈现加强的趋势，特别是民族认同和文化认同。

## 二、 海外侨胞对祖（籍）国的认同和支持是民族共同体意识的前提

海外侨胞从作为一个特殊群体出现以来，就一直是中国革命、民族独立、人民解放、建设发展、改革开放、中华复兴的坚定支持者和参与者。他们在人力资源和社会资本等方面存在明显优势，能够在全球经贸合作、文化交流、科技合作

---

[1]　汪海鹰、王磊：《港澳台海外统战工作中的多元认同问题研究》，《中央社会主义学院学报》，2007 年第 3 期，第 34 - 37 页。

及公共外交等方面发挥重要作用，也能在构建人类命运共同体过程中扮演关键角色。可以说，海外侨胞对祖（籍）国的认同和支持是民族共同体意识的前提。

## （一）海外侨胞是展示中国形象、维护中国利益的重要力量

中华人民共和国成立之初，帝国主义对新生的中华人民共和国实行全面封锁，试图把中华人民共和国扼杀在摇篮之中。就在国际反动势力对华实施封锁、扼杀政策的同时，世界各地的华侨华人纷纷以通电、登报、张挂五星红旗、集会庆祝和直接回国投身祖国建设等方式支持中华人民共和国的诞生。旅法华侨最早（1949 年 10 月 1 日）发来庆祝中华人民共和国成立的贺电；东南亚华侨"驰电"："向中国共产党及毛泽东致敬，向中央人民政府致敬"；美国侨团致电毛泽东主席："我们遥望太平洋彼岸，看见你高举的火炬，那五星闪耀的红旗。我们愿接受你的号召，拥护和支援祖国的革命和建设。"[1] 由中国留美学生组成的"留美科协"致信中国科学工作者说："我们一致决心在最短的时间内回国，回到我们所来自的中国科学工作者兄弟的行列，投入于建设新中国的巨潮。"据统计，从 1949 年 10 月到 1952 年底，留学生回国人数就达 2 400 人，约占解放初期中国在外留学生总人数的一半。[2] 1955 年，中国科学院首届 172 位学部委员中，海外回国的专家学者就有 158 位。王淦昌、华罗庚、钱伟长、钱三强、李四光、邓稼先、冰心、老舍……都是在中华人民共和国成立初期毅然返回祖国的。这支了不起的队伍在政治上产生的支持对中华人民共和国建立、成长和壮大的影响是巨大的。难怪当时的美国海军次长金布尔极力阻止钱学森离开美国，他放出狠话："钱无论走到哪里，都抵得上 5 个师的兵力，决不能让他离开。"[3]

中华人民共和国成立初期，与我建交的国家不多，即使在邦交国我使馆的力量也很有限，但无论是建交国还是未建交国，在中国领导人的出访活动中，都可看到华侨华人自愿组织起来，从欢迎接待到担当保卫，乃至粉碎敌特的阴谋，都发挥了无可替代的重要作用。他们以各自不同的方式，积极推动着中国与世界的友好交往，为新中国的成立、成长作出了奉献。诚如外交部时任部长助理吴红波在侨务工作与改革开放 30 周年座谈会上所说，为推动双边政治关系，广大华侨华人充分发挥自身优势，通过不同方式，向住在国政府和主流社会积极传递中国和平发展的政治理念，增进中国与住在国之间的政治互信。回顾历史，我们不会忘记，华侨华人为促进中国同有关国家建立和发展外交关系作出的重要贡献。放

---

① 任贵祥主编：《海外华侨华人与中国改革开放》，北京：中共党史出版社，2009 年，第 38 页。
② 石汉荣：《探解中国侨务》，香港：中国评论学术出版社，2004 年，第 254 – 255 页。
③ 首都文明网：《人民会永远记住"航天之父"钱学森》，https://www.bjwmb.gov.cn/zxgc/wmpl/t20091102_274489.htm，2009 年 11 月 2 日。

眼今天，不少身处海外的华侨华人和社团组织正积极从事促进双边关系发展的各项活动，肩负着维护华人海外形象的责任，不仅为住在国政府发展对华关系建言献策，增信释疑，部分侨胞还积极参与中国两会，向两会传递侨界声音，向海外传递中国两会声音。2019 年，全国政协十三届二次会议、十三届全国人大二次会议分别在北京人民大会堂隆重开幕，来自海外 31 个国家的 40 名海外侨胞受邀列席会议，他们长期活跃于侨社，关心祖（籍）国发展。两会期间，他们聚焦和谐侨社建设、华文教育推广、中华文化海外传播、"一带一路"建设等与华侨华人密切相关的话题，积极建言，传递"侨声"。①

为维护中国的形象和核心利益，海外侨胞与"台独""藏独""东突""港独"等各种分裂势力和反华力量展开了坚决的斗争。自 2000 年以来，为反对"台独"的倒行逆施，全球五大洲 80 多个国家和地区的侨胞成立了 180 多个"反独促统"组织，召开了 30 多次全球、洲际或区域性的"反独促统"大会，"在全球对'台独'形成强大压力，为推动涉台外交形势向于我有利的方向发展发挥了重要作用。海外侨胞以坚持'一中'、反对'台独'为己任，通过不同渠道和方式，向当地政府、主流社会和民众宣介台湾问题的历史和中国政府的对台政策，对住在国的对华涉台政策施加积极影响，促进了国际社会对我统一大业的理解和支持"②。2005 年 3 月 14 日，全国人大十届三次会议高票通过的《反分裂国家法》就深含着海外侨胞的建议、推动和拥护。2010 年 4 月 8 日，美国"百人会"③将"国际杰出成就奖"颁给中国国民党荣誉主席连战，肯定连战以国民党主席的身份，前往大陆进行破冰之旅，促成两岸关系历史性转变。2020 年，在《反分裂国家法》实施 15 周年之际，不少海外华人社团发表声明维护《反分裂国家法》。例如，尼日利亚中国商贸企业协会、尼日利亚福建同乡总会、尼日利亚山东商会等热议栗战书委员长在《反分裂国家法》实施 15 周年座谈会上的讲话，认为栗战书委员长的讲话充分展现了党中央贯彻实施《反分裂国家法》的坚定决心，是对当前岛内"台独"势力蠢蠢欲动的严重警告。④

达赖是西藏问题的麻烦制造者。海外侨胞对达赖集团混淆视听、分裂祖国、破坏民族团结的行径深恶痛绝。2009 年，拉萨发生"3.14"暴乱事件后，达赖

---

① 郑言：《列席全国两会海外侨胞共谋新发展，建言新时代》，《侨务工作研究》，2019 年第 2 期。

② 吴红波：《吴红波在侨务工作与改革开放 30 周年座谈会上的讲话》，《侨务工作研究》，2008 年第 5 期，第 9 页。

③ "百人会"（Committee of 100）由美国社会中有影响力与知名度的华人精英组成；宗旨是为华人在美国立足生根作贡献，增进中美邦交，改善两岸关系。该会由贝聿铭、马友友等人发起，成立于 1990 年，机构设于纽约。

④ 中华人民共和国驻拉各斯总领事馆：《领区侨团纷纷发表声明，坚决拥护〈反分裂国家法〉》，https://www.fmprc.gov.cn/ce/cglagos/chn/zlsxw/t1785084.htm，2020 年 6 月 2 日。

的窜访活动遭到了海外华社更加强烈的反对和抵制。美国华侨华人以集会示威和飞机拉横幅（达赖：你的笑脸让人着迷，你的行动使人受伤）的形式抗议达赖访美，揭露达赖的伪善；澳大利亚华侨华人倡议全球华侨华人积极参与"向达赖说不"活动。2010 年 3 月 10 日，法国多名巴黎市议员发表声明，谴责巴黎市政府在市政厅广场悬挂"藏独"旗帜。议员们认为，此举伤害旅法华侨民族感情，破坏中法友谊。① 在议员们的声明中，清晰地反映出法国华侨华人维护中国统一的坚决态度对他们的影响。2009 年，新疆发生"7.5"暴力事件后，"世维会"在德国慕尼黑老巢举办了一场所谓揭示事件真相的新闻发布会。华侨华人在会上当场要求"世维会"提供爆料证据和信息来源，并以充分的事实揭露了"7.5"事件真相，迫使这场所谓的新闻发布会狼狈收场。② 海外华侨华人对新疆"7.5"暴力事件真相的澄清和表态，有力地反击了"东突"分裂分子的挑拨和鼓惑。中国军控和裁军协会理事徐光裕将军认为，在维护国家主权和领土完整方面，民间的声音和行动同样十分重要。它可以成为外交行动的有效倍增器。③ 华侨华人对"法轮功"沦为西方敌对势力反华的政治工具深恶痛绝。英国华侨华人集会揭批"法轮功"反人类、反科学、反社会的邪教本质；西班牙华侨华人成立了反邪教协会；美国华侨华人联名致函反对"法轮功"在当地注册。"民运"分子则切感前景暗淡，叹吁"民运无法依托海外华人的力量"④。

维护和促进祖国统一，是广大海外侨胞的共同心愿。2019 年，香港不法之徒冲击立法会、袭击警察、大闹机场、殴打普通民众记者等暴力行为，引起海外侨胞的严正关切，大家纷纷通过自发组织集会、发表声明、接受采访等不同形式，向当地民众介绍事实真相，谴责暴力乱港行径，声援警方严正执法，表达支持"一个中国"及希望香港会更好的心声。⑤ 在美国、英国、澳大利亚、法国、德国、加拿大、菲律宾、日本等地，当地华侨华人和中国留学生自发举行集会，他们向全世界宣布："HONG KONG IS PART OF CHINA!"声援香港特区政府和香港警察，呼吁止暴制乱，还香港以和谐安宁。⑥ 7 月 4 日晚于阿姆斯特丹举行的强烈谴责香港暴力冲击立法会事件座谈会上，荷兰中国和平统一促进会会长团主席黄钺强调，香港是中国的宝地，祖国稳定、繁荣昌盛是海外华侨的福祉，坚

① 中国西藏网：《巴黎市议员谴责市政府挂"藏独"旗》，http://tibet. cctv. com/20100312/103174. shtml，2010 年 3 月 12 日。
② 《德国华人拆了"疆独"发布会的台》，《环球时报》，2009 年 7 月 14 日。
③ 《保钓，两岸三地应形成合力》，《环球时报》，2010 年 9 月 27 日。
④ 《海外"民运人士"被曝内斗丑闻》，《环球时报》，2009 年 6 月 1 日。
⑤ 中华人民共和国国务院侨务办公室：《止暴制乱挺香港，海外侨界在行动》，http://qwgzyj. gqb. gov. cn/tbbd/207/3146. shtml，2019 年 8 月 22 日。
⑥ 中国侨网：《多国侨胞集会向香港暴乱说不　网友：爱国不分海内外》，https://baijiahao. baidu. com/s? id = 1642248740693467752&wfr = spider&for = pc，2019 年 8 月 19 日。

决支持香港特区政府果断采取措施，绝不让香港成为各种势力破坏颠覆国家繁荣稳定的桥头堡。印尼工商会馆副主席、知名华商翁俊民在《国际日报》撰文表示，要把一个城市建设为世界金融中心绝非易事，可要毁坏却很容易。香港暴力事件，已造成股市动荡、房价下跌，很多国际航班被延误停飞，旅行购物者不得不改变香港出行计划，市民不能正常出行，商家无法正常开店的现象，严重损害了香港国际化大都市形象。他郑重指出，建设靠积累，毁坏在瞬间，今天的香港人，该觉醒了!① 海外华侨华人自发开展的"反分裂、反抹黑"活动充分证明，海外华侨华人是维护中国形象、捍卫中国核心利益、反对民族分裂的重要力量。

2019 年是中华人民共和国成立 70 周年。70 年间，尤其是改革开放以来，国家发展取得辉煌成就，经济实力和综合国力名列世界前茅，中华民族伟大复兴的壮丽征程迎来光明前景。广大华侨华人心系中国发展，举办了丰富多彩、形式多样的活动，共祝祖（籍）国繁荣富强。美国南加州逾千位华侨华人汇聚蒙特利公园市巴恩斯公园，一架飞机拉起巨幅标语表达祝福；中国驻米兰总领馆与米兰华人社团联合举办的"辉煌七十年"图片展，吸引了大批意大利民众和当地侨胞前来观看；巴黎华星艺术团、吉尔吉斯斯坦比什凯克华助中心、西班牙华星艺术团等侨团在当地地标建筑前拍摄"快闪"视频；日本华侨华人联合会等四家侨团主办的晚会《礼敬共和国》是有史以来规模最大的在日华人庆典；新西兰百余家华人社团联合举办了庆祝新中国成立 70 周年文化交流活动，不少新西兰民众现场体验了书法、茶艺、民乐演奏等中国传统文化。②

自 2020 年 3 月起，新冠疫情逐渐在世界各地蔓延，且呈现井喷态势。华侨华人分布在全球 198 个国家和地区，他们积极参与住在国的政治、经济、文化等建设，是当地社会的一分子。面对新冠疫情不断蔓延，华侨华人纷纷行动起来，支援回馈当地社会，为当地购买抗疫物资，提供志愿服务，分享经验，同心抗疫。2020 年 4 月 9 日，巴西新冠疫情日益严重，当地医疗机构和社区防疫物资紧缺，巴西华人文化交流协会、里约广东同乡会等侨团联合中资企业和巴西的华侨华人以各种方式积极开展慈善捐助活动，向多个贫民社区捐赠了 1 000 多份基本生活用品。在疫情最严重的巴西最大城市圣保罗，巴西华人协会、南美洲闽南同乡联谊总会、金华同乡总会等社团纷纷向当地医院、难民收容所等机构捐赠口罩、医用酒精等防护用品。圣保罗还出现一支名为"中国人"的爱心小团队，多次化名捐款，并陆续购买了大量口罩、防护服以及其他医用物资，捐赠给当地

① 中华人民共和国国务院侨务办公室：《止暴制乱挺香港，海外侨界在行动》，http://qwgzyj.gqb.gov.cn/tbbd/207/3146.shtml，2019 年 8 月 22 日。
② 中新网：《海外华侨华人多种形式庆祝新中国成立 70 周年》，https://www.chinanews.com.cn/hr/2019/09 - 20/8960936.shtml，2019 年 9 月 20 日。

相关机构。①2021 年 5 月，随着全球新冠疫情持续蔓延，阿根廷也迎来了疫情第二波反弹，阿根廷华人义工团队向布宜诺斯艾利斯市卫生部门快速核酸检测中心捐赠防疫物资，其中包括 10 000 个医用防护口罩和 420 瓶容量为 1 升的酒精。由此可见，面对住在国疫情的蔓延，海外华人积极参与当地抗疫，捐款捐物，协调物资，展现了良好的责任和担当。②

### （二）海外侨胞是中国基本经济制度形成的推动者、参与者、贡献者

经济力量是一个国家硬实力的重要指标，但经济制度、经济体制、经济发展模式及其影响力则属于软实力的范畴。世界金融危机发生后，联合国秘书长潘基文只要一谈到中国经济，便不失褒奖之词。潘说，国际社会都在汲取中国的经验，期待中国的贡献和投入，尽管中国国内现在面临诸多艰难挑战，但我作为联合国秘书长，……非常有信心中国政府和人民会对全球的繁荣作出贡献。③美国前驻华大使芮效俭说："目前，世界经济领导国家都在削减经济规模，中国经济已经卓有成效，但还可以做得更好，这样可以增加中国在世界上的能量，……如果中国能比发达国家状态良好地度过金融危机，人们会说中国模式更好，从而会受到许多发展中国家的支持。"④世界银行行长佐利克更是明确表示，中国人勇于实验，中国的经验可以用于其他国家。⑤

经过 30 年的改革开放，中国走过了西方发达国家用了上百年才走完的路程，探索出了一条具有中国特色的发展道路。今天，中国的经济总量已经处于世界第二的位置。但是，中国人民不会忘记，中国改革开放的历史不会忘记，30 年前是海外华侨华人帮助封闭和被封闭的中国打开、扩大了与世界的联系。他们以侨引侨、以侨引外，带来了资金、技术、人才，带来了市场经济的理念和现代企业的管理经验。他们积极参与和推动了中国的改革开放；积极参与和推动了中国社会主义市场经济和以公有制为主体、多种所有制经济共同发展这一我国基本经济制度的确立。温家宝总理曾说："中国的改革开放，特别是特区的成立，都是从侨乡开始的。四个经济特区都在侨乡。……在中国改革开放的初期，我们华侨是

---

① 新华网：《巴西中资企业和华侨华人向当地捐赠抗疫物资》，http://www. xinhuanet. com/2020 – 04/09/c_ 1125833164. htm，2020 年 4 月 9 日。
② 中国侨网：《阿根廷华人义工团队向布市核酸检测中心捐赠防疫物资》，https://baijiahao. baidu. com/s? id = 1700083165166063749&wfr = spider&for = pc，2021 年 5 月 18 日。
③ 央视网：《国际人士聚焦中国经济　潘基文称关注中国物价》，http://news. cctv. com/financial/ 20080721/101437. shtml。
④ 《西方经济已抓不住老鼠》，《环球时报》，2008 年 11 月 14 日。
⑤ 《中国经验可以用于其他国家》，《参考消息》，2011 年 9 月 1 日。

有功劳的，功不可没。你们可以算得上是开拓者、参与者和贡献者。"① 在中国现代化建设的进程中，无论是推动中部地区崛起、西部大开发、振兴东北老工业基地，还是响应低碳环保经济、转变经济发展方式都有华侨华人的踊跃参与和积极贡献。

中国改革开放的历史不会忘记，"中国制造"的大国影响，最初就是由华侨华人一个一个蛇皮袋、一个一个集装箱地把标有"Made in China"的商品推向世界各地的。尽管中国侨资企业还没有一家进入世界 500 强之列，但中国侨资企业对中国的投资早于世界 500 强，中国侨资企业对投资中国的信心坚定于世界 500 强，中国侨资企业对中国的投资总额也傲于世界 500 强。虽然中国生产、出口几亿件衬衣才能换回一架波音飞机，但中国经济发展、崛起的过程已完全改变了世界历史和人类社会的发展轨迹。中国以自己的原始积累方式，论证了一个大国的发展和崛起完全可以摒弃剑与火的血腥方式，走出一条和平发展的新路，这是中国式现代化道路的重要特征之一。

今天，在经济全球化的进程中，华侨华人又是当代"丝绸之路"的积极开拓者。华商胡介国在尼日利亚经济最困难的时候与在尼人民站在一起。他捐助、投资、贷款，使上万名在尼儿童能够走进学校。他对非洲的爱心使他成为非洲大陆第一位华人酋长。华商黄跃权牢记胡锦涛主席访非时对中资企业的叮嘱，"要从中非合作的长远发展出发，积极与当地社会和谐相处，特别是要承担社会责任，……多为当地排忧解难，在力所能及的范围内多做深得民心的好事实事"，积极在当地捐资办学、救助孤寡；他还带领华人组织资助纳米比亚学生来华学医，以培养当地的医学人才。中国驻纳米比亚大使任小萍评价他是"用自己的钱为国家做事"的人。② 与利比里亚政府签署开发"西非铁山"——利邦铁矿的中利联投资有限公司是"以侨为桥"走进非洲的。中国侨商会常务副会长、德利得集团董事长王学利说："作为中国供应链物流服务商，我们承担了'一带一路'的重点项目物流服务，在享受中国政策关怀的同时，也在积极参与中国经济建设。同时，我们也通过物流跟踪等技术手段，为世界 500 强企业提供物流服务，希望为中外交流合作添砖加瓦，贡献力量。"③

任何企业的发展无不依赖社会各方面的支持与合作，中资企业在海外，对当地法律、文化、社情的熟知是实现与利益相关方良好沟通的基础，在这方面华侨

---

① 中国政府网：《温家宝总理 2008 年在接见出席中国侨商投资企业协会成立大会代表时的讲话》，http://www.gov.cn/ldhd/2008-01/17/content_861182.htm，2008 年 1 月 17 日。

② 周健、通侨：《叩开中非"丝绸之路"》，《华人时刊》，2010 年第 2 期，第 4 页。

③ 海外网：《王学利：立足于新发展格局 侨资企业迎来好时候》，https://baijiahao.baidu.com/s?id=1697271169020555256&wfr=spider&for=pc，2021 年 4 月 17 日。

华人的优势就充分体现出来了。华商有很强的资本实力，许多社团领袖就是财力雄厚的华商。在东南亚一些国家，多数华侨华人都从事工商业经营，华商是所在国的重要经济支柱，一些国家的华商在该国上市公司股票总市值中占相当高比重。随着资本实力的提升和商业活动的扩展，海外华侨华人积累了一定的经济资本，能够在中国经济建设中担当参谋者、引导者、服务提供者、投资参与者等角色。美国纽约前市长彭博对将海尔介绍给世界的华商裔锦声女士（《海尔之路》作者）说："你给了海尔一本蓝色护照。"① 发展的中国离不开世界，世界的发展也离不开中国。随着改革开放的深入，中国的海外利益和影响也在延伸扩大。然而风云变幻，政治的、经济的、文化的、社会的以及自然环境的各种原因和因素都可能影响与危及中国的海外利益。中国企业要走出去、立得住，即使在危急时刻也能把损失降到最小，就必须对投资国进行全面综合的评估，诸如：当地的安全风险、法律法规、宗教信仰、社会习俗，以及如何处理好与当地员工和社会各方的关系，如何承担相应的社会责任和义务，而这些方面正是海外华侨华人可以、能够，也正在发挥积极作用的。

"一带一路"倡议旨在提供 21 世纪以来最重要的国际公共产品，这一公共产品具有开放性和包容性，体现了中国"和而不同"的东方智慧。自"一带一路"倡议提出以来，华侨华人一直是参与建设的重要力量，在具体项目实施和文化理念传播方面，成为"一带一路"建设先行者。新加坡金鹰集团主席陈江和在2016 年宣布出资 1 亿元人民币支持"一带一路"人才发展，该项目多年来培训了来自"一带一路"沿线国家的 550 余名高级别官员、企业高管和专家学者，并增进与他们的沟通交流，加强了理解互信。在"一带一路"建设的过程中，华商充当联络人的角色，发挥在商贸网络、资金和人脉等方面的优势，采取接地气、当地民众乐于接受的方式推动互联互通。比如 2020 年新冠疫情防控期间，德迈国际产业集团企业捐助了 90 台口罩机给斯里兰卡，随后又充当牵线人，促成了山东省跟斯里兰卡在教育、农业方面的一些合作。② 与此同时，"一带一路"也为海外华商带来重大机遇，推动其实现转型和发展。中华海外联谊会常务理事、玖龙纸业（控股）有限公司董事长张茵在博鳌亚洲论坛 2021 年年会上介绍、响应"一带一路"倡议。玖龙纸业在越南建有造纸基地，2019 年收购马来西亚彭亨州文冬县的浆纸厂，并计划在马来西亚雪兰莪州建设智能化造纸基地，预计

---

① 裔锦声：《走进华尔街的川妹子》，《四川在线》，2008 年 11 月 5 日。

② 中国新闻网：《华商如何助力"一带一路"建设？听听华商大咖们怎么说》，http://finance.sina.com.cn/jjxw/2021 - 04 - 20/doc - ikmxzfmk7969902. shtml，2021 年 4 月 20 日。

未来还将在马来西亚新增投资 54 亿令吉。① 由此可见，海外华人在享受中国经济政策关怀的同时，也在积极参与中国经济建设。

任何一种商业模式、品牌、服务都有其文化内涵和价值取向。遍布全球经济网络的华侨华人、众多国际化大公司的华人全球经理人才和"以义为利""量入为出""处盈虑竭"的经营方式都在中华民族软实力的构建中发挥了积极的影响和作用。20 世纪，亚洲金融危机发生时，就有华侨华人用自己的资金帮助海外中国银行度过挤兑风潮，维护了中国银行的信誉。21 世纪，华商王伟胜、刘海涛联手从阿联酋国家电视台手中全资收购阿拉迪尔卫视（更名为阿里巴巴〈AAB〉亚洲商务卫视）后，开设了多个介绍中国的栏目。节目用阿拉伯语和英语 24 小时播放，覆盖中东和北非 21 个国家，约 4 亿人口可以收看到该台节目。② 华商庞玉良全资收购德国帕希姆机场后表示，将在机场经营中注入多种中国元素。他说，看到中国国旗插在德国机场，感到"无比自豪和激动"。③ 华商叶茂西收购英国 PROPELLER 电视台（该台获"全欧洲最佳电影卫视频道奖"，覆盖欧洲数十个国家）后，以增播中国内容的节目激发欧洲人对中国的关注，推动中欧经济发展，促进民间友好交流。④ 所举事例说明，走出国门的侨资企业不仅是中国经济实力的外延，也是中国形象和中国文化的宣传载体。可以说遍布世界各地的任何一家保留、传承着中华文化的华侨华人企业，都是一个准文化的宣传机构，他们扩大了中国的影响力，不仅把一个开放的中国，也把中华文化、中华民族的价值观直接或间接地传播给了住在国的民众。

### （三）海外侨胞是传播中华文明的友好使者

俗话说，有海水、有太阳的地方就有华侨华人。遍布世界各地的中餐馆、中医院所、华文学校、中华武馆以及数以千万计的华侨华人在以中华美食、文化、艺术为谋生职业的同时，也在播撒着中华文明的种子。他们担当着文化使者的角色，推动了文化交流和融合。

中医药是中华民族优秀的传统文化。据中国中医药学会联合会介绍，目前中医药文化已传播到世界 160 多个国家和地区。据中医业内估计，海外中医从业者

---

① 中国新闻网：《华商如何助力"一带一路"建设？听听华商大咖们怎么说》，http://finance.sina.com. cn/jjxw/2021 – 04 – 20/doc – ikmxzfmk7969902.shtml，2021 年 4 月 20 日。

② 中国侨网：《王伟胜：在阿联酋买电视台 推助中国品牌》，http://www.chinaqw.com/news/2006/ 0622/68/33603.shtml，2006 年 6 月 22 日。

③ 新浪网：《河南商人收购德国机场插上中国国旗》，https://news.sina.com.cn/c/2008 – 04 – 17/ 052115372179.shtml，2008 年 4 月 17 日。

④ 央视网：《温州商人在英国买下电视台 成传播中华文化平台》，https://www.cctv.com/cctvsurvey/ special/01/20090721/105128.shtml，2009 年 7 月 21 日。

总人数在 30 万至 50 万之间。① 为了培养中医人才，泰国华侨崇圣大学与上海中医药大学联合举行人才培养计划，以弘扬传统医药，推动中医药事业发展，共同培养高等中医药人才为目标，共同商讨在泰国合作开展中医学专业本科教育。双方的合作开始于 2000 年，并获得泰国卫生部、教育部的大力支持。在南美洲，阿根廷中华针灸文化学会积极推动中医药进入当地。2018 年 3 月 12 日，阿根廷中华针灸文化学会会长孙榕榕访问人民卫生出版社，双方达成国际销售合作意向，由阿根廷中华针灸文化学会凭借其在南美洲地区的影响力，宣传推介人卫品牌并销售人卫版中医针灸图书产品。在此基础上，双方还将在中医针灸的图书出版、培训交流、在线教育、开放大学等方面开展深入合作。同年 10 月 24 日，阿根廷中华针灸文化学会前往云南进行调研交流，并与云南省医药有限公司、云南白药集团领导就中阿贸易交往的市场情况和准入标准等问题进行了深入交流，调研交流为下一步在南美洲全面引入中医药文化，推广中医药奠定了良好的基础。② 在新冠疫情防控中，中医药显示了特色优势。2020 年 3 月，面对旅日侨胞日益增加的新冠防治需求，日本中医协会除了发布书面的"防疫指南"，从中医、中药、针灸、中医健身气功、药膳等方面为侨胞提供生活起居的注意事项、中医药的预防保健知识。社团成员还通过微信群组为侨胞提供咨询服务，助力抗疫。

国家汉办③介绍，许多孔子学院的外方院长是由华人担任的，2009 年美国 64 所孔子学院中就有 45 所的外方院长是由华人担任的。许多孔子课堂更是直接设在了华侨华人开办的华文学校中。侨务部门介绍，全球有几万所华文学校，几十万名华文教师在传承中华文化，传播中华文明。中国社科院中国现代化研究中心提交的《中国现代化报告 2009——文化现代化研究》显示，中国文化影响力指数位居世界第七，中国文化竞争力指数位居世界第二十四。如果把这些抽象的指数转换成海外实例，展现在我们面前的是一个个华侨华人担当着中华文化友好使者的鲜活身影：聂华苓早在 20 世纪 70 年代就把毛泽东诗词翻译介绍给世界人民；韩素音在中国改革开放之初把《第三次浪潮》介绍到中国，减少了中国发展进程中的弯路；黄锦波、靳羽西把改革开放的中国介绍给了美国人民和世界人民；张纯如的《南京大屠杀》改变了西方社会几十年对日本军国主义制造的这一历史惨案视而不见、充耳不闻的状况；还有把中国元素融进作品，介绍给世界的谭盾、姚迪雄、周龙……文化学者余秋雨说，今后，文化交流主要不是以国家

---

① 《中医推广主要靠针灸》，《环球时报》，2010 年 3 月 19 日。

② 医药经济报：《阿根廷中华针灸学会赴云南调研》，http://www.yyjjb.com.cn/yyjjb/201810/2018102416 50235023_1841.shtml，2018 年 10 月 24 日。

③ 2022 年更名为"中外语言交流合作中心"。

话语、行政活动的方式，而是以有魅力的桥梁式人物为中心来展开的。① 如果我们再将获得诺贝尔奖的杨振宁、丁肇中，有"东方居里夫人"之称的吴健雄，被誉为"现代建筑大师"的贝聿铭，数学大家丘成桐，医学专家何大一，"光纤之父"高锟，生化学家钱永健……计入进来，则更增添了这座桥梁的魅力。因为进入世界一流水平的华人科学家、文学家、艺术家、建筑师、医生、教授越多，其本身就构成、体现、提升了中华民族的软实力。这就是为什么西方国家不断有人在炒作"黄谍"案抹黑中国的同时，西方社会仍然认为没有华人学者的大学和研究所算不上是一流学府与研究机构。耶鲁大学校长理查德·莱文更是感慨地说："失去中国学生，耶鲁将黯然失色。"②

2010年意大利"中国文化年"活动组委会成员徐存松说："中国的文化在意大利将进行为时一年的展出，包括经贸科技成就展示、书籍书法作品展、文艺演出等各个方面，这对于帮助中国文化走出去肯定能起到很好的作用。我力争当好这个文化司机！"③ 正是有众多像徐存松这样的"文化司机"、文化使者的推动，中华民族的春节、元宵、端午、中秋以及舞狮、舞龙、赛龙舟等民俗节庆活动正逐渐成为华侨华人住在国的一道风景。中华民族的民俗节庆活动展示了中国文化的魅力，吸引了当地民众的观看和参与，促进了文化交流和多元文化的融合，也促进了双边关系的发展。在伦敦，中国春节已成为一个盛大的节日。英国《旗帜晚报》刊文说："中国的新年已成为伦敦文化不可或缺的部分，倍受人民喜爱。虎年到来之际，成千上万的人涌向特拉法加广场，欣赏炫目的武术和杂技表演。"④ 首相（布朗）秀汉语、市长（约翰逊）耍狮头参与春节庆典活动已成为伦敦唐人街的佳话。⑤ 在荷兰，春节庙会已举办了10届，"春节是中荷两国民众共同的节日"成为节庆活动的口号；法国的春节活动已连续举办了21年；有的国家（或城市）还把春节定为公共（众）假日或法定假日。2009年，秘鲁政府为纪念和庆祝华人抵达秘鲁160周年，将总统府作为"中国之家"，在金色大厅摆满中国工艺品，在宴会厅以中国美食与来客同享。总统府外张挂了"秘鲁的发现充满了华侨华人的付出"的大幅中文条幅，以表达秘鲁政府对华侨华人贡献的充分肯定。秘鲁埃菲社报道："160年前迎来首批中国移民的利马唐人街今天开始庆祝中国农历新年的到来。……中国文化已经给秘鲁人的生活留下了深刻的印

① 《中国处于"文化孤立"之中吗》，《环球时报》，2006年10月9日。
② 《巨款捐耶鲁，试探国人雅量》，《环球时报》2010年1月11日。
③ 《中意经济文化交流的民间大使》，《瑞安日报》，2021年8月11日。
④ 《英报：没有中国这个朋友，我们会变穷》，《环球时报》，2010年2月25日。
⑤ 网易新闻：《首相秀汉语，市长耍狮头》，https://www.163.com/news/article/5VSFRB6E000120GR.html，2010年2月19日。

记。"① 在 2010 年庚寅新年的爆竹声中，联合国秘书长潘基文、欧洲理事会常任主席范佩龙、欧盟委员会主席巴罗佐、美国总统奥巴马、加拿大总理哈珀、澳大利亚总理陆克文、日本首相鸠山由纪夫、泰国总理阿披实、马来西亚总理巴达维、巴西总统卢拉、墨西哥总统卡尔德龙、多哥共和国总统福雷、丹麦首相拉斯穆森等多国政要纷纷向华人拜年，祝福虎年健康幸福，事业兴旺，祈盼与中国关系"虎年一跃"。英国首相布朗在首相官邸宴请华侨华人；法国总统萨科齐在爱丽舍宫举行中国春节招待会；克罗地亚总统梅西奇到华人家中与华侨华人一起庆贺春节。泰国公主诗灵通、伦敦市市长约翰逊、渥太华市市长奥布赖恩、温哥华市市长罗伯逊、墨西哥城市市长埃夫德拉则走进唐人街与华人同庆佳节。② 路透社这样写道："全世界都在迎接中国新年，只要有华人生活的地方都将上演庆祝活动。"③ 可以说，是华侨华人身上表现出来的勤劳刻苦、诚信自律、谦和包容、助人为乐、注重家庭和子女教育等中华民族的传统美德普遍赢得了住在国人民的肯定和认同。

维护和发扬华人文化是各洲文化社团的重要活动内容之一。近年来，印尼书法社团多次举办跨国书法联展，2009 年首次举办了跨国的中国四大名著四国书画联展，2012 年举办了全球龙年龙书画大展，2015 年举办了跨世纪的世界榜书博览会。2022 年 2 月 23 日，由中国驻马大使馆支持及马中文化艺术协会主办，马来西亚吉隆坡武术总会承办的第二届国际武术文化视频大赛正式启动，这场赛事的主题为"文化传承，武动世界"，吸引各国武术爱好者，共同通过视频方式向全球推广武术文化。④ 2011 年起，美中文化协会与全美舞蹈协会、中福会少年宫、上海闵行区教育局合作实施教育实验项目，通过舞蹈教育来增强儿童的社会发展和中美文化交流。欧洲第一大华人诗社欧洲龙吟诗社以"联络友谊乡亲，开拓国际诗坛交流，切磋诗艺"为宗旨，自成立以来，创作了大量的爱国爱乡诗篇，至今已在法国华文媒体《欧洲时报》上出版几百期"龙吟诗页"，结集出版 5 本《龙吟诗词》，促进了华人间的团结。⑤ 作为当地华人社团的一股重要力量，大洋洲和南美洲的侨团善于发挥自身"民间大使"的优势，弘扬中华文化，传递和谐理念。以巴西华人文化交流协会为例，协会成立 20 年来，在传播中国文化和推动侨胞融入当地社会等方面取得了积极进展。过去两年中，协会举办了丰

① 《利马唐人街热舞"中国龙"》，《参考消息》，2010 年 2 月 15 日。
② 《外国政要祝贺中国新年》，《解放日报》，2010 年 2 月 14 日。
③ 《全球十大唐人街》，《参考消息》，2011 年 2 月 4 日。
④ 东方日报：《"文化传承，武动世界"掀武术文化序幕》，https://www.orientaldaily.com.my/news/central/2022/02/23/469703，2022 年 2 月 23 日。
⑤ 中国新闻网：《法国欧洲龙吟诗社庆祝成立 20 周年》，https://www.chinanews.cn/cul/news/2010/06-28/2365622.shtml，2010 年 6 月 28 日。

富多样的文化活动，增进了巴西民众对中国文化的了解和喜爱，并受到了当地文化部门的高度关注。2020 年新冠疫情防控期间，文协组织了一系列抗疫捐助活动，与中国国内人民和巴西人民一道共克时艰。2022 年 2 月，在迎接北京冬奥会以及冬奥会进行期间，巴西圣保罗华星艺术团以实际行动参加了各种形式的宣传活动，先后多次表演舞狮、武术和富有民族特色的古典舞，为冰上运动爱好者增添了浓浓的喜庆氛围。①

### （四）海外侨胞是宣传、推动、建设人类命运共同体的重要力量

历史、文化、民族的差异使中国与世界各国在社会制度、价值观念、生活习俗等方面存在许多差异。华侨华人作为公共外交的参与者，他们以各自不同的方式在中国与住在国之间担当着民间大使的重要角色，在中国和世界之间架起了增进了解、理解的桥梁和纽带，成为宣传、推动和建设人类命运共同体的重要力量。

公共外交的特征是多元互动。华侨华人是中国公共外交中一股不可忽略的重要战略力量，是提高中国国际社会美誉度、认同度的独特战略资源。1997 年中美两国峰会在北京举行，其中就有美国华侨华人的影响和作用。当时美国朝野对中美首脑是否举行会晤存在不同的声音甚至争议。新任美国总统克林顿邀请华侨华人到白宫，以咨询他们对中美两国峰会的看法。美国密歇根州立大学终身教授尹晓煌认为，他们（受邀华侨华人）的观点缓解了美国朝野当时对中美首脑会晤之争议，有助于白宫加深理解中国对美国政策之立场，促使了中美两国峰会顺利进行。② 无独有偶，2008 年英国时任首相布朗也在访华之前，邀请华侨华人到唐宁街 10 号"喝茶"，为他的中国之行加分。

争夺话语权是公共外交的重要内容。2008 年，"藏独"分子阻挠北京奥运圣火海外传递活动，激起了海外华侨华人的愤慨。巴黎华侨华人自发组织起来举行了万人集会，"有的人负责和警察不断交涉；有的人负责收集资料反驳对于西藏、奥运的不公正报道；有人负责联络华侨华人界；有的人召集留学生；还有一个团队专门负责媒体联络，他们熬夜写通稿，用法语、英语给法新社、美联社、《费加罗报》、《解放报》、《世界报》投稿……"③ 许多国家的华侨华人和社团组织向住在国政府和议会递交请愿信，表达反对达赖窜访和反对"藏独"的立场；

---

① 南美侨报网：《圣保罗华星艺术团再为"冬奥之家"表演》，http://www.chinaqw.com/hqhr/2022/02 - 21/322704.shtml，2022 年 2 月 21 日。

② 尹晓煌：《浅析美国华人移民对中美关系之参与及影响》，国务院侨务办公室政研司编：《北美华侨华人新视角——华侨华人研究上海论坛文集》，北京：中国华侨出版社，2008 年，第 133 页。

③ 《新中国的"温度"》，《南方周末》，2009 年 7 月 23 日。

向住在国人民介绍西藏民主改革的历史和发展成就。他们以各自不同的方式影响着周围的当地民众。陈冲在《华盛顿邮报》撰文反对诋毁中国。留法学生李洹在巴黎共和国广场用法语发表演讲，反对破坏奥运火炬传递。留法学生沈祺在那段时间，每天都与房东夫妇讨论中国的政治、民主和西藏问题。就在萨科齐不顾中方反对坚持面晤达赖后，沈祺的房东主动对他说："亲爱的沈祺，我们为我们的总统感到羞耻，我们必须诚挚地向你道歉……"① 北京奥运火炬在旧金山传递时，美国有线电视新闻网（CNN）主持人卡弗蒂发表辱华言论，中国外交部对此多次抗议并要求 CNN 和卡弗蒂道歉。面对 CNN 的置之不理、态度傲慢，华人梁淑冰、华侨李丽兰两位女士愤然对 CNN 及其主持人卡弗蒂提起诉讼，指出被告侮辱和污蔑全体华人，对中国人造成精神伤害，要求赔偿 13 亿美元。这终迫使CNN 不得不以公函的形式向原告委托的律师道歉，函中并附有卡弗蒂表示歉意之词，他表示对攻击中国人民的辱华言论感到后悔和他认为这使在中国的公民和生活在美国的华人受到侮辱。梁、李的委托律师说："相对于前一段时间 CNN 对中国人民的抗议置之不理、表现出极度傲慢的态度来说，现在 CNN 终于用正式公函的形式向我们表示道歉。这是世界上全体华人努力抗争的结果。"② 同年，美国 15 个华社团体联合署名致函众议院议长佩洛西，坚决反对佩洛西置事实于不顾的反华立场，坚决反对佩洛西主导的抵制北京奥运的议案。信件选择从佩洛西议员所在的加州选区寄出。③ 这些无不展现了华侨华人开展公共外交的智慧和艺术。

新冠疫情暴发后，防疫抗疫成为全世界人民的共同诉求。然而，以美国为首的一些国家将疫情政治化、阴谋化，试图在病毒源头问题上抹黑中国，通过媒体舆论指责中国的防疫工作，不断煽动国内民众的反华情绪，将疫情问题政治化。鉴于此，海外华侨华人通过反对种族歧视、开展慈善捐赠和分享中国防疫抗疫经验等方式开展公共外交，助力住在国的防疫抗疫，增进当地社会对中国及海外华侨华人的好感，努力消除隔阂。2020 年 2 月 12 日，西澳侨领应邀出席西澳州咨询会，就种族歧视、华人生意等议题发表意见。会上，西澳州州长麦高文肯定华人社区的贡献，赞赏华人自我隔离的做法，表达对中国政府防控疫情的敬意，强调反对任何形式的种族歧视。④ 自疫情出现以来，法国华侨华人一方面积极支持和参加中国与法国本土的抗疫，成为联结海内外共同抗疫的纽带；另一方面也遭

---

① 《新中国的"温度"》，《南方周末》，2009 年 7 月 23 日。

② 南海网：《纽约华人状告 CNN 案取得进展 律师收到道歉公函》，http://www.hinews.cn/news/system/2008/05/08/010233210.shtml，2008 年 5 月 8 日。

③ 中国日报网：《全美促统会团体致信佩洛西：反华立场有损美国利益》，http://www.chinadaily.com.cn/hqzg/2008-04/17/content_6624510.htm，2008 年 4 月 17 日。

④ 《西澳多元（文）化部与华人社区座谈》，《东方邮报》，2020 年 2 月 20 日。

受着本地社会中的一些排华乃至反亚裔的社会歧视，不少华人和亚裔主动参与到反歧视、反种族主义、反排斥、反污名化的抗争中。他们通过网络发声、法律援助与追责、艺术形式发声（纪录片）、与法国官方机构直接合作等多种方式维权和抗争，而中法协会在此过程中发挥着至关重要的作用。① 在抗击新冠疫情的中国行动中，身处世界各地的华侨华人既是见证者，也是参与者。2020 年，《抗击新冠肺炎疫情的中国行动》白皮书发布，海外华侨华人高度关注，热议不断。对于白皮书中介绍的中国积极开展国际抗疫交流合作的努力，身在海外的华侨华人感受尤深。东部非洲中国总商会暨东部非洲中国和平统一促进会主席韩军说："中国共产党同 110 多个国家的 240 个政党发出共同呼吁，呼吁各方以人类安全健康为重，秉持人类命运共同体理念，携手加强国际抗疫合作；截至 5 月 31 日，中国共向 27 个国家派出 29 支医疗专家组，已经或正在向 150 个国家和 4 个国际组织提供抗疫援助；在向 50 多个非洲国家和非盟交付医疗援助物资、派出 7 个医疗专家组的基础上，中国将进一步加大援非抗疫力度……""中国在全球抗疫行动中承担责任、发挥作用。在这场事关人类前途命运的'战'疫中，一系列中国行动和中国倡议为人类抗击疫情作出重要贡献。"②

在疫情防控期间，北京冬季奥运会的举办充分、形象、生动地展示了中国的软实力。这次盛会从申办到举办，华侨华人中涌现出许多感人的故事，构成了北京冬奥运的成功、精彩和难忘。19 世纪末 20 世纪初，现代冰雪运动在中国东北、华北地区的外国"租界"、新式学校兴起，这时便有华侨华人参与。1979 年，中国恢复在国际奥委会中的合法席位。1980 年，中国首次派出 28 名运动员参加美国普莱西德湖冬奥会。此后，中国冰雪运动员开始在国际赛场上崭露头角。1980 年，包振华代表中国参加美国普莱西德湖冬奥会，成为中国首位踏上冬奥会花样滑冰赛场的运动员。退役后，她赴日本深造、执教。2018 年，她与曾任中国男子冰球队队长的丈夫边绍堂回到中国，投身中国冰雪运动普及事业。花样滑冰名将李明珠，1997 年赴美执教，后成立"国际冰上运动训练中心"。在美期间，她培养了诸多中国和海外华侨华人中的新生代花滑选手。2017 年，中国国家体育总局宣布，第十三届全运会将首次面向海外华侨华人运动员开放。吸纳华侨华人中的高水平选手，让海外华侨华人在实现自我价值的同时，共享中国体育腾飞的荣光。此外，近年来，中国冰雪运动蓬勃发展。中国冰雪运动迎来了一批海外华人运动员，如谷爱凌、林姗、朱易、郑恩来等，他们为快速提高中国冰雪运

---

① 中新社：《海外华侨华人反对和抨击抹黑中国、歧视华人的言论》，https://www. 163. com/dy/article/FCH6G3P50514DTKM. html，2020 年 5 月 13 日。

② 环球网：《华侨华人：把人民生命安全放在第一位 中国是这么说的也是这么做的》，https://baijiahao. baidu. com/s?id=1669710691199489400&wfr=spider&for=pc，2020 年 6 月 17 日。

动竞技水平作出了贡献。其中，年仅 18 岁的归化华人谷爱凌在北京冬奥会自由式滑雪大跳台、坡面障碍及 U 型场地三个项目的比赛中共取得两金一银的好成绩。

在申办冬奥过程中，不少海外侨团、侨胞自发组织活动，积极宣传，支持北京。2015 年，北京获得 2022 年冬奥会举办权后，广大海外侨胞积极表达祝福，并通过实际行动支持北京冬奥会的举办。2021 年 11 月，巴西华人协会、南美洲闽南同乡联谊总会联合 10 多家侨团，在圣保罗举办迎接 2022 年北京冬奥会游园活动，吸引了众多侨胞及巴西民众参与。2019 年，中国侨联向海内外侨胞发出助力冬奥、捐建华侨冰雪博物馆的倡议，得到了来自 53 个国家和地区的近 3 万名侨胞的鼎力支持。目前，华侨冰雪博物馆已在张家口崇礼主城区落成，是国内规模最大、展品最丰富的冬奥冰雪主题博物馆，也是 2022 年北京冬奥会期间的重要保障工程。①

国之交在于民相亲。南非华人陈阡蕙早在中南建交之前就率南非歌舞团访华（有多名国会议员随行），推动中南交往；何烈辉被非洲人民亲切称为"我的兄弟"，由其投资创办的"达之路非洲投资高峰论坛"是民间举办的规格最高、规模最大的中非交流平台②；盖琳（欧中友好小组秘书长）和张莉两位年轻女性推动欧洲议会成立了欧中友好小组；段跃中创办的东京"汉语角"吸引了来自日本各个领域和阶层的交流者……可以肯定，随着中国国力的增强，海外华侨华人在构建和提升中国软实力方面的作用与影响将会更加显现，担当的角色也将更加多元。

## 三、　中国和平发展对海外侨胞文化认同的影响及其变化

中国卓有成效的改革开放政策，尤其是经济发展的巨大成果有利于华侨华人对中国产生文化认同向心力。20 世纪 90 年代，全球化还被绝大多数人视为西化。在中国崛起后，这种日益显得偏颇的观念逐渐淡化。目前，中国已经成为世界第二大经济体、世界第一大工业国、第一大货物贸易国和第一大中等收入群体规模国家。中国在世界中的地位越来越重要，中国的国际影响力越来越大，中国不仅站起来了，而且也在逐渐富裕起来。中国的软实力和文化影响力越来越大。

① 中国侨网：《华侨华人与中国冰雪运动有何不解之缘？》，https://baijiahao.baidu.com/s?id=1724198787888749702&wfr=spider&for=pc，2022 年 2 月 8 日。
② 新浪网：《感动非洲十大中国人何烈辉入选 2010 风云浙商 30 强》，http://news.sina.com.cn/o/2010-12-15/152821647294.shtml?from=www.hao10086.com，2010 年 12 月 15 日。

在这种情况下，海外华侨华人的文化认同趋向于中华文化或华人文化（或华族文化）。

其实，不管是认同中华文化，或是华人文化（或华族文化），这种不断增强的文化认同趋势对我们而言都是积极的变化。当然，就目前而言，海外华人更多是对自身族群文化认同的加强。

华族文化是一种具有相对独立性的民族文化，而且，由于华侨华人的"入乡随俗"，华人社会形成了不同于传统中华文化的"华族文化"。在马来西亚，从19世纪以来，当地华人社会因应居住地文化而对自身的中华文化作出了改变、适应与创新。曾任马来西亚交通部部长兼马华总会会长的林良实先生曾说："今天的大马华人继续讲方言和华语，吃华人食物，穿华人服装和欣赏中国古典音乐等。不过我们也有所不同，我们已经历了蜕变，祖先知道的，我们也晓得，祖先做的，我们照做，而且做得更多……我们不但没有失去华人的特征，反而丰富了华人的文化特点。在这许多年里，华人文化不断演进而更具特色，它没有丧失任何东西，反而提升进入一个新的境界。"[1] 实际上，虽然华族文化已不同于中国本土的中华文化，并已经成为所在国文化的组成部分，但其精髓仍与中华文化相同。

在很多海外华人聚居区，华人对自身族群文化的传承和发扬是非常重视的。即便是在屡次上演过排华恶浪、对华人曾经实行严格同化政策的印尼，当地华人至今依然会热衷于过中国传统节日如春节、清明、中秋节等；中医、中药、太极拳及气功流行于印尼各地；华人寺庙香火鼎盛；一些华人基金会、校友会举办联欢会常穿插表演中国歌舞；在一些华人家里仍可发现中国对联。印尼华裔总会执行主席黄印华表示："家庭祭拜祖先、除夕夜吃团圆饭，晚上到寺庙张罗安排华人跨夜烧香礼佛事宜。"黄印华说，在中华传统文化保存较好的棉兰地区，"过年"是华人一年中最重要的节日。祖籍海南、早年从廖内岛迁居雅加达的郭居仁说："从父辈来到印尼的第一年开始，过年用猪、鸡、鸭'三牲'和年糕、水果、酒茶等祭拜祖先的习俗保持至今，从未改变。"[2]

而伴随中印尼双方政治、经济、文化、体育及学术等各方面的交流日趋频繁，印尼华人同中国的交往更加活跃。经济上，在印尼参与投资的中国企业越来越多，投资领域涉及农业、渔业、林业等第一产业，机械、交通、矿产、能源等第二产业，以及金融、通信等第三产业，范围甚广。"印尼华人在各个领域都参

---

① 人民网：《马来西亚华人文化薪传不息》，https://baijiahao.baidu.com/s?id=1730128685512044083&wfr=spider&for=pc，2022年4月15日。

② 环球网：《印尼华人"过年"拜祖先吃团圆饭：满满的中华"古早味"》，https://baijiahao.baidu.com/s?id=1656588533857305407&wfr=spider&for=pc，2020年1月24日。

与并发挥了积极作用，尤其是协助中国企业在印尼参与基础设施建设，给当地人民生活带来便利，深受当地人民喜爱。"另外，中文在印尼已经成为重要的社交语言，这离不开印尼华人长期以来的争取和努力。印尼政府开始允许华人子弟与印尼其他民族子弟学习中文，孔子的文化思想得以广泛传播。随着中国参与世界经济交融的频繁性，中文也成为印尼年轻人希望掌握的工作语言之一。① 此外，近十年来，华人成为促进印尼发展的重要力量，越来越多的优秀华人二代、三代在印尼社会政治、经济、文化、教育等领域发挥重要作用。

一方面，身处全球化的浪潮中，海外华侨华人对中华文化或华人文化传统仍然保留一份深切的热爱与关怀。而在各种海外华人社团的世界性联谊会上，都会展示与表演具有传统中华文化色彩的活动，这些强调某种特定的方言或地缘群体的特殊性以及有关文化的活动，有助于加强海外华人对祖籍地的认识，可以使年轻一辈的华人了解其祖先的文化并进而对会馆的活动产生兴趣，为世界各地的同乡同宗提供一个重温并强化某种群体意识的机会。②

另一方面，海外华侨华人和中国在文化领域交流的扩大与深入促进了他们对中华文化的认同。处于和平发展进程中的中国与海外华人的联系更加紧密了，中国和海外华人社会的文化交流，给海外华人社团注入了新的活力因素。国内众多的文化、艺术、教育、体育等团体的出国访问、交流为海外华侨华人带去了富有浓厚中国历史传统和民族特征的文化艺术，一些海外华人还得到来自祖（籍）国在办学经费、教学课本和华文教师方面的支援以开展华文教育，进而深刻影响着海外华人社团的发展。而海外华人社团中一些富有中华文化（或华人文化）特色的文缘组织，如美国的海外中国文艺复兴协会、中华文化中心，马来西亚的华人文物馆等兴办华文报刊、华文学校、华语广播电台、华人华文研究中心，在海外传播了中华文化（或华人文化）。这些都应该有助于强化海外华侨华人的文化认同。如马来西亚雪隆地区的客家团体茶阳会馆，20世纪80年代以来，由于得到中国大陆母文化的滋补而出现创新的迹象。"举凡山歌、戏剧、音乐、舞蹈、烹饪、书法、绘画，乃至于参拜寺庙、上坟祭祖和游山玩水，必然增强文化认同感……"，"至于文化方面，因为恢复与故乡的联系，源头活水，彼此交融，文化得以增强复兴，使更具开创的潜力"。③

与此同时，新华侨华人尤其是那些大陆新移民，他们对中华文化的坚持尤其

① 中华人民共和国驻印度尼西亚大使馆：《印尼华人：愿中国与印尼世代友好》，https://www.fmprc. gov.cn/ce/ceindo/chn/yncz/t1321470.htm，2015年12月4日。
② 刘宏：《海外华人社团的国际化：动力·作用·前景》，《华侨华人历史研究》，1998年第1期。
③ 谢剑、陈美萍：《族群认同与文化适应：以马国雪隆地区客家社团的发展为例》，张存武、汤熙勇编：《海外华族研究论集》，华侨协会总会，2002年。

令人关注。一般上，多数学者认为大陆新移民目前已超过 1 000 万人。这些数量庞大的新移民，自身中华文化的色彩非常浓厚，他们中的很多人视中国为其第一祖国，住在国为第二祖国，新移民往往同时拥有彼此互不排斥的多重认同和效忠。① 同时，这些新移民总体上的教育程度明显高于老华侨，在住在国的科技、教育、商业、政治等领域崭露头角，是海外华人社会中一股日益崛起的新生力量。而且随着新华侨华人的增多，新移民社团纷纷涌现，新华侨华人创办中文学校和中文报刊也蔚然成风，这些都有利于强化他们对中华文化的认同。因此，在中华母体源源不断向海外输送着新移民的新鲜血液时，由于新移民自身的文化特性，以及新移民在住在国积极推动中华文化认同，这就能够进而加强华族本身的文化认同。

中国综合国力的不断增强，促使世界范围内出现"汉语热"。据不完全统计，2013 年时，全球华侨华人社会中，大约有 20 000 所华文学校，数百万名学生在校接受华文教育，海外华文学校教师达数十万。② 华文教育的持续发展不仅能够使海外华侨华人持久保持自身的民族特性，增强华侨华人社会的凝聚力，还有利于华侨华人弘扬中华文化（华人文化）传统，促进他们对中华文化（华人文化）的认同。

20 世纪 90 年代以来出现的"汉语热"，促使海外华文传媒的迅猛发展。除了海外华人之外，还有不少的汉语爱好者，日益扩大的受众群体在为华文媒体拓宽生存空间的同时，也无形间为打破西方话语权垄断提供了有力的武器。这些海外华文媒体的存在一定程度上影响着西方民众对中国的认知。特别是到了当今的读图时代，不懂汉语的境外人士可以通过新闻影像、杂志封面或报纸插图形成直观的感受。据不完全统计，1995 年时，海外华文报刊有 614 份，其中日报 78 份，期报 189 份，期刊 230 份，会刊 117 份。③ "汉语热"以及因之迅速发展的华文教育，使懂得中文的人数急剧增加，阅读中文报刊成了时尚。在印尼，20 世纪 90 年代以来，当地政府放宽了对华文传媒的限制，华文报刊趋于增多。《呼声月刊》《国际日报》《世界日报》《和平日报》《印度尼西亚商报》《新生报》《千岛日报》《印尼与东协》《望远》《印华之声》《赤道线》等华文报刊先后创刊，其中《国际日报》发行量近 50 000 份，稳居首位。④ 在加拿大，1990 年时只有 10

① 梁秀晶：《祖国在哪里？谁是老乡？欧洲华侨华人的身份分布》，《暨南大学第一届海外华人国际学术研讨会论文集提要》，2000 年，第 89－90 页。

② 中国华文教育网：《目前全球华校近 2 万所　数百万学生接受华文教育》，http://www.hwjyw.com/bigcamp2013/content/2013/08/19/28843.shtml，2013 年 8 月 19 日。

③ 周南京主编：《华侨华人百科全书·新闻出版卷》，北京：中国华侨出版社，1998 年，第 565 页。

④ 中国新闻网：《印尼华文报业发展简史》，http//www.chinanews.com.cn/news/2005/2005－08－16/26/612626.shtml，2005 年 8 月 16 日。

种华文报刊,到 2005 年则增加到近 60 种,另外还有中文电台 10 多家,电视台 7~8 家,互联网企业 100 多家。① 而在华侨华人人数较少的拉丁美洲和非洲,也有不少华文报刊,如巴西的《南美侨报》《美洲华报》,阿根廷的《新大陆周刊》《世界新闻》,秘鲁的《秘华商报》《公言报》,巴拿马的《拉美快报》《拉美侨声报》,南非的《华侨新闻报》《南非华人报》和《非洲侨报》等。

华文传媒是海外华侨华人弘扬中华文化和维护华人社会权益的载体,它们的迅猛发展,重要原因之一在于中国的和平发展;而海外华文传媒的迅速发展,也会促进华侨华人对中国的向心力,尤其促进他们对于中华文化(华人文化)的认同感。

有学者认为,我们乐于看到华侨华人认同自身的族群身份,但不能期望他们高度一致认同我国的国家政治利益和意志,也不能期望他们在语言、文化方面全面认同中华文化。不过,我们可以希冀他们通过语言、文化方面部分认同并培养对祖(籍)国的情感和认同,形成对我们国家有利的文化氛围和族群力量。② 我们认为,这种观点是审慎的、中肯的。事实上,目前形势下,加强有关促进海外华侨华人认同中华文化(华人文化)的侨务工作的确是明智之举、长远之策。深受中华传统文化影响的海外华人,是传播和弘扬中国文化软实力的一个非常重要的载体。

## 四、 中国和平发展对海外侨胞民族认同的影响及其变化

海外侨胞的民族认同,准确地讲,多指对华夏民族种族和传统文化的认同。海外侨胞认同中华民族或所在国华人族群(华族),是同其对中华文化或华族文化的认同紧密关联的。就种族而言,他们仍然认同中华民族或华族;就文化而言,无论是宗教信仰,还是婚姻习俗,均渊源于中华民族传统文化。所以,海外华侨华人或华族是一个民族(族裔)概念,同时也是一个文化概念。就绝大多数加入当地国籍或者在当地世代发展的华人或华族而言,对种族和文化意义上的民族认同,仅仅是对华人种族特色的确认和文化传统的扬弃而已,本质上是一种族裔认同。我们尤其要注意,在东南亚部分国家中,从国家认同、政治身份的隶属关系看,华族在自我认知或在他者认知中,属于当地民族的组成部分,而不具有中国的国家意义。

---

① 中国新闻网:《加拿大华文传媒的近况》,http//www.chinanews.com.cn/news/2005/2005-08-16/26/612646.shtml,2005 年 8 月 16 日。

② 韩震:《全球化时代的华侨华人文化认同问题研究》,《华侨大学学报(哲学社会科学版)》,2007 年第 3 期,第 85-90 页。

近二三十年来，由于中国的国际地位日益提升，中国与东南亚华侨华人社会的联系日趋密切，廖建裕教授认为，中国的复兴使一些东南亚华人为中国语言文化所吸引，从而推动他们"再中国化"。① 确实，东南亚华人对中国经济和文化兴趣的增长无疑在现实功利及心理上对东南亚华人的族群认同与华人意识的保持会起较大的推动作用。同时，20 世纪末到 21 世纪初，大约有 250 万至 280 万的华侨华人新移民前往东南亚地区②，其中大批中国人到东南亚求学和从事商务活动，他们的到来给东南亚华人社会重新注入丰富的中华文化活力，有利于当地华人族群意识的增强。

中国的改革开放以及由此而促进的海外华人经济与中国（尤其是华南侨乡地区）的密切联系，是当前海外华人社团迅速而大规模国际化的重要外部因素之一。而海外华人社团的国际化则往往开垦出塑造华人族群认同的文化土壤。因为，一方面，著名华人企业家和政治家通常都直接参加了华人社团国际性的联谊活动，这不但扩大了有关社团的知名度和影响，也有助于吸引年青一代华人参与社团事务，从而部分扭转近年来华人社团"青黄不接"的老大难问题，有利于培养华裔青少年对华人文化和华人族群的认同感；另一方面，华人社团国际化的主要目的之一就是保存并推广特定的地方文化与习俗，这一功能在几乎所有的国际化社团的章程中都明确地列出。所以，几乎所有的世界性华人社团的联谊大会都会举办一些具有地方特色的文化活动，例如美食节、舞蹈或文物展览，不少社团也同时举办研讨会（例如客家学研讨会、潮学研讨会、福建学研讨会等），来评介有关的地方文化。这些活动有助于加强海外华人对其祖籍地的认识与了解。

更值得我们关注的是，近年来，海外华人持续增强的"寻根"热，更明显体现了他们民族（族群）认同意识的不断加强。

近些年，海外华人纷纷回祖籍国和祖籍地寻根问祖。改革开放以来中国发生的巨大变化和取得的伟大成就使海外华人产生强烈的自豪感与荣誉感，也深深吸引着广大海外华人回归祖籍国和祖籍地亲眼见证故乡日新月异的变化。

寻根之旅被众多华人当作一次"情感之旅""文化之旅"，它往往承载着海外华人的血缘之情、故乡之情，也成为海外华人感受、学习、传承、宣扬中华传统文化的一条重要有效途径。闽粤两省作为我国最主要的海外华人祖籍地省份，也是改革开放较早的地区，寻根之旅的"热潮"处于全国领先地位。

---

① Leo Suryadinata. Ethnic Chinese in Southeast Asia：Overseas Chinese, Chinese Overseas or Southeast Asians, Leo Suryadinata. Ethnic Chinese as Southeast Asians, Singapore：Institute of Southeast Asian Studies, 1997, p. 17.

② 庄国土：《东南亚华侨华人数量的新估算》，《厦门大学学报（哲学社会科学版）》，2009 年第 3 期，第 62 - 69 页。

祖籍国和祖籍地对海外华人而言具有特殊的含义，它们承载着先辈的人生历程，记录着家族繁衍播迁的点点滴滴，昭示着海外华人中国血缘的源头。对祖籍地的特殊感情甚至让很多海外华人不远万里认祖归宗。据 2019 年 4 月 27 日中国侨网的报道，马来西亚华人张明星与其 82 岁高龄的父亲张久珍一行七人，到访福建宁德市屏南县后龙村寻根谒祖。谒祖期间，张明星游览了鸳鸯溪和白水洋景区，参观了漈头耕读文化馆和后龙村祖居家风家训，并在祖居地后龙村山头党自然村举行了祭拜先祖仪式。①

寻根问祖能增强华侨华人的民族认同感，从而进一步增强他们对中华传统文化的认同心理。海外华人通过研习中华文化，将寻根问祖作为中华文化的重要组成部分，并积极付诸实践，完美实现寻根之旅。海外华文教育实际上是一个"留根"和"护根"工程。海外华人要在当地得到更好的生存和发展，就要正确引导下一代不忘根的同时以积极的态度融入主流社会，培养学生自己也是国家一员的健康心态。而寻根问祖有助于海外华文教育事业发展。回国寻根能让华裔青少年亲身经历，耳闻目睹，他们的根在哪里，当他们接触到博大精深的中华文化，特别是看到中国日益繁荣昌盛时，他们的自尊心和民族情感大大增强，使他们产生自豪感，他们中的许多人会改变人生观念，对学习华语产生浓厚的兴趣。总之，护根、寻根都是为了海外华人永远留住中华民族的"根"，海外华人就靠它维系华族大家庭，加强凝聚力，更好地在海外安身立命。

寻根之旅大多由中外双方联手合作举办，大陆的各级侨办侨联（尤其是在侨乡地区的侨办侨联）和海外华人会馆协会等参与其中。比如，"中国寻根之旅"系列活动自 1999 年举办至今，已成功吸引来自 110 多个国家和地区的 30 多万华裔青少年参加夏令营，掀起了一波又一波华裔青少年来中国寻根的热潮。② 自 2000 年以来，福建省侨联已成功举办了八届"文化寻根"夏令营活动，打造成该省侨联的"金字招牌"。③ 广东省是全国最早组织开展华裔青少年寻根夏冬令营活动的省份，从 1980 年开平首次举办华裔青少年夏令营，至今已有 40 余年的历史。华裔青少年夏冬令营活动得到了海外华社的广泛欢迎。2019 年，广东省侨联承办的"中国寻根之旅·风韵南粤"夏令营广东营在暨南大学华文学院开营，来自美国、意大利、澳大利亚等 9 个国家的 270 位华裔青少年参加活动。④

---

① 中国侨网：《马来西亚华人福建屏南寻根梦圆：故乡永远是我们的根》，http://www.chinaqw.com/gqqj/2019/04 – 27/221435.shtml，2019 年 4 月 27 日。
② 海外网：《华裔新生代"寻根之旅"二十年：留住根脉　沟通中外》，https://baijiahao.baidu.com/s?id = 1636085722317042736&wfr = spider&for = pc，2019 年 6 月 12 日。
③ 《寻根的脚步永不停歇》，《福建侨报》，2008 年 7 月 28 日。
④ 中国新闻网：《"中国寻根之旅·风韵南粤"夏令营广东营开营》，https://baijiahao.baidu.com/s?id = 1639398196253569169&wfr = spider&for = pc，2019 年 7 月 18 日。

广东省 2008 年侨务工作实行"五大工程"之一的"三新工程",其中一项计划便是以华裔新生代为对象的"华裔寻根计划",通过寻根活动加强华裔新生代精英人士的工作,增强他们对祖籍国和家乡的了解与感情。

参与海外华人闽粤寻根之旅活动的成员遍及各行各业,又以新生代华人居多。寻根之旅的成员来自海外华社中的政界、商界、军界、学生等各个不同的社会群体和阶层,并且是男女老幼"一起来"。一般来说,新生代华人对祖籍国和祖籍地的认知较少,他们大都是通过先辈回忆、学校华文教育、传播媒介等间接方式来获得相关认识,缺乏亲身的真实感受和体验,祖籍地对他们依然具有一种神秘的吸引力。新生代华人大多接受过一定程度的教育,视野开阔,社会地位较高,有寻根问祖的热切愿望。他们当中,又以事业有成的中老年以及好奇心强的青年学生为寻根之旅的主体。

一般来说,寻根之旅内容丰富,不局限于寻根问祖。活动举办方一般会安排丰富多彩的活动项目,观摩学习中国传统元素(文化、历史、地理、书法、手工、武术、国画、地方语言等)、参观风景名胜、游览公司机构、聆听各类讲座、参与各种晚会、体验乡风民俗、品尝美味佳肴等都是常见的内容。多样化的活动内容既活跃了团队氛围,密切了成员之间的关系,增加了旅行的趣味性,又让海外华人真切地体验到了中华传统文化的独特韵味,加深了他们对祖籍国和故乡的印象与认识,增强了他们的民族自信心和自豪感。

总之,对海外华人来说,寻根之旅的意义是多重的。正如福建省侨办主任曾晓民在 2008 年中国寻根之旅福建冬令营开营仪式上所说,夏(冬)令营是华文教育工作的一个重要组成部分,举办夏(冬)令营,一是为"寻根";二是让营员亲身领悟中华民族灿烂文明,观赏故乡和祖籍国的好山好水,增强民族自信心和自豪感。[①] "从文化建设的层面上看,寻根求源、认祖归宗是有积极意义的,是对中华传统文化的回归、传承和发扬。举行拜祭先祖圣贤的活动,使其成为中华文明共同建设精神家园的重要载体,对于凝聚民族力量,增强民族团结,振奋民族精神,促进祖国统一,实现中华民族的伟大复兴,具有无可替代的特殊作用和重要深远的现实意义。"[②]

---

① 刘长江:《380 名华裔青少年在闽寻根》,《福建侨报》,2008 年 12 月 23 日。
② 紫云:《从公祭皇帝看"寻根祭祖热"》,《文史春秋》,2009 年第 7 期。

# 第二节　美国华人的多元认同及中国民众的反应

海外侨胞由于所处国家的政治环境和文化环境不同，加上不同国家的华人社群构成差异，他们的认同存在明显的差异。就美国华人而言，他们一方面存在对全球社会、属籍国、祖国等多重对象的认同，另一方面存在族裔认同、国家认同、政治认同、文化认同等的多样性。

## 一、骆家辉任驻华大使及中国民众的反应

2011 年 3 月 9 日，美国华裔商务部部长骆家辉被时任总统奥巴马正式提名为下任美国驻华大使，引来中美两国舆论的热潮。

美国舆论的评价总体上看较为正面，有的认为"骆家辉在中美两国人脉广，懂中国，知名度高，在未来几年中美经贸关系摩擦加剧时期，是能够从容不迫应付的最佳人选"，也有评论认为是"奥巴马'以华制华'的一着高招"。

而中国舆论在为即将诞生首位华裔驻华大使高兴之余，也因为骆家辉过去对华的强硬立场及"百分百的美国人"之类的话而感到担忧，甚至引出"骆家辉使华是中国的利多还是利空"的争论。① 其实，早在骆家辉和朱棣文分别任商务部部长与能源部部长并联袂访华的时候，就曾出现过类似的争论。当时就有评论认为奥巴马在打"华裔部长牌"，"华裔部长"对中国"未必是完全利好消息"。②

2011 年 8 月 1 日，在美国时任国务卿希拉里·克林顿的监督下，骆家辉宣誓就任美利坚合众国驻中华人民共和国大使，成为美国历史上首位华裔驻华大使。8 月 12 日，一身日常打扮的骆家辉携家人抵达北京。8 月 14 日，骆家辉在美国驻华大使馆会见媒体并发表上任致辞。骆家辉就任驻华大使引来中国媒体和舆论的广泛关注。

---

① 一娴：《骆家辉使华是中国的利多还是利空》，http://world.people.com.cn/GB/14150549，2011 年 3 月 13 日。

② 刘洪：《从骆家辉到朱棣文：奥巴马打出华裔部长牌》，http://finance.ifeng.com/news/hqcj/20090720/962333.shtml，2009 年 7 月 20 日。

为真实了解中国民众对美国华裔认同的看法，笔者联合舆情调查机构——暨南大学新闻与传播学院舆情研究中心，于8月13日至8月15日期间，就新上任的华裔美国驻华大使骆家辉的祖籍地居民对其出任驻华大使的认知、态度以及评价开展了民意调查。此次调查选取了301名江门市居民和606名广州市居民作为调查对象。江门素有"中国第一侨乡"之称，也是骆家辉祖籍台山所在的地级市。此次调查借助国内先进的计算机辅助访问（CATI）系统，采用随机拨号抽样方式进行，成功访问了907位固定电话和手机机主，受访者均是16周岁以上的常住居民，涵盖了老中青各年龄段。本调查发现如下：

## （一）多数人对骆家辉任驻华大使感到自豪

调查结果显示，39.4%的广州受访市民和54.5%的江门受访市民表示知晓骆家辉成为第一位华裔美国驻华大使这一信息，在骆家辉的祖籍地台山这一比例达到61.1%。超过六成的广州受访市民和超过七成的江门受访市民为此感到自豪，而在台山自豪的人数比例高达77.0%。我们认为，这一数据体现了侨乡百姓对海外华侨华人的充分关注，中国人具有强烈的血浓于水情结，他们常常把海外华侨华人看成自己的家人和亲戚，会为他们取得的成就感到自豪。

表2-1 受访市民对"骆家辉为第一位华裔美国驻华大使"知晓率广州、江门、台山对比表

（单位:%）

| 知晓情况 | 广州 | 江门 | 台山 |
|---|---|---|---|
| 听说过 | 39.4 | 54.5 | 61.1 |
| 没有听说 | 60.6 | 45.5 | 38.9 |

注：因四舍五入，各项合计不一定等于100.0%。

数据来源：暨南大学新闻与传播学院舆情研究中心、暨南大学华侨华人研究院，2011年8月。

表2-2 受访市民对骆家辉上任自豪感情况广州、江门、台山对比表

（单位:%）

| 自豪感情况 | 广州 | 江门 | 台山 |
|---|---|---|---|
| 感到自豪 | 65.2 | 71.1 | 77.0 |
| 没有感到自豪 | 34.8 | 28.9 | 23.0 |

注：因四舍五入，各项合计不一定等于100.0%。

数据来源：暨南大学新闻与传播学院舆情研究中心、暨南大学华侨华人研究院，2011年8月。

## （二）约半数受访者不认同骆家辉"百分百的美国人"的言论

61 岁的骆家辉曾在公开场合表示"我以我的中国血统为自豪，我以我的祖先自豪，以华裔对美国的贡献而自豪，但我是百分百的美国人"。2011 年 8 月 14 日，到北京赴任的骆家辉再次表达了他的观点"我和我的家庭代表美国价值观"。调查结果表明，骆家辉"百分百美国人"的言论，在其祖籍地广东不能让大多数人喜欢，但越是靠近骆家辉的家乡台山，对他的言论持负面态度的人就越少。

表 2－3　受访市民对"骆家辉'百分百美国人'"说法认同度情况广州、江门、台山对比表

（单位：%）

| 认同情况 | 广州 | 江门 | 台山 |
| --- | --- | --- | --- |
| 能够接受 | 33.3 | 32.9 | 32.7 |
| 不好说 | 21.5 | 28.2 | 35.4 |
| 不能接受 | 45.2 | 38.9 | 31.9 |

注：因四舍五入，各项合计不一定等于 100.0%。

数据来源：暨南大学新闻与传播学院舆情研究中心、暨南大学华侨华人研究院，2011 年 8 月。

我们认为，45.2% 的广州受访市民不能接受骆家辉"百分百美国人"的言论，说明中国人对海外华人刻意"挣脱中华文化"，避谈华裔身份的言行很不理解，甚至反感。

## （三）近半数市民希望骆家辉促进两国关系发展

调查发现，对于历史上诞生的首位华裔美国驻华大使，有 45.5% 的广州受访市民和 54.8% 的江门受访市民相信骆家辉在促进中美关系方面能发挥积极作用，但也有相当比例的人持观望态度，有约五成的广州受访市民和四成的江门受访市民认为"不好说"。

表 2－4　受访市民对"骆家辉上任对促进中美关系"认同情况广州、台山、江门对比表

（单位：%）

| 认同情况 | 广州 | 江门 | 台山 |
| --- | --- | --- | --- |
| 能够促进 | 45.5 | 54.8 | 55.8 |
| 不好说 | 47.0 | 41.2 | 38.9 |
| 不能促进 | 7.4 | 4.0 | 5.3 |

注：因四舍五入，各项合计不一定等于 100.0%。

数据来源：暨南大学新闻与传播学院舆情研究中心、暨南大学华侨华人研究院，2011 年 8 月。

## 二、 美籍华人的认同问题： 解读中国民众反应的关键

中国大陆民众对骆家辉任驻华大使的上述反应，实际反映中国民众对美国华裔中国认同的不同态度。

在外籍华人的认同问题上，如前所述，学界和舆论有各种各样的讨论与看法①，笔者认为应该弄清楚以下问题：一是，从认同归属对象看，对属籍国、祖国、全球社会、居住社区等认同的区别与联系；二是，从认同内容看，文化认同、族裔认同、政治认同、国家利益认同等之间的差异与联系；三是，从认同程度看，就不同对象的不同方面的认同程度可能不一样；四是，从认同变化看，不同时期、不同背景、不同地方的认同会有变化；五是，从认同发生的路径和影响因素看，也是各式各样。

就美籍华人而言，我们赞同"多重认同"说法。所谓"多重认同"，一方面是指对属籍国、祖国、全球社会、居住社区等多重对象的认同，另一方面是指认同内容上的多样性，存在族裔认同、国家认同、政治认同、文化认同等的不同。所谓族裔认同，是指对中华民族或所在国华人族群产生的一种感情和意识上的归属感。国家认同是指对所属的国家所产生的归属感，尤其是公民对国家的效忠。政治认同是指对居住国或祖籍国政治制度、政治思想和政治生活的赞同或支持。而文化认同则是对中华文化或者华人文化的倾向性共识与体认。在理解、尊重美籍华人的国家认同和政治认同的同时，我们也要看到美国华人也有强烈的族裔认同和文化认同，具有浓郁的乡情和亲情意识。以下仅就美籍华人对属籍国和祖国的不同方面的认同进行分析。

第一，美籍华人具有强烈的国家认同和政治认同，即作为美国人的自豪及对美国政治价值观的认同。

作为美国公民乃至美国政府官员的华人自然保持对美国的国家认同，理应效忠属籍国，为属籍国国家利益尽责。同时，部分美籍华人在面临主流人群怀疑态度的压力下，甚至可能表现出比一般美国人更积极的国家认同态度。由此，我们

---

① 有关海外华人多元认同的讨论，可参见陈奕平主编：《和谐与共赢：海外侨胞与中国软实力》，广州：暨南大学出版社，2012 年；王赓武、林金枝：《东南亚华人认同问题的研究》，《南洋资料译丛》，1986 年第 4 期；李胜生：《海外华人的民族关系与种族关系》，《西安交通大学学报（社会科学版）》，2010 年第 3 期；李其荣：《寻求生存方式的同一性：美加新华侨华人的文化认同分析》，《东南亚研究》，2008 年第 5 期；骆莉：《国族塑造与政群认同——二战后东南亚民族国家建构中的华族身份认同变化》，《东南亚研究》，2010 年第 4 期；周聿峨、余彬：《东南亚华人地域认同的历史和未来》，《暨南学报（哲学社会科学版）》，2009 年第 2 期。

就会明白骆家辉为什么说自己是"百分百的美国人"，并曾称"尽一切手段敲掉中国的贸易壁垒，扩大美国对华出口"，"随时准备在对话失败的情况下将中国诉诸WTO"等。同样，美籍华人对美国的制度及政治价值观也有较高的认同度，他们近年来也积极参加美国的政治活动。骆家辉上任会见媒体的讲话就很巧妙地表达了这样的看法。他说，"以官方身份，作为服务于总统和美国人民的美国驻华大使"，将代表"美国以及美国作为自由、平等和机会之土地的希望"，"在个人层面上，能作为中国移民的孩子代表美国——我出生的土地，以及我的家庭珍视的美国价值观，站在你们面前，我感到既谦卑又荣幸"。[①] 骆家辉话中的重点自然是"代表"美国价值观，而中国媒体报道也多以这方面内容为标题。

第二，美国华人也具有很强的族裔认同。美国华人的族裔认同体现在华人的自我认同和他者标签效应中。族群身份是与生俱来的生物特征，是不可更改的事实，美国华人几乎都会认同自己的华人族裔身份。美国人口普查局统计华人人口，就是采用这种自我族裔认同的方法。同时，华人种族形象及由言谈举止和行为方式体现的独特中华文化价值观，也都在某种程度上和其他族裔有区别。1997年，时任美国总统克林顿在其国情咨文中，特别提到了骆家辉的名字，称赞新当选华盛顿州州长的骆家辉是"数百万美国亚裔移民之骄子"，肯定"这些亚裔移民用他们的辛勤劳动、家庭价值观和良好公民表现，增强了美国的力量"，并表示"他代表着我们大家都能够实现的未来"。事实上，骆家辉也一直承认自己的华裔身份，说自己是"中国移民的孩子"，"我想象我在1月份过世的父亲，如果看到了他的孩子成为在他和我母亲出生的土地上，代表美国的第一位华裔美国人，会是多么骄傲"。[②]

第三，在文化认同方面，美籍华人身上具有较强的中国情结，他们对中国文化、中国传统价值观存在不同程度的认同是显而易见的。

美国华侨华人虽然身处西方文化为主的社会中，但在文化多元化的美国，华侨华人并未因为接受了主流文化的影响而抛弃族裔认同和对中华文化的认同，在华人的传统文化心理层面，仍然保留由于血缘和历史等原因长期积淀而成的民族习俗心理意识及思维模式等元素。[③]

骆家辉曾在深圳国际文化产业博览交易会上发表题为"利用多渠道传播中国传统的文化"的演讲。他在演讲中称赞"中国丰富的历史文化对我们的世界文

---

① 中国日报网：《骆家辉携家人首次亮相：我代表的是美国价值观》，http://www.chinadaily.com.cn/hqzx/2011-08/14/content_13109162.htm，2011年8月14日。

② 大众日报网：《我代表的是美国价值观》，http://paper.dzwww.com/dzrb/content/20110815/ArticelA06002MT.htm，2011年8月15日。

③ 杜宪兵：《"恋旧"与"洋化"：纽约唐人街美国华人的民俗生活与文化认同》，《民俗研究》，2009年第1期。

明作出的巨大的贡献",并表示"我非常自豪能够为中国的文化交流和世界对中国文化理解的加强作出自己的一份努力"①。骆家辉在"百人会"第20届年会上就曾很有感慨地说,自己虽然在青少年时代竭力想做"标准的美国人"而"挣脱中华文化",甚至为此和父母关系紧张,但成年以后明确了自己的定位,即在忠爱美国的同时,深深认同自己的华裔身份。②骆家辉对中国文化的情感及认同,也可以从其办公室装饰得到一些印证。他在其办公室中挂着中国书法、中国陶瓷制品等。

美国劳工部前部长赵小兰在肯定自己"非常荣幸曾经为自己的国家服务"的同时,也称赞中国传统价值观、哲学思想,对自己的中华文化背景引以为豪。她在美国接受专访时也强调:"在我的一生中,每当我向前发展的时候,我都会试着保持和记住我的文化本源。这也是我之所以成为我的原因。对于自己继承了两种文化传统,我深感自豪。"③

第四,美籍华人身上具有中国人的寻根传统,他们重视亲情、乡情。以骆家辉为例,他在担任美国商务部部长进行首次访华后曾这样对媒体说"我以我的中国血统自豪,我以我的祖先自豪"。2011年3月9日,骆家辉在驻华大使提名仪式上也表示"我要回到我爷爷,我父亲,我母亲的出生地"。事实上,骆家辉也曾三次携家人回到祖籍地台山。而家乡父老的热情也感动了他,强化了他的乡情认同,间接强化了其中国文化认同和族裔认同。

第五,由于美籍华人身上的中国情结,他们对中国的关注度明显高过其他美国人,其中不少人对中国的发展及取得的成就感到自豪,他们的言行不同程度地增强了中国的影响力。赵小兰对中国的改革开放政策及改革开放后所取得的成就就曾十分赞赏,她说:"中国已经进入了世界经济。并在过去三十年中成长迅速。尽管会有挑战,我觉得大家都有信心,中国人有智慧去解决问题。"2006年,骆家辉回故乡台山市寻根拜祖期间,也为家乡的巨大变化感到高兴。骆家辉曾在演讲中称赞"中国进一步的改革开放政策毋庸置疑地成为最强大的财富"。他相信,"随着开放程度不断提高,我们可以更多地展示中国的生命力、中国的风采和魅力"。④

①　吴痕:《骆家辉利用多渠道传播中国传统的文化》,《华人世界》,2009年第2期。
②　一娴:《骆家辉学中文:一堂不可少的课》,《美国侨报》,2011年8月8日。
③　中国新闻网:《荣获影响世界华人大奖　赵小兰:我没忘自己的根》,https://world.huanqiu.com/article/9CaKrnJklej,2008年3月30日。
④　新浪网:《曾任美国华盛顿州州长　骆家辉二度回台山拜祖》,https://news.sina.com.cn/o/2006-10-19/092310272735s.shtml,2006年10月19日。

# 三、　美国华人认同及中国民众反应的政策意义

正是因为美国华人的上述多重认同特征，我们认为，他们既是美国的软实力资源，也可能成为中国的软实力资源，关键是能否实现共赢。由此，我们对中美两国决策者和民众提出以下建议：

首先，中美两国政府应该鼓励美国华人在中美交流、相互理解与合作及两国社会经济发展中发挥更大的积极作用。

骆家辉参与四川的救灾活动就是一个很好的例子。2008 年 5 月 12 日四川汶川大地震发生后，作为四川友好姊妹省州的华盛顿州的州长骆家辉走访了灾情相当惨重的都江堰地区。回到西雅图后，他告诉记者，那里自然损毁相当严重，但灾民没有抱怨，他们乐观生活的精神让他非常感动。之后，骆家辉又出现在奥运火炬四川传递的队伍中。谈起火炬传递，骆家辉曾对记者说，"能够作为火炬手前往四川成都传递圣火，备感殊荣"①。骆家辉的行动得到灾区人民和中国媒体的赞誉，为中美友好关系添上一段佳话。

其实，美国华侨华人在积极融入主流社会、维护自身利益②的同时，也十分关心和积极介入中美关系，为中美两国政府和民众的相互了解与中美关系的平稳发展作出了积极贡献。比如，诺贝尔物理学奖获得者杨振宁，在 20 世纪 70 年代，作为非正式的民间信使，穿梭于华盛顿和北京之间，传递信息，加强两国领导人之间的联系。又如，美国共和党少数民族委员会主席陈香梅 1980 年曾作为里根总统的特使穿梭于中美之间，也曾在 1989—1990 年中美关系最艰难的时期作为美国出口委员会副主席率团来华，促进中美关系的发展。此后，杨振宁、李政道、余江月桂、田长霖以及骆家辉等人也经常奔走于中美两国，发挥"民间大使"的作用，积极协调中美关系。③

同时，华侨华人对中美两国社会经济的发展也长期作出贡献。一方面，美国华人在美国的铁路建设、科技进步、农业生产及文化教育等多方面作出了很大贡献。另一方面，美国华人对中国近代化及政治演变起到了重要作用。

其次，中国政府和民众应充分认识并尊重美籍华人的多重认同，鼓励他们融入主流社会，为美国作贡献。

如前所述，中国人具有强烈的血浓于水情结，他们常常把海外华侨华人看作

---

① 中国新闻网：《骆家辉的"美国梦"：我为华人血统骄傲》，http://www.chinanews.com/ej/cjnw/news/2009/03-02/1583994.shtml，2009 年 3 月 2 日。
② 李爱慧：《美华协会与美国华人和亚裔的权益维护》，《东南亚研究》，2011 年第 6 期。
③ ［美］孔秉德、尹晓煌主编，余宁平等译，《美籍华人与中美关系》，北京：新华出版社，2004 年。

自己的家人和亲戚，会为他们取得的成就感到自豪，但难以理解这样的家人和亲戚会对中国说强硬的话，做过头的事情。然而，美国华人毕竟是美国人，要尽美国公民的义务和责任。因此，我们应当尊重美国华人的多重认同，在鼓励他们融入主流社会，为美国作贡献的同时，为中国的发展尽一分力。就如美国首位华裔市长黄锦波所说："中国是我的生母，美国是我的养母。我要为生母尽孝，为养母服务。"① 笔者在媒体上对中国民众的反应曾作出了如下评论："究其原因，除了中国人的民族情感外，还有对华裔美国人的多元认同不太了解。当今美国是推崇多元文化的社会，大多数美国人都承认自己的族裔文化和族裔身份，但作为美国政府官员乃至普通公民的华人自然保持对美国的国家认同，为其国家利益尽责。"② 这或许是学者引导舆论的一个途径。

最后，美国政府和舆论应增加对华人的信任，尊重华人的族裔认同和乡情认同。

美国华侨华人向来具有中国情结和寻根传统，他们重视亲情、乡情，关心、参与中国的发展，这是很正常的事情。骆家辉曾说"台山人很勤劳，美国的很多华人从台山来，这是中国一个伟大的地区，我为台山感到十分骄傲，为在美国生活的华人感到骄傲，回到这里感到很自豪"。据报道，骆家辉第一次回台山寻根，长时间地坐在他的父亲和祖父出生的屋子里安静地回忆过去，当他离开祖籍地吉龙村的时候还情不自禁地哭了。③

然而，美国社会仍然有不少政客存在冷战思维，把中国作为其潜在的对手，不断挑拨中美关系的敏感话题，妖魔化、诬陷美国华侨华人。比如"科索沃事件"之后，美国媒体在攻击中国的同时，也攻击华侨华人，一时间"华人不忠""华人有中国间谍嫌疑"的言论甚嚣尘上，美国主流媒体甚至诬称几十万中国留学生都是中国"业余间谍"。从"李文和事件"到"华人间谍案"，都可以看到麦卡锡时代的痕迹。④ 正如美国"百人会"副主席、美国华人论坛（Chinese American Forum）董事顾屏山（George Koo）曾经所说的："无论你喜欢与否，不论你的政治倾向是什么，也不管你对中国大陆和台湾的感情如何，你的美国梦都与中美关系紧密相连。当中国被视作白宫和国会的朋友时，我们就是模范少数族裔；当中国成为美国人眼中的魔鬼时，我们就是敌人的代理。"⑤

由于政客和媒体的渲染，美国社会对华侨华人仍然存在相当的猜忌和不信

---

① 《"中国才是生母"首位华裔美国市长黄锦波在粤演讲》，《南方都市报》，2005 年 10 月 18 日。
② 参见《粤人冀骆家辉：促中美交流助广东发展》，《大公报》，2011 年 8 月 17 日；《近八成台山居民为骆家辉自豪》，《南方都市报》，2011 年 8 月 17 日；《过半市民认为骆家辉上任有助广东发展》，《羊城地铁报》，2011 年 8 月 18 日。
③ 吴痕：《骆家辉：我以我的中国血统自豪》，《华人世界》，2009 年第 2 期。
④ 邵允振：《1980 年代以来的美国华侨华人与中美关系》，暨南大学博士学位论文，2006 年。
⑤ George Koo. Asian American Ticket to the American Dream, Chinese American Forum, 2001, p. 16.

任。据美国"百人会"组织的全美调查结果，1/4 的美国人对美国华裔仍然抱有"很负面的看法"，将近1/3 的美国人认为，华裔对这个国家不够关心和忠诚，将近1/4 的美国人表示自己不会也不赞成自己的亲戚与亚裔通婚。① 这就是笔者前面所分析的，骆家辉之所以说自己是"百分百美国人"，一定程度上和美国的政治环境有关。

## 第三节　印尼华文学校在华裔学生社会融入与文化传承中的作用

印尼 70 多所三语学校在民主改革期间逐步建立，这反映华文教育在新时期的社会变迁。本部分基于问卷调查与实地访谈，验证以下假设：三语学校在华裔学生融入主流社会与传承华族文化过程中扮演重要的角色。我们发现：①从实践环节来看，课堂教学、课外活动、文化环境是影响华裔学生融入主流社会与传承华族文化的三个重要因素。②印尼三语学校的华裔学生因年龄、学校、所在行政区域不同，表现出融入主流与传承华族文化的不同程度。③从总体而言，华裔学生融入主流社会的程度大于传承华族文化。

### 一、　问题的提出和文献回顾

融入主流与传承华族文化是当前海外华人文化发展的特点及趋势。贝利（John W. Berry）将以上两个维度归结于文化整合，即移民在面临文化选择时，愿意传承原初文化并与其他群体互动。② 文化整合使移民文化呈现当地化与族群性的特点，满足海外华人生存发展的需要。随着多元文化政策的兴起，较多国内外学者关注学校教育在移民文化整合中发挥的作用及其实现途径。就华文学校发挥的功能而言，大多文章分别从住在国与华人社会视角展开，体现新时期的华文学校融入主流社会与传承中华文化的特点。王瑜、刘研从政治、经济、文化层面

① 《少数美国人对华裔仍抱负面看法》，《华声报》，2004 年 4 月 12 日。
② John W. Berry, Jean S. Phinney, et al. Immigrant Youth in Cultural Transition Acculturation, Identity, and Adaptation Across National Contexts, New York: Psychology Press, 2014.

分析学校教育的功能，指出学校通过开展华文教育，能在维护国家民族统一、增添经济发展活力、促进文化交流与创新方面发挥重要的作用。① 刘艳从民族学视角，以泰国春武里府社区为个案研究，认为华文学校是该社区成员形成强烈族群和国家认同的主要推动因素。在"大众学校"的学习生活中，佛教、王权与华人文化相互作用，塑造社区成员的社会意识。② 这突显了学校教育在华人社区与主流社会之间的桥梁角色。刘以榕认为，华文教育具有传递、选择、创造功能，促进华人文化适应及文化建设。③ 就华文学校文化整合功能的实现途径而言，已有文献多从微观视角进行具体探讨。玛努夫（Valerie Miller Maloof）等学者认为，学校通过保障民族课程课时、开发当地化教材、开展课外实践活动的形式，增强了族群之间的交往。④ 娜木罕认为，学校教育是民族文化传承中所进行的理性活动，民族传统教育需注重课程开发主体和内容体系开放性、教学过程建构性与师生关系民主性。⑤

综上，许多学者采用文献法对华文学校的文化功能做了具体解析，但较少通过田野调查法和问卷调查法来分析当代华文学校在华裔学生融入主流与传承华族文化中的作用。本部分基于笔者 2018 年陆续在三语学校进行的田野调查，通过搜集到的问卷调查数据与访谈资料，试图分析学校在融入主流与传承华族文化中的作用及其成效。

## 二、 印尼三语学校的概况

印尼华文学校从 1966 年开始被政府强行关闭近半个多世纪。直到 1998 年苏哈托政府下台以后，印尼华文教育开始复苏。经过多年的努力，印尼华文教育者探索出新的发展模式，即在融入主流社会的前提下，提倡继承华族传统文化。融入国民教育体系的印尼三语学校不仅满足社会经济发展的需求，而且促进印尼华族文化发展。

---

① 王瑜、刘妍：《论双语教育的功能内涵》，《教育评论》，2006 年第 1 期。
② 刘艳：《泰国多语学校国家认同构建的文化教育归因——以春武里府大众学校为例》，西南大学硕士学位论文，2018 年。
③ 刘以榕：《马来西亚华族的文化适应与华文教育》，《西南民族大学学报（人文社会科学版）》，2004 年第 12 期。
④ Valerie Miller Maloof, Donald L. Rubin & Ann Neville Miller. Cultural Competence and Identity in Cross - cultural Adaptation: The Role of a Vietnamese Heritage Language School, International Journal of Bilingual Education and Bilingualism, 2006 (9).
⑤ 娜木罕：《建构主义视野下的民族传统文化教育》，《云南民族大学学报（哲学社会科学版）》，2009 年第 3 期。

当前印尼三语学校共有 70 多所，主要分布在爪哇岛和苏门答腊岛地区，学生数量达到 50 000～60 000 人。[1] 随着学生升学需求的增加，学校规模扩大至幼儿园、小学、初中，不少实力雄厚的三语学校已经开办高中。根据三语学校协会的数据显示，在 22 所三语学校中，54% 已开设高中教学。[2]

从三语学校的发展看，其在促进印尼社会与华人社区的和谐发展方面发挥着重要作用。以融入主流社会为目标的国民教学活动，有助于推动华裔学生形成系统的国家观及宗教信仰，提高他们适应社会的能力；同时也成为加强民族互信、改善民族关系的有效途径。日益增加的各民族学生和教师成为三语学校重要的组成成员。普华三语学校拥有 20% 的非华裔学生，非华裔教师占中文教师人数的 50%。普华三语学校作为印尼国民教育机构之一，向当地学校分享教学资源，如友族教师会定期到其他宗教学校教授中文。

与此同时，民族文化需要自觉建构。印尼三语学校是华文教育的重要组成部分。三语学校的创办者欲通过华文教育，在融入主流社会的前提下，促进华裔学生了解本民族文化及发展的根源，提升对华族的认同感。学校活动在国民教育体系引导下，增设华文课堂。教学用语以印尼语为主，华文属于第二教学用语。虽然华文不再作为母语进行教学，但是其课时较充足，能基本满足中文学习的需要。印尼三语学校协会主席陈友明说："三语学校应每周保障至少四节华语课课时，否则该校不属于三语学校的范畴。"[3]

# 三、 研究方法

本书从主流社会融入与传承华族文化的维度出发，分析印尼三语学校促进华裔学生融入主流与传承华族文化的途径及成效。

为了验证假设与观点，本书采用问卷调查法分析三语学校的作用。2018 年 5 月至 9 月，笔者前往西爪哇、中爪哇、东爪哇地区，对不同教学水平的九所学校进行样本采集。这九所学校包括印尼必利达学校、吉祥山三语学校、八华学校、普华三语学校、马吉朗培德三语学校、日惹崇德三语学校、梭罗培育三语学校、茉华三语学校和泗水小太阳三语学校。

问卷被分为两个部分。第一部分主要从国家认同、宗教信仰、印尼语言与文

---

[1] 广东侨网：《林琳巡视员会见印尼三语学校协会主席陈友明一行》，http://www.qb.gd.gov.cn/news2010/201807/t20180702_953721.htm，2018 年 7 月 2 日。

[2] 2018 年印尼三语学校协会关于三语学校中文课程问卷调查。

[3] 印尼新报：《在经验交流中优化教学——印尼三语学校研讨会》，http://surabaya.mofcom.gov.cn/article/jmxw/201901/20190102828158.shtml，2018 年 7 月 25 日。

化等方面，分析三语学校华裔学生融入主流的情况；第二部分探究华裔学生华族文化传承的现状。结合影响华裔学生融入与传承的因素，主要分为课堂教学、课外实践活动、校园文化。问卷共发放 900 份，回收有效问卷 748 份，其中，小学生 233 人，初中生 272 人，高中生 129 人。

# 四、 印尼三语学校作用的实证分析和主要发现

新生代华裔在社会环境的影响下，融入主流社会的趋势明显。为验证印尼三语学校在促进华裔学生融入主流和传承华族文化方面的作用，基于问卷与访谈资料，特做如下分析。

## （一）促进华裔学生融入主流社会

作为国民学校的三语学校能有效促进学生社会化与当地化。下文从国家认同、宗教信仰、语言文化现状等方面，分析华裔学生融入主流社会的程度。

### 1. 有较强的国家归属感

相较于经济文化行为，国家认同是融入主流社会的关键。国家归属感是国家身份情感的表现方式。华裔对印尼国家的归属，意味着个体承认并接纳印尼政治意识形态与政治制度，思想行为效忠于印尼国家。新时期的印尼华裔国家身份具有先赋性，国家认同自然归属于印尼，印尼华裔享有印尼公民权利并履行公民义务。印尼三语学校为华裔学生提供社会化教育，培养学生国民意识，加强学生对印尼政治的认同。

印尼三语学校华裔学生国际视野开阔，在一切条件满足的前提下，不同学生有着不同的升学目的国。但是按照比例计算，多数的华裔学生选择本国作为大学深造的地点。华裔学生升学目的国依次是印尼（27.55%）、其他国家（30.03%）、中国（15.02%）、美国（15.02%）、新加坡（12.38%）。客观上来说，印尼高等教育发达程度不及美国、新加坡发达国家，但是近 1/3 的学生选择印尼，从一定程度上说明华裔学生的国家认同归属于印尼，对印尼未来发展有着良好的预期。

表 2-5　印尼三语学校华裔学生升学目的国

（单位:%）

| 印尼 | 中国 | 美国 | 新加坡 | 其他国家 | 总计 |
| --- | --- | --- | --- | --- | --- |
| 27.55 | 15.02 | 15.02 | 12.38 | 30.03 | 100 |

资料来源：2018 年笔者前往印尼三语学校所整理的问卷调查数据。

## 2. 持有虔诚的宗教信仰

印尼是一个宗教信仰色彩较浓厚的国家，政府明文规定印尼公民必须信仰宗教。"潘查希拉"作为印尼主流意识形态，首要的是"信仰至高无上的上帝"①，其内涵被实践于印尼公民的实际生活中。印尼国内有六大主流宗教，印尼各宗教地位平等，公民宗教信仰自由。宗教信仰虔诚成为印尼公民的首要标志，也是衡量华人是否融入主流社会的一个重要尺标。

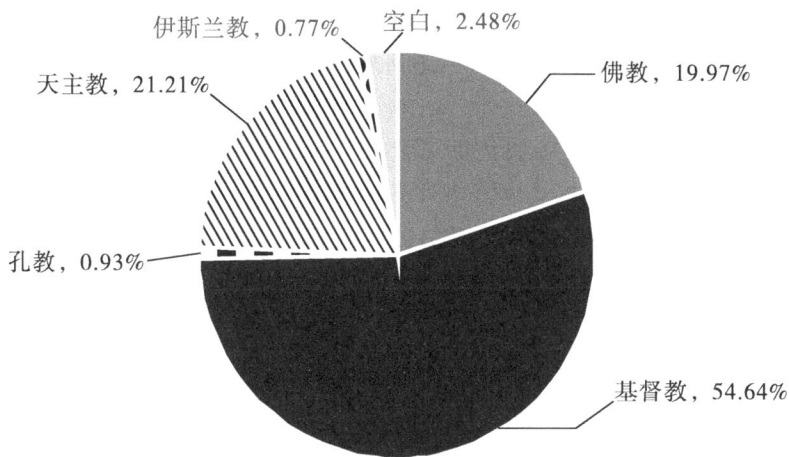

**图 2 - 1　印尼三语学校华裔学生的宗教信仰分布**

资料来源：2018 年笔者前往印尼三语学校所整理的问卷调查数据。

结果显示，绝大部分华裔学生宗教信仰明确，但同一华族群体内，持有不用的宗教信仰。信仰较多的是基督教、天主教、佛教，其比例分别为 54.64%、21.21%、19.97%。相比于东方宗教，印尼华裔更多信仰西方宗教。究其原因，印尼政府在苏哈托时期对印尼华人宗教存有意识形态偏见。印尼华人出于安身立命的考虑，选择信仰西方宗教。由于受西方文化影响较深，印尼华人更倾向于选择基督教与天主教。宗教信仰具有代际传递性，华裔青少年在出生后较大程度跟从祖辈信仰西方宗教。

值得说明的是，少部分华裔学生选择孔教、伊斯兰教，其比例分别占总人数的 0.93%、0.77%。由于 20 世纪末期恢复信仰活动，皈依孔教信仰的学生相对较少；华裔仍有部分信仰伊斯兰教。印尼部分华裔因与友族通婚而信仰伊斯兰教，华裔学生会继承友族父（母）亲的宗教信仰。同时，不少印尼华裔受居住地影响，信仰印度教，如印尼巴厘省的华人较多信仰印度教。

宗教信仰对于印尼公民具有重要意义。作为国民学校，印尼三语学校如何培

---

① 国际日报：《建国五原则内涵》，http://www.guojiribao.com/shtml/gjrb/20181101/1191115.shtml，2019年 1 月 27 日。

养学生宗教信仰？为此，笔者设计了一道选择题。

表 2-6　印尼三语学校宗教教学方式

（单位:%）

| AB | ACDE | ADE | ACD | 其他 | 总计 |
|---|---|---|---|---|---|
| 19.97 | 16.25 | 11.15 | 9.13 | 43.50 | 100 |

备注：A：宗教课堂；B：去宗教场所；C：阅读宗教课本；D：进行课间祈祷；E：庆祝宗教节目

资料来源：2018 年笔者前往印尼三语学校所整理的问卷调查数据。

可以看出，印尼三语学校开展的宗教活动形式多样。其形式以基本课堂教学为主，结合校内课间宗教仪式、活动庆典和校外实践。宗教学习注重理论与实践的结合，使学生既能形成基本的宗教信仰价值观，又能将宗教信仰融入生活。

学生对学习成效的主观感知可以反映出学校教学活动的质量。当问及学生："学校教育对您了解自身所属的宗教信仰有所帮助吗？"学生回答如下表所示。

表 2-7　印尼三语学校宗教教学活动之学生评价

（单位:%）

| A | B | C | D | 其他 | 总计 |
|---|---|---|---|---|---|
| 38.85 | 27.86 | 22.45 | 7.12 | 3.72 | 100 |

备注：A：非常有帮助；B：有一定帮助；C：帮助较少；D：没有帮助

资料来源：2018 年笔者前往印尼三语学校所整理的问卷调查数据。

从总体来看，三语学校在宗教知识传播和升华信仰方面发挥着正面作用，其教学成果具有一定成效，大多学生愿意参与学校的宗教活动。学生群体普遍认为三语学校对自身宗教信仰有帮助。但对宗教教学活动的作用大小，学生评价各异，认为"非常有帮助"的占 38.85%，"有一定帮助"的占 27.86%，"帮助较少"的占 22.45%。此数据说明印尼三语学校在宗教教学方式与教学多样性方面仍需加强。小部分学生（7.12%）认为"没有帮助"，这与印尼多元宗教信仰与教学资源有限有关。三语学校在尊重宗教平等的基础上，开展的宗教活动有一定倾向性，一般选择基督教或天主教。由于宗教信仰之间的内涵仪式各有区分，非基督教或天主教的学生较少受到学校宗教活动的影响。印尼必利达学校是一所以天主教信仰为主的三语学校，在认为学校宗教活动对其没有帮助的学生中，佛教徒学生占有 50% 的比例。

**3. 熟练掌握印尼语言文化**

熟悉当地社会的语言文化是文化适应的基本要求，是印尼华裔立足主流社会的根本保障。下文分析三语学校在印尼语言与文化教学方面的概况。

（1）印尼语言的使用。

全面掌握当地语言及其交际规范是融入当地社会的基础，有助于促进印尼华人生活的正常运行及其正当权益的争取维护。移民的语言和文化水平与主体民族越接近，其融合进程就越快，相反就慢。[①] 若印尼华裔学生在多数情况下选择使用印尼文及其当地方言，这说明他们融入印尼主流社会的程度较深。

表2-8　印尼三语学校华裔学生在校常用语言分布

（单位：%）

| A | B | C | D | E | 其他 | 总计 |
|---|---|---|---|---|------|------|
| 62.54 | 3.87 | 3.25 | 0.62 | 15.33 | 14.39 | 100 |

备注：A：印尼文；B：印尼方言；C：中国普通话；D：中国方言；E：英文
资料来源：2018年笔者前往印尼三语学校所整理的问卷调查数据。

学生在学校使用最为普遍的是印尼文，比例为62.54%；其次是英文，比例达15.33%；小部分学生将印尼方言、中国普通话、中国方言作为学校常用语言。

有66.41%的学生将印尼文或印尼方言作为校园语言使用的首要选择，这说明大部分华裔学生的母语为印尼语，语言融入当地的程度高。学校教育推动了学生学习并使用印尼文。根据印尼文教科部的规定，作为必修课的印尼文课，其成绩直接影响学生升学。因此，国民学校重视印尼文的学科地位，在课堂教学上保障印尼文课时与教学质量。语言学习离不开社会环境。学生在母语语境下，将语言学习融入日常生活，使得印尼文使用率较高。相较于其他语言，印尼语在校内使用频率最为频繁。这突出了印尼三语学校教育的国民性，即印尼文作为教学第一语言。

英文也是学生在校期间使用频率较多的语言，仅次于印尼文。印尼华裔学生的英文水平普遍较好，一方面是因为华人家庭普遍重视英文学习，华人家庭认为，学习国际通用语言（英文）有助于拓宽子女的国际视野，增强竞争优势。另一方面是因为印尼社会受西方文化影响程度较深。西方文化在印尼社会传播早，范围广，致使英文被广泛应用。

从前述表格可看出，华裔学生语言使用呈多样性特点，印尼文与印尼方言、英文经常交叉使用，其比例达到2.79%和2.32%。学生在学校可自主选择使用多元语言，这说明印尼三语学校为学生提供了相对宽松的语言环境。

（2）印尼文化的认知。

语言是文化的载体，通过语言媒介可了解特定区域的文化内涵。三语学校学生熟练掌握印尼文，在此基础上，学生对印尼文化的认知度如何？

---

[①] 梁茂信：《现代欧美移民与民族多元化研究》，北京：商务印书馆，2011年，第409页。

印尼拥有 300 多个民族，各民族孕育灿烂的民族文化。特定的民族文化反映该族群的思维方式和艺术审美。印尼华人自觉认识与鉴赏他族文化，这是华人主动融入主流社会的表现。

表 2-9　印尼三语学校华裔学生对主流文化认知情况

（单位:%）

| BCD | B | ABCD | BC | BD | 其他 | 总计 |
|---|---|---|---|---|---|---|
| 23.99 | 23.84 | 19.81 | 11.92 | 6.04 | 14.4 | 100 |

备注：A：二胡；B：昂格隆；C：甘美兰；D：中国鼓

资料来源：2018 年笔者前往印尼三语学校所整理的问卷调查数据。

昂格隆和甘美兰是印尼传统乐器的代表，流行于印尼爪哇岛，多用于宗教仪式、重大节日庆典活动。本问卷以学生对昂格隆和甘美兰的认知为例，考查学生对传统文化的认知程度。从调查结果可知：共有 93.96% 的印尼华裔学生认识印尼传统乐器，这一定程度上反映华裔学生对印尼传统文化的认知。在走访过程中了解到，华裔学生普遍习得主流传统文化知识，也能够演绎多种印尼本土艺术。如在棉兰，中小学新生会在开学典礼上表演传统特色舞蹈——巴丁林舞蹈。

占有较大比例的华裔学生已具备印尼文化传统常识，部分华裔学生将传统文化发展为自己的爱好和特长。作为教育系统，学校在其中起着怎样的作用？

表 2-10　印尼三语学校主流文化教学方式

（单位:%）

| A | AC | E | B | C | AB | D | 其他 | 总计 |
|---|---|---|---|---|---|---|---|---|
| 27.71 | 13.47 | 11.30 | 8.67 | 8.05 | 6.81 | 6.18 | 17.81 | 100 |

备注：A：音乐课或舞蹈课；B：文化课书本；C：学校庆典活动；D：其他；E：较少接触

资料来源：2018 年笔者前往印尼三语学校所整理的问卷调查数据。

从上表可知，学校传播当地传统文化的途径多元化。27.71% 的学生从音乐课或舞蹈课上学习传统乐器；13.47% 的学生在音乐课或舞蹈课与学校庆典活动上接触传统乐器；8.67% 的学生表示从文化课书本上认识传统乐器的相关知识。印尼三语学校通过艺术课堂、文体活动会演、书本教材等形式促进学生习得印尼当地传统民乐知识和技能。除此之外，多名学生提及参加学生社团是知晓传统乐器的方式之一。以学生社团为代表的学生活动在传播印尼当地传统民乐的过程中扮演必要的角色。比如，普华三语学校学生已自主创办知识类、艺术类、语言类社团，学校每年在 4 月举办由学生自导自演的文艺会演，其中的节目不乏印尼传统舞蹈、乐器和歌曲。①

———

① 2018 年 8 月 15 日笔者于普华三语学校对中文系主任 CT 进行访谈。

## （二）印尼三语学校促进华裔学生传承华族文化

三语学校促进华裔学生融入主流社会的同时，也鼓励学生传承华族文化。印尼三语学校开展有关华族文化的课程与活动，一定程度上帮助学生形成华族文化认同。

### 1. 逐渐形成的华族身份认同

民族文化属性是海外华族表明自我身份的"名片"，是推动该族群发展的动力。当前，华人族群认同呈现逐渐淡薄的趋势。印尼三语学校通过文化活动增进华裔学生的族群认同。

表2-11　印尼三语学校华裔学生族群认同

（单位:%）

| A | B | D | BD | 其他 | 总计 |
|---|---|---|----|------|------|
| 61.30 | 18.27 | 9.44 | 7.12 | 3.87 | 100 |

备注：A：华族；B：爪哇族；C：巽他人；D：其他

资料来源：2018年笔者前往印尼三语学校所整理的问卷调查数据。

从数据可得，认为自己是华族的华裔学生占总人数的61.3%，认为自己是爪哇族的华裔学生比例为18.27%，还有9.44%的华裔学生认为自己属于其他非华族族群。基于此，有27%的华裔学生未形成明确的族群认同。在问卷填写时，大部分任课教师会对问卷选项进行解释说明。在此情况下，仍有37%的华裔学生未正确填写族群身份。由此可见，印尼三语学校仍然有相当比例的华裔学生的华族身份认同淡薄。

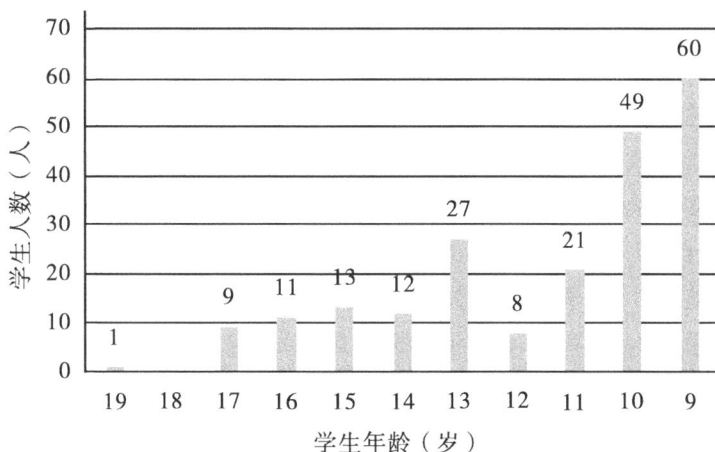

图2-2　印尼三语学校华族身份模糊学生的年龄分布

资料来源：2018年笔者前往印尼三语学校所整理的问卷调查数据。

虽然有 37% 的三语学校学生的华族身份认同淡薄，但是可从上表中了解到，该学生群体随着年龄增长，族群认同大致呈递增的趋势。如 9 岁到 12 岁的小学生，族群身份错误认知随着年龄增长而逐渐递减；另外，不同的学习阶段华族身份认同存在波动性增长。13 岁至 15 岁的学生进入初中阶段，由于学校在初中一年级会招收不同学校毕业的华裔学生，不同知识背景学生的加入，使华族观念模糊的学生人数增加。随着学校教育的深入，这类学生人数由 27 人减少至 13 人。高中阶段学生随着年龄增长，逐渐形成明晰的族群认知。在学生身心发育相同的情况下，印尼三语学校加深学生对华族文化的符号印象，从而培养与保持学生对华族的归属感。由此可见，印尼三语学校低年龄学生的华族认同较低，随着学校文化熏陶、个人身心发展成熟与家庭教育的深化，学生对自身的华族身份认知逐渐得以确认。

**2. 养成良好道德品质**

崇尚礼节是中华民族的优良传统。培养学生良好行为规范，继承华族优良道德是印尼三语学校德育功能的一部分。学校通过多方面的教学方式来实现德育教学目标。

表 2 - 12　印尼三语学校德育途径

（单位:%）

| A | AB | B | ABD | ABC | 其他 | 总计 |
|---|---|---|---|---|---|---|
| 38.24 | 19.97 | 14.40 | 6.04 | 3.72 | 17.63 | 100 |

备注：A：教师言传身教；B：德育课；C：礼仪大赛；D：教材书本

资料来源：2018 年笔者前往印尼三语学校所整理的问卷调查数据。

38.24% 的学生认为教师通过言传身教的方式实施德育；19.97% 的学生认为三语学校教师的言传身教和德育课对塑造自身道德修养具有重要作用；除此之外，阅读教材书本、参加礼仪大赛也是学校德育的组成部分。从选择比例看，最能影响学生道德修养的因素为学校教师。教师与学生接触频繁，其人格品质、行为习惯成为学生效仿的对象。三语学校教师持有良好的师德，拥有较强的责任感，这也是多数学生选择通过教师言传身教增强自身道德的原因。另外，学生答案多样化体现了学校开展多类别的德育形式，如德育课程、礼仪大赛、自制德育教材、德育实践。《弟子规》教学是三语学校华族道德教育的显著特征，大部分三语学校要求学生从小学开始背诵《弟子规》，通过课程教学、文艺演出的方式帮助学生理解和实践《弟子规》的相关礼节。

学校德育活动实践对学生思想道德影响如何，问卷通过设置有关尊敬师长的问题来予以体现。

问卷第五题设问："在走廊遇见教师，您会主动上前问好吗?"76.78% 的学生选择十分热情地向教师问好；13.47% 的学生对待教师的态度比较随意；

4.64%的学生选择性地向教师问好，只有不到1%的学生对教师视而不见。结果表明：绝大部分印尼三语学校学生养成了优良的传统道德，表现为礼貌待人、尊重师长。大多印尼三语学校的师生关系亦师亦友，关系和谐。学生在教师的引导下获得知识技能，尊敬教师是学生懂得感恩的情感表现。

表2-13　印尼三语学校华裔学生道德概况

（单位:%）

| A | B | C | D | 其他 | 总计 |
| --- | --- | --- | --- | --- | --- |
| 76.78 | 13.47 | 4.64 | 0.77 | 4.34 | 100 |

备注：A：十分热情；B：比较随意；C：选择性；D：不会
资料来源：2018年笔者前往印尼三语学校所整理的问卷调查数据。

### 3. 学习中文

掌握中文，是华裔自身发展的优势，也是华族发展的前提。拥有良好的学习动机是保障学习质量的前提。

表2-14　印尼三语学校华裔学生学习中文动机

（单位:%）

| A | B | C | 其他 | 总计 |
| --- | --- | --- | --- | --- |
| 49.23 | 32.66 | 8.51 | 9.6 | 100 |

备注：A：对未来工作有利；B：作为华人，应该了解；C：没必要
资料来源：2018年笔者前往印尼三语学校所整理的问卷调查数据。

针对华裔学生学习中文的态度，笔者设置了"您需要学习中文吗"的问题。从问卷分析看，49.23%的学生愿意学习中文，认为掌握中文这门语言对未来工作有利；32.66%的学生愿意学习中文，认为作为华人，需要认识自身族群文化；8.51%的学生认为没有必要学习中文。这说明，大部分印尼华裔学生认为学习中文有必要。如何解释这一现象？

首先，当今华裔学生学习中文是因为族群认同和中文的经济价值。就读初中一年级的华裔学生说："学习中文对于我们华人来说很重要，但是对于个人而言不重要。"[1] 华文学习动机的形成不仅与语言价值有关，同时离不开社会文化环境、个人价值观因素的影响。另外，学生中文学习动机与年龄因素相关。小学生与高中生在中文学习动机上存在明显差异。无中文学习动机的小学生人数是高中生人数的2倍以上。绝大多数高中生愿意学习中文并认可中文学习的族群认同和经济价值。可见，随着学生年龄和眼界增长，对中文价值的认可度增强。

---

① 2018年7月在印尼必利达学校对学生HX进行访谈。

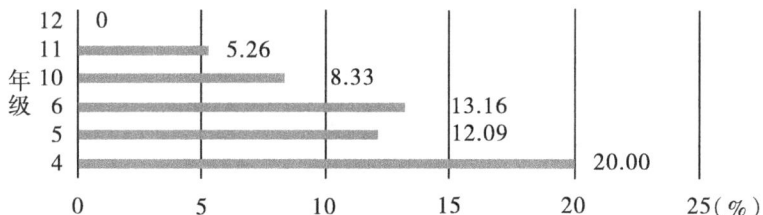

图2-3　小学生与高中生中文学习动机差异

资料来源：2018年笔者前往印尼三语学校所整理的问卷调查数据。

华文教育重要目标是使华裔学生学会中文并与中国人进行交流。[①] 三语学校着重培养学生的听说读写能力。中文课堂教学是三语学校重要的教学形式，为了了解学生对中文教学的满意度，笔者设计了这样的问题："您喜欢中文课吗？"

表2-15　印尼三语学校中文课堂之学生评价

（单位:%）

| C | A | B | 其他 | 总计 |
| --- | --- | --- | --- | --- |
| 43.65 | 42.88 | 11.30 | 2.22 | 100 |

备注：A：喜欢；B：不喜欢；C：视情况而定

资料来源：2018年笔者前往印尼三语学校所整理的问卷调查数据。

学生对中文课堂持有什么样的态度呢？这一答案直接反映中文课堂教学水平。43.65%的学生学习中文积极性取决于中文课堂教学情况，42.88%的学生喜欢中文课，11.3%的学生不喜欢中文课。

表2-16　印尼三语学校华裔学生中文学习的有利条件

（单位:%）

| D | B | A | C | 其他 | 总计 |
| --- | --- | --- | --- | --- | --- |
| 20.59 | 18.58 | 13.78 | 11.15 | 35.9 | 100 |

备注：A：师生关系融洽；B：课程形式多样；C：教材内容趣味性强；D：有一定的中文基础

表2-17　印尼三语学校华裔学生中文学习的不利条件

（单位:%）

| B | A | D | BD | 其他 | 总计 |
| --- | --- | --- | --- | --- | --- |
| 40.09 | 10.99 | 9.60 | 5.11 | 34.21 | 100 |

备注：A：中文课堂互动性不强；B：中文难度大；C：无中文学习动机；D：中文教材脱离实际

资料来源：2018年笔者前往印尼三语学校所整理的问卷调查数据。

---

① 张建成：《华文教育与中华语言文化传播》，北京：中国社会科学出版社，2016年，第109页。

印尼三语学校中文学习的有利条件：一是三语学校中文教学系统化，20.59%的学生具有一定的中文基础；二是三语学校为实现学生个性化发展需要，开设多元化中文课程；三是师生关系融洽，表明三语学校各族群之间和谐相处，为学生学好中文奠定人文基础。

通过系列的课程学习，学生中文交际能力是华族文化传承的首要标志。表2-18反映了三语学校学生的中文交际能力。

表2-18　印尼三语学校华裔学生中文交际能力

（单位：%）

| D | C | B | E | A | 其他 | 总计 |
|---|---|---|---|---|---|---|
| 34.83 | 32.66 | 10.06 | 9.60 | 7.74 | 5.11 | 100 |

备注：A：非常流利；B：基本能够；C：一般；D：只能一点；E：不能

资料来源：2018年笔者前往印尼三语学校所整理的问卷调查数据。

34.83%的学生表示只能在交流中说部分中文词汇和基本句型；32.66%的学生表示中文交流能力一般；10.06%的学生表示基本能够用中文交流；7.74%的学生表示可非常流利地用中文进行交流。印尼华裔学生已具有中文基础知识，但是完全掌握中文还需继续学习。印尼华裔学生的中文交际能力在个体之间、校际存有差异。一般情况下，家庭中文氛围好的学生中文交际能力强；中文资源充足、重视中文教学的学校，绝大多数学生能熟练掌握中文交流技巧。

语言学习不能脱离文化环境，文化因素保障语言使用的得体性，辅助第二语言理解。① 三语学校在中文教学与活动中，渗透中华文化的内涵及表现形式。

表2-19　印尼三语学校华裔学生华族文化认知

（单位：%）

| A | B | 空白 | ABCD | 其他 | 总计 |
|---|---|---|---|---|---|
| 62.69 | 7.82 | 4.95 | 4.80 | 19.74 | 100 |

备注：A：传统节日；B：剪纸、书法；C：汉服、旗袍；D：《弟子规》

资料来源：2018年笔者前往印尼三语学校所整理的问卷调查数据。

印尼三语学校华裔学生能大致了解传统节日、手工技艺、传统服饰等传统华族文化。从表2-19看，印尼华裔学生最为熟悉的文化符号为华族传统节日，比例为62.69%。但总的来看，三语学校的华裔学生对传统文化的认识处于初步阶段，仍缺乏系统深入的学习。

由于学校语言教学时长有限，学生为达到传承华族文化的目的，还应树立终

① 张建成：《华文教育与中华语言文化传播》，北京：中国社会科学出版社，2016年，第109页。

身学习中文的目标。

表 2 – 20　印尼三语学校华裔学生未来学习中文意愿

（单位：%）

| B | A | D | C | 其他 | 总计 |
|---|---|---|---|---|---|
| 45.05 | 28.79 | 16.56 | 4.95 | 4.63 | 100 |

备注：A：会；B：可能会；C：不会；D：不知道

　　经过调查，28.79%的学生十分坚定在未来要学习中文，这部分学生主要集中在高中阶段。这表明印尼三语学校成功激发一部分华裔学生学习中文的兴趣，通过教育培养较高水平的中文人才。45.05%的学生表示，是否继续学习中文取决于未来发展的情况；4.95%的学生表示将来不会学习中文。这表明，大多数华裔学生对待中文继续学习的态度模糊，但不否定将来学习中文的可能性。

　　综上所述，印尼民主改革赋予华文教育新的机遇和使命，70多所三语学校为此先后建立起来。基于对印尼三语学校的问卷调查与访谈资料，我们验证了以下假说：印尼三语学校在促进华裔学生融入主流社会与传承华族文化方面发挥积极作用。当然，三语学校的作用存有校际、学生主体之间的程度差异。

　　一方面，多元教学、课外实践和校园文化是影响华裔学生融入主流社会与传承华族文化的必要因素。学校通过课堂教学、课外活动的方式进行德育教育与宗教教育，加强学生国家认同与宗教意识，以此深化学生融入主流社会。这首先表现在国家认同方面。新一代华裔认可印尼国家，对国家持有较强的归属感与自豪感。其次表现在宗教信仰方面。根据国家文化发展需要，印尼三语学校明确宗教发展方向，开设相关宗教课程，组织宗教课外活动，将宗教仪式渗透进学生的生活学习中，促进学生信仰虔诚。最后表现在文化认同方面。印尼华裔学生全面掌握印尼语及印尼方言，习得当地风俗、生活方式和艺术审美。以三语学校为代表的华文教育形式，体现本土化的特征，比如学校设置当地化的文化课程，鼓励文化教学与实践活动的结合，以促进学生在知行合一中深化对当地文化风俗的理解。

　　另一方面，华裔学生即使很好地融入当地，但是在三语学校多元文化教学影响下，也一定程度地传承了华族文化。印尼三语学校为鼓励学生传承华族文化，开展多样化课堂教学、营造中文学习氛围与开展中文主题活动。其中，教学活动具体表现在以下方面：一是学校开设感恩道德教育，影响学生的道德观念及行为。二是学校进行语言文化教学，结合文化环境及课堂活动让学生学习华族语言及文化。中文教学课程多样化、上课方式灵活及教师耐心教学，提高了学生的学习兴趣，使其初步掌握中文及华族文化。然而，印尼三语学校在中文教学方面仍面临一些挑战，比如缺乏中文教师、当地化中文教材等。从华裔学生整体中文水平来看，学生有较好的中文听力能力，可进行简短的中文对话，但在写作与阅读方面还有待提高。

# 第四节 马来西亚华人的中国认知与中华形象建构

马来西亚华人人口占该国人口约四分之一，经历了"从'华侨'到马来西亚国籍的'华人'的认同意识的变化"①，但长期坚守华人文化认同，形成与中华文明关联的"文明性族群现象（Civilizational Ethnicity）"②。研究马来西亚华人的中国认知，对于提升海外华侨华人的中华文化认同，构建中华形象，具有重要的样本意义。

## 一、 研究缘起和相关研究述评

马来西亚是一个由马来人、华人、印度人和多个原住民族组成的多民族国家。据 2020 年的马来西亚人口普查，在 3 240 万总人口中，土著（马来人及原住民）占 70.3%，华族占 23.2%，印度民族占 5.9%，其他民族占 0.6%。③ 根据马来西亚宪法规定，作为土著（Bumiputera）的马来人在政治上具有主导权。马来西亚是一个多民族、多文化、多语言的社会，许多种族保持着独特的文化身份，融会在一起生活，马来人文化、华人文化、印度人文化还有其他族群文化之间相互影响，塑造出马来西亚独有的文化。

随着中国经济的快速发展及中国在国际舞台上的影响力日增，国内外舆论、学者在关注中国的强大和对世界作出巨大贡献的同时，也在关注与研究中国的国际形象。西方的许多政府与民间智库都先后发布了多份报告，分析中国的国际影响力，尤其是中国的软实力。国家形象，是公众对于一个国家的整体认知与综合评价。吴友富把国家形象细分为经济形象（经济总量、品牌、创造力）、安全形

---

① 陈志明、罗左毅：《族群认同与国家认同：以马来西亚为例（上）》，《广西民族学院学报（哲学社会科学版）》，2002 年第 5 期。

② 陈志明、罗左毅：《族群认同与国家认同：以马来西亚为例（下）》，《广西民族学院学报（哲学社会科学版）》，2002 年第 6 期。

③ 马来西亚统计局官方网站：《2020 年马来西亚人口和住房普查主要发现》，https://www.dosm.gov.my/v1/index.php?r=column/cthemeByCat&cat=500&bul_id=WEFGYlprNFpVcUdWcXFFWkY3WHhEQT09&menu_id=L0pheU43NWJwRWVSZklWdzQ4TlhUUT09，2022 年 5 月 2 日。

---

象（社会公共问题治理）、文化形象（文化、认同）、政府形象（素质、执政理念、能力、业绩）、国民形象（国民素质、公民道德）五个方面①，比较系统地归纳出国家形象的基本内涵。国家形象包括在国内民众心目中的形象与在国外民众心目中的形象两个层次，后者一般称为国际形象，即一国在外国公众眼中的整体认识和综合评价，本书的国家形象主要指后者。吴友富提出国家形象工程应是国家战略层面上的整体式建构，突出了战略定位、战略规划、战略整合以及战略公关在国家形象建构中的重要性。② 许多学者都从国际形象传播的主体，即我国应传播什么信息、如何传播方面取得了丰硕的研究成果③，但就客体，即外国受众如何接收一国的形象信息方面的研究，则尚需加强。就国家形象建构而言，一国政府的公共外交和对外宣传固然是提升国家形象的重要途径与手段，但我们认为，庞大的海外侨民群体是国家形象建构的重要资源和中介，以色列、爱尔兰和印度的海外侨民就是很好的例子。

　　国内学者已经出版了许多研究中国形象的著作，例如周宁主编的"世界的中国形象"丛书中张旭东的《东南亚的中国形象》、朱小雪的《外国人眼中的中国形象及华人形象研究》以及唐翀的《马来西亚如何看待中国——以〈新海峡时报〉2002—2003 年对中国的报道为分析视角》等④，这些成果主要采用文本分析法，从文学、历史角度讨论中国形象，较少见到从实地调研获取量化数据方法的使用。皮尤公司、BBC 等机构也经常发放问卷调查，研究中国形象，但多从国际受众对一国或一地区整体作出研究，而少见从一国内部或族群内部研究国家形象传播的末端机制的成果。为探讨海外华人在中国国际形象及软实力构建中发挥的作用、途径渠道及影响因素，暨南大学华侨华人研究院课题组从 2011 年开始陆续在多个国家进行题为"华人对中国的认知"的问卷调查，研究华人的中国形象观与中国国家形象建构的关系。

① 吴友富：《中国国家形象的塑造与传播》，上海：复旦大学出版社，2009 年，第 2 页。
② 吴友富：《战略视域下的中国国家形象传播》，《国际观察》，2012 年第 4 期，第 1 页。
③ 更多国内对国家形象传播的研究成果，参见刘继南，何辉等：《中国形象——中国国家形象的国际传播现状与对策》，北京：中国传媒大学出版社，2003 年；张昆：《国家形象传播》，上海：复旦大学出版社，2005 年；管文虎：《关于研究中国国际形象问题的几点思考》，《国际论坛》，2007 年第 5 期；刘康：《国家形象与政治传播（第一辑）》，上海：上海交通大学出版社，2010 年。
④ 相关外国公众对中国形象认知的成果，详见张旭东：《东南亚的中国形象》，北京：人民出版社，2010 年；朱小雪：《外国人眼中的中国形象及华人形象研究》，北京：旅游教育出版社，2011 年；唐翀：《马来西亚如何看待中国——以〈新海峡时报〉2002—2003 年对中国的报道为分析视角》，《东南亚研究》，2005 年第 4 期；唐翀：《与龙共舞——评东盟眼中的中国威胁论》，《太平洋学报》，2004 年第 1 期。

## 二、　马来西亚调查样本基本情况

2011 年底，暨南大学华侨华人研究院课题组成员利用在马来西亚进行学术交流的机会在吉隆坡华人社团中发放问卷，也委托马来西亚的大学教授协助在吉隆坡高校发放问卷，共成功收回 428 份问卷①，其中来自华人受访者和马来人受访者的问卷分别为 242 份和 186 份，前者调查马来西亚华侨华人是如何看待当今中国的，后者调查马来西亚非华裔是如何看待中国与华侨华人的，用以佐证华侨华人对中国形象传播所起的效果。② 吉隆坡作为马来西亚政治、经济、文化中心，其华人社团和高校学子的观点具有代表性与前瞻性。2009 年，纳吉布总理上任后提出"一个马来西亚"思想，旨在加强马来西亚各族人民之间的凝聚力，增进各族人民之间的融合，期待带领马来西亚进行新世纪初下一轮经济发展冲刺。纳吉布重视汉语教学和国内华文教育的发展，认为知晓汉语很有益处，积极加强与中国的文化合作。为此，他鼓励其他种族的马来西亚人学习汉语，并在全球化的趋势下，增强马来西亚的竞争力，扩大经商网络，增加就业机会。同时，纳吉布也十分重视中马关系，特别是经贸关系的发展，他说："我们把中国视为朋友而不是敌人，是同事而不是对手，是伙伴国而不是敌对国。"③ 经过纳吉布两年的治理，马来西亚华侨华人的经济与政治环境都得到一定程度的改善。另外，由于纳吉布对中国的发展抱有积极、开放和包容的态度，采取重视汉语并积极推广中文教育的多元文化政策，"汉语学习热潮"在马来西亚重新兴起。

本课题组 2011 年进行的问卷调查中，从人口构成看，男性占 47.6%，女性占 52.4%。99.2% 的受访华侨华人出生地为马来西亚，0.4% 为香港、澳门，0.4% 为中国内地。1.7% 为中国来马 10 年以下的新移民，11% 为中国来马 20 年以下的新移民，8.9% 为当地出生的第一代华人，78.5% 为第二代或二代以上华人。从表 2-22 可以看出，受访华侨华人年龄结构较为平均。本次调查基本以华人为主，华裔占大部分，由于中国人移民马来西亚在 1994 年马国政府进一步开放人员交流后才初步恢复，当地居住时间长的华人占了华侨华人总体的大多数，此次问卷调查的结果以反映华人的意见为主。从受访华人受教育程度看，本次调

---

① 成功回收的问卷已剔除填写内容自相矛盾、大部分内容未完成的问卷，在此感谢暨南大学国际关系学院/华侨华人研究院石沧金老师在马来西亚主持问卷派发与收集工作。

② 华侨华人问卷包含 21 道主题目与 9 道受访者个人信息题，非华裔问卷包含 15 道主问题与 7 道个人信息题，主问题涵盖了华侨华人与非华裔对中国形象认知的各个方面内容。

③ Prime Minister's Office of Malaysia. Current Speeches at SHANGRI-LA Hotel, KUALA LUMPUR, http://www.pmo.gov.my/?menu=speech&news_id=455&page=1676&speech_cat=2.

查稍微倾向反映较高学历人士的意见。有 49.8% 的华人认为自己是社团领袖，50.2% 的人认为自己不是社团领袖，这也反映出大部分马来西亚华人平时关心与参与社团事务，积极参与华侨华人社团组织。

表 2-21　受访者国籍结构表

（单位:%）

|  | 中国 | 马来西亚 | 新加坡 | 美国 |
|---|---|---|---|---|
| 华侨华人 | 0.4 | 99.6 |  |  |
| 非华裔 |  | 96.8 | 2.5 | 0.6 |

表 2-22　受访者年龄结构表

（单位:%）

|  | 18~29 岁 | 30~39 岁 | 40~49 岁 | 50 岁以上 |
|---|---|---|---|---|
| 华人华侨 | 59.2 | 13.4 | 23.1 | 4.2 |
| 非华裔 | 97.8 | 1.6 | 0.5 | 0 |

表 2-23　受访者受教育程度结构表

（单位:%）

|  | 小学 | 中学 | 大学及以上 |
|---|---|---|---|
| 华人华侨 | 7.4 | 32.2 | 60.4 |
| 非华裔 | 0.5 | 2.2 | 97.3 |

从职业构成来看，此次调查的受众也不只局限于学生的范畴，他们的观点基本能代表华侨华人社会的总体观点。

表 2-24　受访者职业构成表

（单位:%）

|  | 政府雇员 | 职业人士 | 公司职员 | 私营业主 | 农民 | 学生 | 其他 |
|---|---|---|---|---|---|---|---|
| 华人华侨 | 0.9 | 13.8 | 15.9 | 19.0 | 3.0 | 39.7 | 7.8 |
| 非华裔 | 2.7 | 4.9 | 2.2 | 0.5 | 0.5 | 89.1 |  |

从来往中国的频率看，虽然中马交通比较便利，但是仍有接近一半的华侨华人从未去过中国，因此有必要扩大中马人员交流，让马来西亚华侨华人更直观准

确地体验中国的发展与现状。

表 2 - 25 受访华侨华人来往中国频率

（单位：%）

| 一年两次及以上 | 约一年一次 | 两至三年一次 | 更长时间一次 | 从未去过 |
| --- | --- | --- | --- | --- |
| 10.1 | 9.2 | 13.0 | 19.7 | 47.9 |

　　马来西亚的非华裔人士，主要是马来人，也有小部分印度人及其他族裔人士。本次调查中，男性非华裔占 26.5%，女性占 73.5%；从年龄、职业结构与受教育程度看，本次调查中非华裔的情况主要反映青年的意见。97.8% 的非华裔受访者年龄为 18～29 岁，他们的认知更加能代表马来族新生代的观点，他们对华侨华人以及中国的看法，正可以作为华人的中国形象观的变量因素，提供丰富的研究材料。从调查结果可以看出，69.9% 的非华裔人士拥有华人朋友，拥有 10 个及以上华人朋友数量的非华裔人士占 24%，没有华人朋友的占 30.1%。由此可见，在马来西亚历届政府的倡导下，尽管各族群之间的交流有所提升，并取得一定的成效，但从整体的效能来看，华人与其他族裔民众之间的跨族群交往仍有较大的进步空间。

表 2 - 26 受访马来西亚非华裔人士的华人朋友数量

（单位：%）

| 10 人及以上 | 5～9 人 | 3～5 人 | 1～2 人 | 没有 |
| --- | --- | --- | --- | --- |
| 24.0 | 11.5 | 10.9 | 23.5 | 30.1 |

# 三、 当代马来西亚华人对中国形象认知的调查结果

## （一）当代马来西亚华人对中国文化形象的认知

　　为了解海外华人对中国文化的认知，本课题组事先在暨南大学华文学院和国际学院的各国留学生中进行开放式问卷调查，让他们填写最能代表中国文化的符号。经过编码和统计分析，我们选出最多人填写的 13 个符号，包括中国书法、中国功夫、孔子、龙、春节、中国旗袍、中国汉字、饺子、京剧、红色、长城、北京、故宫。这些符号大体可以分为器物文化与观念文化两类。

　　随后，本课题组设计了两道题目来了解海外华人和当地其他族裔对中国文化的认知及熟悉程度："您认为以下哪些符号最能代表中国文化？"（多选）以及"在这些中国文化符号中，您最熟悉的是哪一个？"

从马来西亚华人的调查结果看（见图 2-3），受访华人选择代表中国的元素最多的是书法（78.9%）、汉字（68.6%），其次是龙（51.2%）、中国功夫（47.9%）、春节（46.7%）、孔子（44.6%）等观念文化元素。马来西亚保存着海外最完整的华文教育体系，当地华人对于中华文化的保存固然功不可没，但中国经济快速发展激发的汉语热及中国政府多年来推行孔子学院及华文教育的努力也贡献良多。同时，华人也把春节等中国传统节日带到世界各处，让外国人也享受到中华节日的喜悦，分享中华节日传统。而饺子、长城、北京、故宫等器物文化元素则由于相当部分马来西亚华人（47.9% 的受访者从未到过中国）长期没有回到祖籍国而显得陌生。通过两组数据对比，书法、功夫、旗袍与长城处于最多人认可的代表中华文化的符号之列，但是他们的熟悉度远远低于他们的认可度，所以，这些符号可作为对华人文化宣传、旅游服务的持续发展点，加强总体设计规划，让他们能更深刻地了解中国文化。

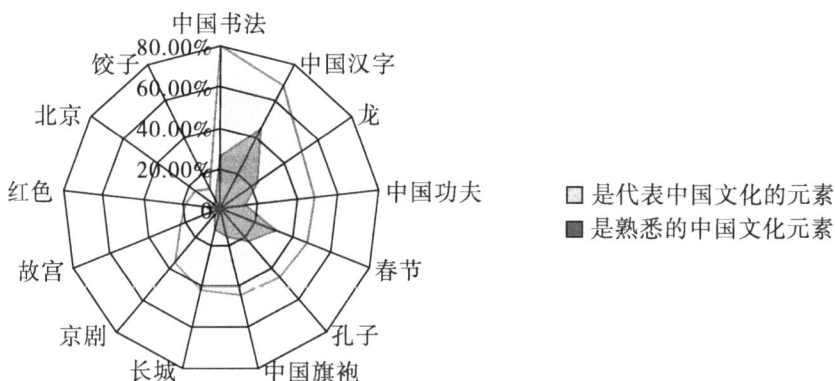

图 2-3　马来西亚华人对中国形象元素分析（多选）

近年来，大熊猫作为较为特殊的形象元素，在中马交往中产生较大影响。2012 年 3 月，马来西亚前首相纳吉布访问中国南宁时，马中两国敲定租借大熊猫一事，并于 2013 年 6 月签署协议，中国正式批准租借"福娃"和"凤仪"予马来西亚，为期 10 年，以纪念马中建交 40 周年。大熊猫于 2014 年 5 月 21 日抵马，后取名为"兴兴"和"靓靓"，2015 年 8 月 18 日产下第一胎熊猫宝宝"暖暖"，"暖暖"满一岁时马来西亚发行了绿色底版的纪念邮票。2018 年 5 月 26 日，"兴兴""靓靓"的第二个宝宝在马来西亚国家动物园首次公开亮相，吸引大批民众观看，用时任中国驻马来西亚大使白天的话说"给马来西亚人民带来欢乐，为中马友好带来福音"①。

而马来西亚华人是通过什么渠道了解中国情况的呢？通过图 2-4 我们可得知：由于现代科技的发展，网络已经成为华人了解中国信息的最重要渠道。近年

---

① 旅马大熊猫"兴兴"与"靓靓"第二胎取名"谊谊"，象征中马友谊；2021 年 5 月 31 日，第三胎宝宝在中马建交 47 周年纪念日诞生。

来，随着互联网和信息技术革命的发展，新兴社交媒体成长为与主流媒体和传统媒体实力不相上下的媒体力量，正全方位、立体化地渗入、重塑着人们的生存环境和日常政治生活，改变着人们的交往条件和社会的政治生态。据估计，截至2019年，马来西亚活跃于互联网的人数达 2 584 万人，占总人口的 80%，活跃于社交媒体的人数达 2 500 万人，占 78%。[①] 其中，华人中很大一部分都是网民，特别是华裔青年，他们不仅广泛使用 Facebook、Twitter 或 YouTube 等英文社交平台，还活跃于微信、微博、小红书等中文社交平台。由于互联网和社交媒体具有信息交互传播的特性，改变了马来西亚人的信息获取方式，因此他们作为信息生产和传播的媒介，既可以传播一个正面的中国形象，也可以对中国形象加入自己不同的理解。社交媒体和互联网日益成为国家形象传播的主流方式，如何协调这部分中介变量，发挥马来西亚华人在国家形象的传播和塑造过程中的地位与作用，也是非常考验中国政府的一个任务。

除此之外，图书、电视、报纸、电影、杂志等传统媒体也是华人了解中国信息的重要途径，且学校教育、社团活动、广播仍可发挥一定作用，说明华人已经不囿于通过身边的亲朋好友了解中国的信息了。

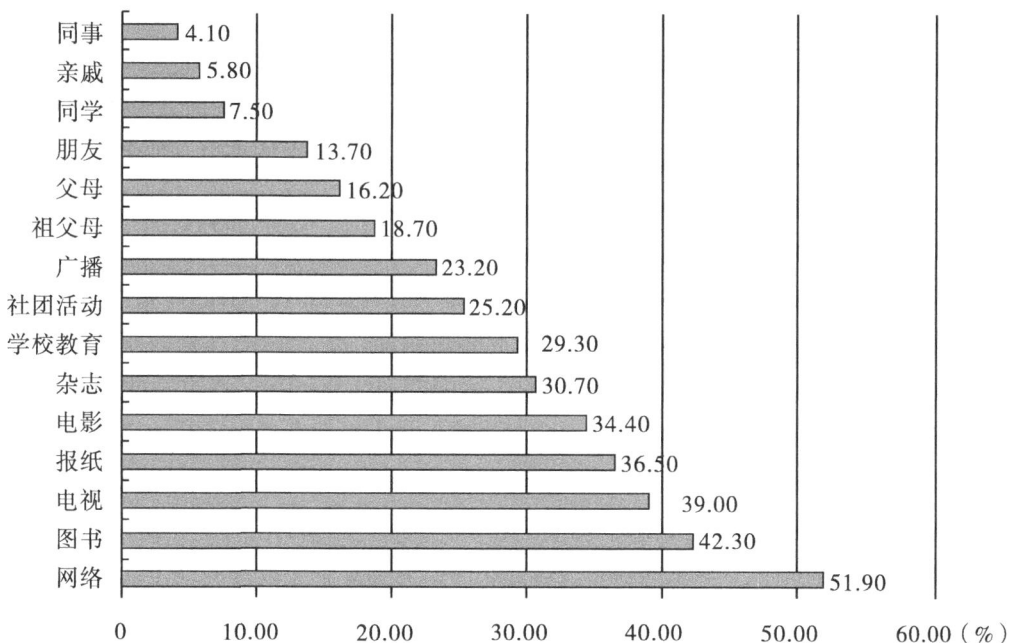

图 2-4 马来西亚华人了解中国文化或艺术的途径（多选）

---

① 数字马来西亚：《2019 年马来西亚网络数据调查》，http://www.199it.com/archives/833959.html，2019年 3 月 6 日。

马来西亚华人文化的最大特色是既传承中国文化的精髓，又在马来西亚的土地上生根发芽，与其他族群文化多元融合、包容发展。马来西亚华人不但认同中国文化、熟悉中国文化，且认为中国文化对其工作、生活都有较大影响。当被问及中国传统价值观对工作与生活的影响程度（低至高为 1~5 分）时，结果如下：

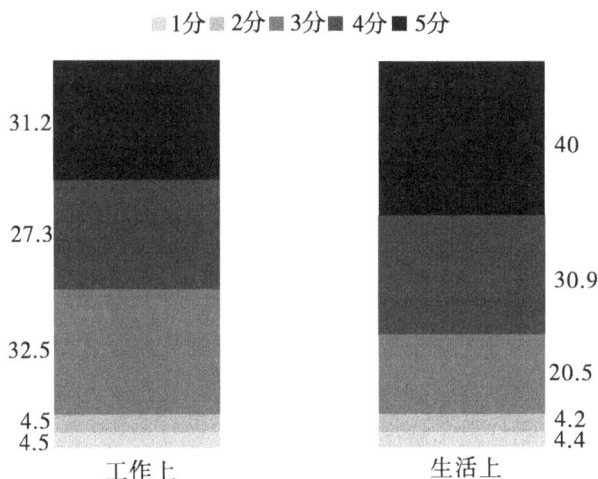

图 2-5　马来西亚华人认为中国传统价值观对其影响度（百分比）

　　就中国传统价值观对工作的影响，选 3 分（60% 分值）以上者达 91%；就中国传统价值观对生活的影响，选 3 分以上者达 91.4%。总体来说，人多数华人认为中国传统价值观会影响到他们的工作、生活，以至在所在国的生存发展，而他们在工作、生活中也必定会表现出某些中国传统价值观。而且从图 2-5 中可以看出，中国传统价值观对华人在生活上的影响度，比在工作上的影响度要高。20 世纪末马来西亚的新经济政策要求企业必须雇佣一定比例的马来族职员，在工作环境中，华人必须尊重其他族裔的生活习俗与文化，在多族群文化的交流中，其他族裔的文化对华人产生了一定的影响，华人也主动吸收了其他民族的文化，兼收并蓄；但回到家庭中，华人多数时间是在单一文化中生活，在家庭环境中保存着较为完善的中国文化。

　　就华文教育来说，马来西亚华人曾经长时期为提高华文教育的地位而进行坚强不屈的斗争，其代表人物林连玉作为马来西亚华人的"族魂"被后人永志纪念。从 1951 年反对《巴恩报告书》开始，马来西亚华文教育抗争运动贯穿于反对各项教育报告书与教育法令、反对 3M 课程制度、反对华小集会用语事件、反对综合学校、反对宏愿学校等抗争中。多年来，华文教育运动在长期反对单一语文教育制度、抗拒种族主义压迫政策的实践中，不仅继承了先贤们坚定不移维护华文教育的立场，更能与时俱进、创造性地发展了华文教育运动的内涵和论述。当被问及华族小孩学习中文对未来取得成功是否重要的时候，选择"非常重要"

（64.60%）与比较重要（25.80%）的华人加起来超过九成，这说明了绝大多数华人十分重视华文教育，希望后代能把中华文化传承下去。

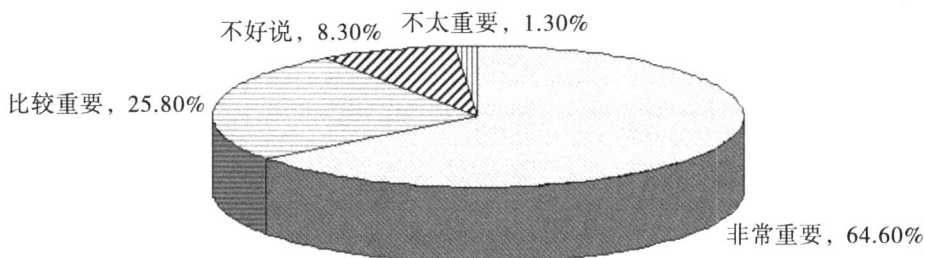

图 2 - 6 马来西亚华人认为小孩学习中文对未来取得成功的重要性

### （二）当代马来西亚华人对中国经济形象的认知

经过 40 多年的改革开放，中国取得了举世瞩目的经济成就，成为世界第二大经济体、世界第二大进口国与第一大出口国。中马经贸往来日益频繁①，总体来说，华人认同中国经济发展道路，希望分享中国经济发展带来的成果。根据2019 年新加坡尤索夫伊萨东南亚研究院发布的《东南亚态势（2019 年）》报告显示，78% 的受访马来西亚民众认为中国在东南亚地区经济影响力最大。

当马来西亚华人被问及近三十年来中国经济快速增长的主要推动因素是什么时（可多选），得到的结果如图 2 - 7 所示，经济模式、劳动力资源、科技创新分列前三位，认可度分别为 76.7%、49.6% 和 46.3%。这说明，以改革开放和市场经济为特征的中国发展道路在马来西亚华人心中得到较高认同，劳动力资源、科技创新也被他们看作中国经济快速增长的重要因素。值得注意的是，我们一直强调的制度优势，在受访者中认可度不高，低于科技创新 13.4 个百分点。这说明，有关中国经济增长的制度原因，需要在对外话语传播中予以清晰的介绍，努力增进中国与华侨华人在这方面的共识，拓宽双方的共有经验场。②

---

① 2021 年，中国已连续 13 年成为马来西亚最大贸易伙伴，连续 5 年在制造业领域成为马来西亚最大投资国，双边贸易额在现今多重挑战下逆势增长，且持续推进"两国双园"等重点项目。另外，随着马来西亚国门开放、区域全面经济伙伴关系协定（RCEP）的生效，中马将相互实施协定税率，有助于促进两国的产业转型升级。中华人民共和国外交部：《中国连续 13 年成为马来西亚最大贸易伙伴》，https://www.fmprc.gov.cn/web/wjdt_674879/zwbd_674895/202206/t20220611_10701953.shtml，2012 年 6月 11 日。

② "经验场"（Field of Experience）即一国的历史、文化、习俗以及以往外交经验等因素如何影响此国与他国形象传播的能力。传播过程中每个国家都会把自己独特的经验场带入其中，这些经验往往影响到两国的国家形象传播。详见［美］理查德·韦斯特、林恩·H. 特纳著，刘海龙译：《传播理论导引：分析与应用（第二版）》，北京：中国人民大学出版社，2007 年，第 15 页。

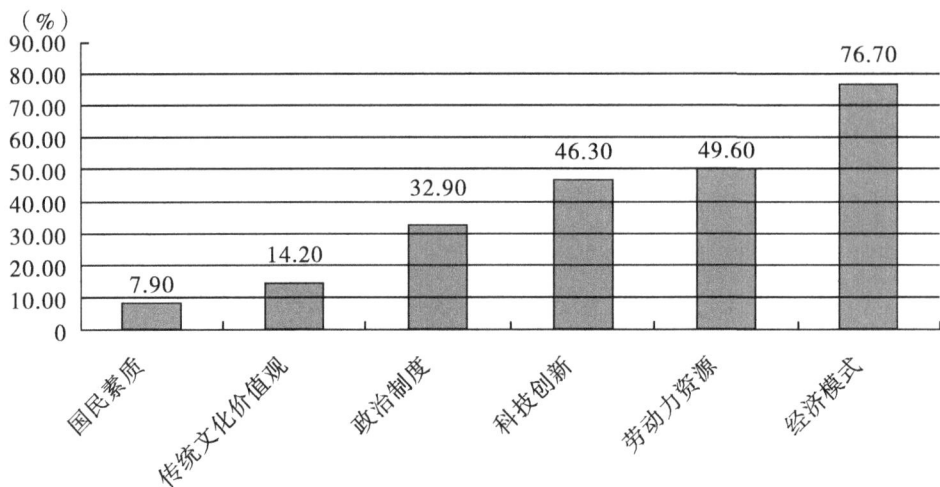

图 2-7　马来西亚华人心中近三十年来中国经济快速增长的主要推动因素（多选）

　　而从图 2-8 可以看出，接近一半的马来西亚华人曾经参与对中国的募捐，这表明他们十分关心祖籍国民众的生活状况。有接近四分之一的华人接待过中国访问团，这个数字与华人到中国参加类似活动的数字相近，中马社会团体接触较为频繁。但在涉及官方邀请的访问中，马来西亚华人就显得比较谨慎，仅有 5.4% 的华人表示他们曾应中方邀请访中，而且官方邀请的活动大多为商业投资洽谈活动。从图中可以看出，中方对应邀来华商人的政策吸引还是卓有成效的，大多数参与洽谈的商人愿意在中国投资，这也反映了他们积极参与中国的经济建设，在合作互利的大背景下，他们也放心其资本投资在中国市场之中。最后，在响应中国各级政府呼吁，担任中国各级政府顾问方面，马来西亚华人的态度更为保守。在马来西亚当地政治、文化等的压力影响下，他们对参与中国政府的顾问项目持小心谨慎的态度。这说明，官方在引导华商参与经济建设的过程中，既要充分考虑华商的特殊性，注重情利等值原则，又要考虑华商在住在国可能面临的政治和法律风险，大力搭建中小华商项目对接公共服务平台，以让华商在参与"一带一路"建设中情利双收，实现共赢。

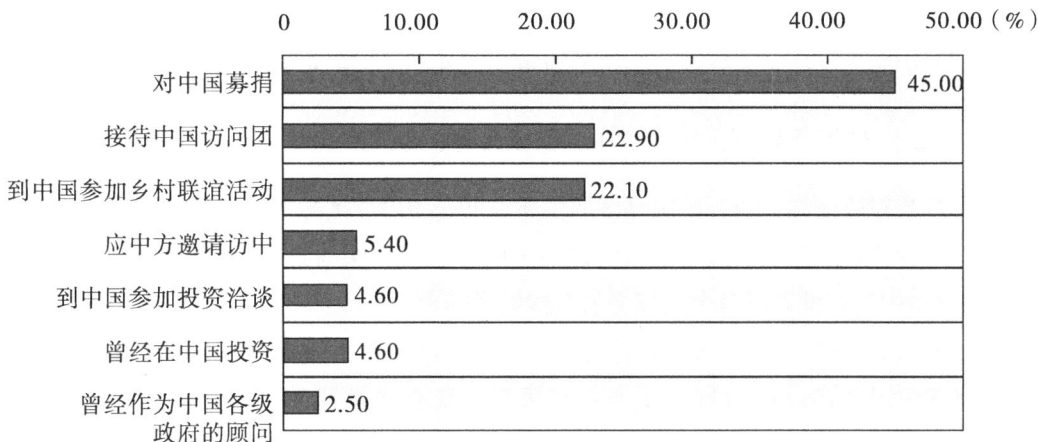

图 2 - 8　马来西亚华人曾经参与的中国交流活动

　　在纳吉布总理任期内，中马经济往来频繁，投资贸易蓬勃发展。碧桂园计划总投资 2 500 亿元人民币，为期 20 年的森林城市项目在 2016 年获得马来西亚的免税区政策；① 2017 年吉利收购马来西亚宝腾汽车品牌，阿里巴巴在马来西亚启动世界电子贸易平台等。中国国企也在"一带一路"倡议的号召下参与马来西亚基建与制造业，例如 2013 年招商的马中关丹产业园，2016 年的马六甲皇京港，2017 年的马来西亚东海岸铁路等。2016 年，据马来西亚民意调查机构默迪卡中心的问卷调查报告显示，70% 的受访者认为中国对马来西亚当地的投资是有益的（华人 76%，马来人 65%），约 80% 的受访者认为中国正对马来西亚发挥出积极的影响力。② 这体现了我国以现实行动履行"亲诚惠容"的睦邻友好政策与"一带一路"共赢战略在马来西亚取得积极反响。

　　2022 年 11 月 24 日，刚就任马来西亚总理的安瓦尔就表示，"中国是一个非常重要的邻居，加强与中国的贸易、投资和文化合作将是新政府首要任务之一"。他强调，"中国对于马来西亚经济而言非常关键"③。2022 年 3 月 18 日，区域全面经济伙伴关系协定（RCEP）对马来西亚正式生效，中马之间相互履行 RCEP 市场开放承诺和各领域规则，将进一步提升两国贸易投资合作水平，为两国企业和消费者带来更多红利，也将有利于区域产业链供应链优势互补、深度融合，为

---

① 人民网：《碧桂园森林城市获马来西亚免税区政策》，http://house. people. com. cn/n1/2016/0308/c164220 - 28181847. html，2016 年 3 月 8 日。

② 美国之音：《马来西亚人如何看待中国投资》，https://www. voachinese. com/a/china - malaysia - 20170710/393h1h9. html，2017 年 7 月 10 日。

③ 大公报：《马来西亚新总统安瓦尔强调：中国很关键》，http://www. takungpao. com/news/232111/2022/1125/790735. html，2022 年 11 月 25 日。

区域经济增长作出新贡献。① 总体而言，由于中马互为重要战略合作伙伴，由经济相互依赖带来的政治红利，仍为构建更加良性的中国形象带来契机。

### （三）当代马来西亚华人对中国安全形象的认知

改革开放以来，随着中国经济的快速发展，中国在国际上的影响力也在迅速上升。为了解海外华人对中国国际影响力的看法，本课题组设计了这样的问题："您觉得中国在世界舞台上发挥了怎么样的影响力？"

如图 2-9 所示，多数华人肯定了中国在国际舞台上发挥的正面作用。受访者认为中国在国际舞台发挥了非常积极和有点积极的影响力的比例分别达到37.40% 和 41.20%，非常消极和有点消极的比例仅为 0.80% 和 3.80%。他们比较肯定中国的外交政策及成果。74.2% 的华人对"中国形象"给分在 60 分以上，24% 的华人给分在 80 分以上，他们总体对中国形象还是比较满意的。

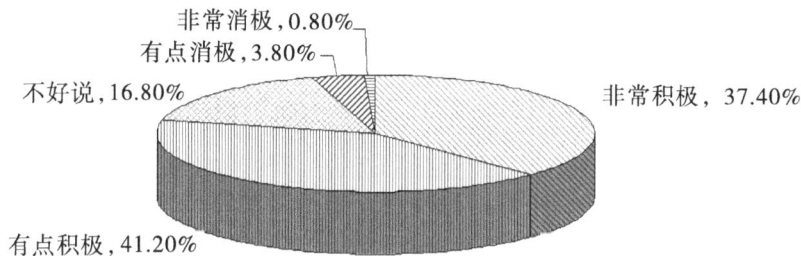

**图 2-9 马来西亚华人心中中国在世界舞台上发挥的影响力**

由于各种历史原因，中国到现今还未完全实现国家统一。在关于支持中国统一的态度方面，马来西亚华人持有较为积极支持的态度。42.90% 的受访者表示支持提倡中国统一的活动或组织，42.40% 不确定是否支持，只有 14.70% 的受访者表示反对。数据显示，在大方向宽层面上，马来西亚华人支持中国统一的信念与进程，认为祖籍国实现统一是有利于各方利益的。而结合上文分析，逾八成华人认为中国在国际舞台上发挥了积极的作用，他们也相信中国政府有决心、有能力、有方法去实现统一，并在地区和平与发展事务中维持这种积极作用，以智慧的方式解决统一问题。

---

① 中华人民共和国外交部：《王毅：中马关系设定新目标、明确新重点、迈上新台阶》，https://m.thepaper.cn/newsDetail_forward_18992058，2022 年 7 月 13 日。

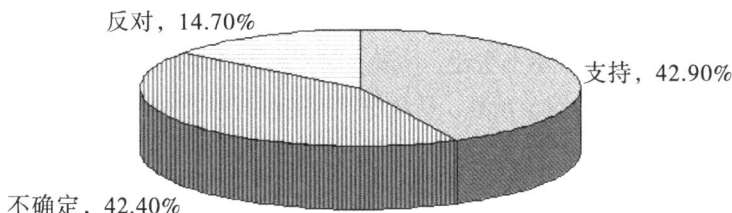

图 2-10　马来西亚华人对提倡中国统一的活动或组织的支持率

## （四）当代马来西亚华人对中国政府形象的认知

### 1. 对中国政治制度方面的软实力有所保留

中国的政治制度在马来西亚华人心中是怎样的呢？当被问到对中国当前的政治制度及发展道路能否很好地为其国民服务的观点时，从调查结果看，只有33.5%的人认为能，17.4%的人认为不能，49.2%的人选择"不好说"。这说明，在2011年，有相当一部分马来西亚华人对中国政治制度方面的软实力有所保留，他们对中国经济增长带来的财富分配、社会福利、公平公正等问题尚有疑虑。

### 2. 华人和马来人欢迎中国侨务部门的活动

国务院侨务办公室是中国政府负责侨务工作的部门。可以说华人与其他普通马来西亚国民接触最多的中国政府部门就是国务院侨务办公室了。为了了解华人和马来人对中国侨务部门活动的看法，以便更好地开展国外侨务工作，有必要对他们的看法进行调查。

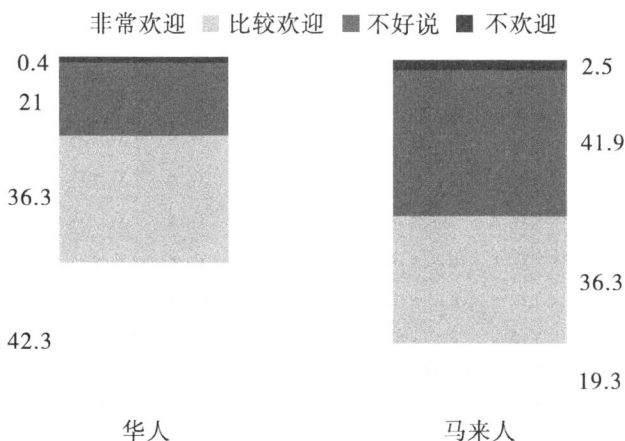

图 2-11　华人与马来人对中国侨务部门活动的看法（百分比）

调查结果显示，78.6%的受访华人表示欢迎，只有0.4%的受访华人表示不欢迎，这说明他们绝大多数欢迎中国侨务部门在马来西亚进行交流活动。同时，他们也了解与认可中国侨务部门开展的一些相关活动。而55.6%的马来人欢迎中国侨务部门活动，只有2.5%的马来人表示不欢迎。马来人对中国侨务部门活动的欢迎度比华人要低，这对侨务部门活动的对象预测、受众划分、舆情管理等方面提出要求。

当被要求对中国侨务部门活动认可度进行评分（1~5分，5分为最高分）时，得到结果如下：

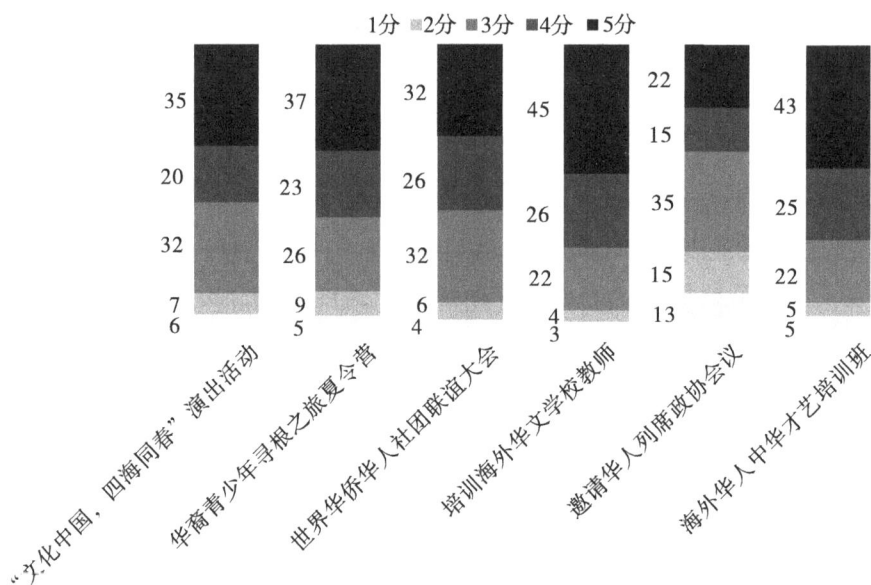

图2-12 华人对中国侨务部门活动的评分（百分比）

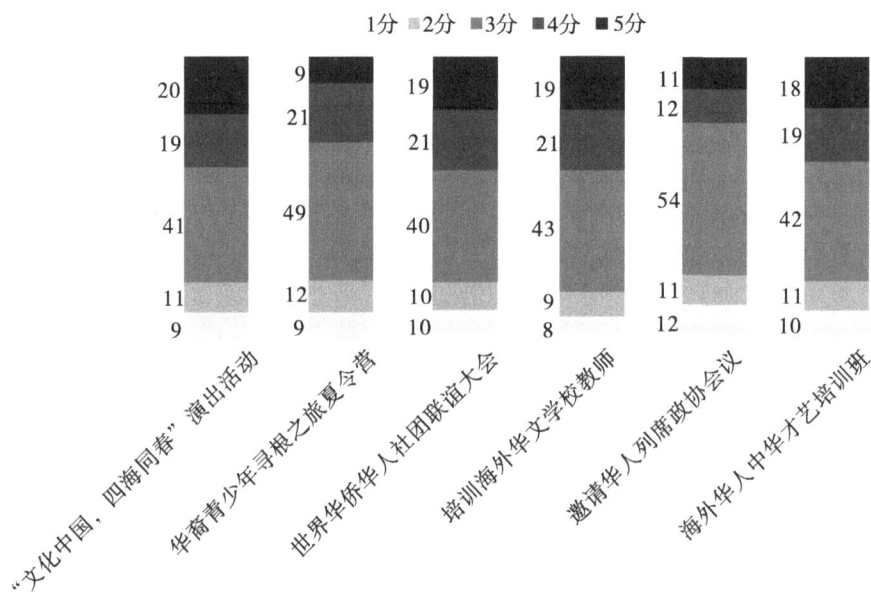

图2-13 马来人对中国侨务部门活动的评分（百分比）

大多数华人对活动的认可度都在 3 分以上，华人最为支持的活动是培训海外华文学校教师和举办海外华人中华才艺培训班。一方面，此两项内容可以帮助他们保留与发展比较完整的中华文化；另一方面，在其他族裔之中也兴起一定程度的中文热，华文教育的普及，华人才艺的展现，一定程度上为华人的社会地位提供坚强支撑。但是基于政治现实因素考虑，华人对"邀请华人列席政协会议"一项，还存在一定担忧与保留，所以邀请马来西亚华人列席政协会议等政治性活动要慎重。而马来人对侨务部门针对华社组织的活动总体支持，但他们大多评分中等，相当部分受访者持不反对的观望态度，值得提出的是，他们对"邀请华人列席政协会议"与"华裔青少年寻根之旅夏令营"两项明显持保留态度。

### （五）当代马来西亚华人对中国国民形象的认知

当受访华人被问到哪些因素是近三十年来中国经济快速增长的主要推动因素的时候，在 2011 年只有 7.90% 的华人认为国民素质应该被列进主要推动因素之内，从这点可以看出马来西亚华人对中国的国民素质评定仍有所保留。相信随着两国民众交往的日益增多，致力于和平发展的中国人会更自信地在世界舞台上展示自身，届时华人也会体验到中国国民素质的加强。而且随着越来越多的马来西亚留学生到中国求学，他们在假期或学成归国后都可以传播中国国民形象，让马来西亚民众更深入地了解到改革开放后，中国在物质文明、社会文明、精神文明、生态文明、政治文明上取得的成就，以及这些成就的缔造者——中国国民的综合素质与能力。

在民间外交层次，近十年来中国在马来西亚华人中较具影响力的事件包括羽毛球比赛中的"林李大战"。马来西亚羽毛球运动开展较为广泛，得到许多民众的喜爱与关注。李宗伟作为运动员为马来西亚获得了多项国际荣誉，被授予"拿督"称号。林丹与李宗伟总共在世界赛场上交手 40 多次，两人既是对手，也是朋友，相互竞争，相互提升。这是体育赛场上，中国与马来西亚既睦邻友好又竞争摩擦的一种缩影。2013 年林丹与李宗伟的比赛在广州天河举行，近万人在炎夏炙热的气候条件下，齐声为受伤的李宗伟加油。[1] 这见证了中马人民之间的友谊。

---

[1]　新浪网：《李宗伟伤退万人高呼他名！已被急救车送往医院》，http://sports. sina. com. cn/o/2013 - 08 - 11/22286719007. shtml，2013 年 8 月 11 日。

# 三、 马来西亚华人在中国形象建构中的作用

## （一） 马来西亚华人介绍真实的中国

为了解马来西亚华人在介绍中国信息方面的作用，本课题组针对华人和其他族裔分别设计了两道题目："您的朋友、邻居或者同事是否曾经通过您了解以下有关中国的事项？""您是否曾经通过您的华人朋友、邻居或者同事了解以下有关中国的事项？"

从调查结果看（见图2 - 14），马来西亚华人在介绍中国文化或艺术、经济发展和现状，传播中华价值观等方面发挥了重要作用。值得注意的是，或许出于敏感性的原因，马来西亚华人在介绍中国政治发展和现状的情况时作用稍逊。但是在其他多项指标上，马来人认为通过华人了解中国的比例，比华人认为自己介绍了中国的都要高，说明很多时候华人在无意识中就已经介绍了中国，他们已经作为传播中国形象的载体，或者说媒介，在建构中国形象的过程中发挥作用。

图2 - 14　华人介绍中国与马来人通过其了解中国的对比

## （二） 华人改变马来人对中国的看法

了解真实的中国是国家形象构建的第一步，而让受众产生态度上的积极改变才是国家形象建构的关键。为此，本课题组也尝试调查马来人在与华人的交往或接触后，他们对中国的看法是否发生转变。从调查结果看，与华人交往或接触后，马来人对中国的看法发生正面变化的比例达到43.5%，没有变化的比例为48.4%，仅有8.2%出现负面变化。这表明华人已经成为改变马来人对中国看法的重要力量，需要推动当地华人发挥更积极的作用，让更多马来人了解中国的真实情况与观点。

在新冠疫情暴发后，马来西亚也面临较大防疫压力。疫苗研发成功后，马来西亚对各国疫苗采取开放政策，美国辉瑞、中国科兴、英国阿斯利康先后得到进口许可。马来西亚华人为中国疫苗投了赞成票和信任票，争相去打中国科兴疫苗。据马来西亚《星洲日报》报道，2021 年 7 月 1 日，马来西亚马六甲市区一名 100 岁的华人女性在当地的汉都亚礼堂的疫苗接种中心接种第一剂科兴新冠疫苗，成为该接种中心甚至是全马六甲最年长的接种者。① 由此可见，马来西亚华人对中国疫苗的信任度较高。值得指出的是，在华人的宣传讲解与切身带领下，更多马来人也倾向于打中国疫苗。中国外交部也在马来西亚开展了"春苗行动"，为海外中国公民接种国产或外国疫苗，该举措体现了中国对广大海外侨胞、留学生和中资机构人员的重视与关爱，同时在中国国内为马来西亚公民提供免费疫苗的相应待遇。中马之间在抗疫方面开展了多方面、富有成效的合作。比如，马来西亚政府模仿中国抗疫模式，建立了方舱医院，为病情轻微者提供服务，减缓医疗系统的压力。占马来西亚总人口四分之一的华侨华人，在中马疫情防控合作方面发挥了积极作用。

那么，马来人对华人的印象究竟如何？通过本课题组调查（见图 2 - 15），发现华人给马来人的印象主要是"会做生意""勤劳的""扎堆的""聪明的"和"说话大声的"。马来西亚新经济政策以及系列对马来人倾斜的政策实施后，新生代马来人普遍已经不觉得华人的财富会大幅度超越马来人，仅有一成多的新

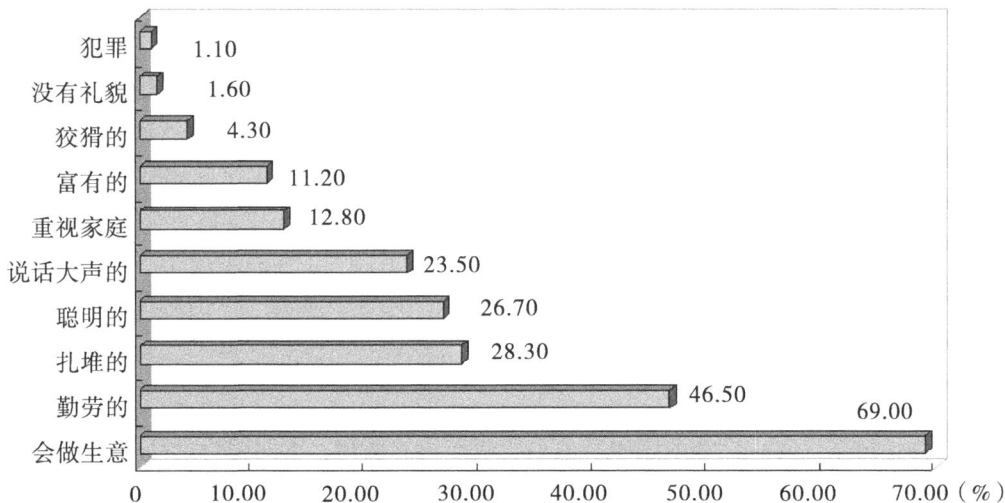

图 2 - 15　马来人心中的华人印象

① 中国新闻网：《马来西亚一疫苗中心迎最年长者，百岁华人老妇参与接种》，https://baijiahao.baidu.com/s?id=1704059444263318005&wfr=spider&for=pc，2021 年 7 月 1 日。

生代马来人认为华人是"富有的"。值得提出的是，比较少年轻马来人认为华人是"犯罪""没有礼貌""狡猾的"，华人对其他族裔展示的总体印象良好。华人源自中国，经历了长期艰苦的社会斗争过程，他们在马来人心中的形象有所提升，他们对中国形象的理解与阐释，也会得到非华裔更多的谅解与信任。

### （三）华人纠正马来西亚媒体的错误报道

本课题组也调查了华人对所在国主流媒体有关中国报道的看法，以及他们是否会对不真实报道采取行动。从调查结果看（见图 2 - 16），45.10% 的受访者认为马来西亚主流媒体对中国的报道完全客观或比较客观，有 42.90% 的受访者不表示态度，另有 12.00% 的受访者认为有点不客观或者完全不客观。而在这 12.00% 的受访者中，针对媒体对中国的不真实报道，45.2% 的受访者表示如果有机会，愿意采取行动予以纠正，30.6% 不表示态度，不愿意纠正的只有 24.2%。这显示，马来西亚相当部分华人对马来西亚媒体对中国的报道的客观程度存在保留，他们可以在纠正主流媒体的错误报道方面发挥作用。

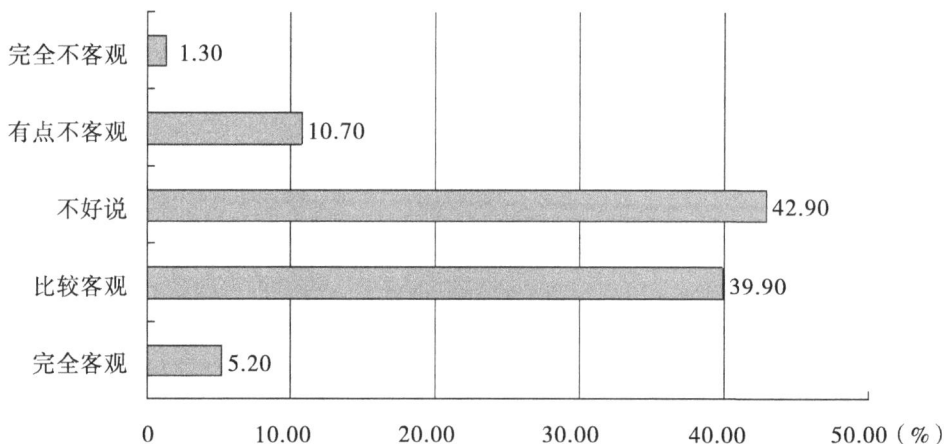

图 2 - 16　在马华人就马来西亚主流媒体对中国的报道的客观程度认可率

### （四）华人充当友好使者

为了解华人对他们在改进中马关系所起作用的认知，本课题组设计了系列问题进行调查（见图 2 -17）。当被问及华侨华人是否能促进中国与其住在国的关系时，给出 3 分以上的有 89.10%，大部分马来西亚华人都认为他们能促进中国与马来西亚的联系。而马来人给出 3 分以上者占了 87.00%。除了小部分保守的马来人继续固执己见，更多新生代马来人对华人的态度更加开明。而在问及是否赞成华人加强与中国关系时，78.00% 的华人选择赞成，18.80% 表示不好说，反对者只有3.20%，说明大部分华人还是希望加强与祖籍国的各项交流互动，分享中国经济发展带来的成果。

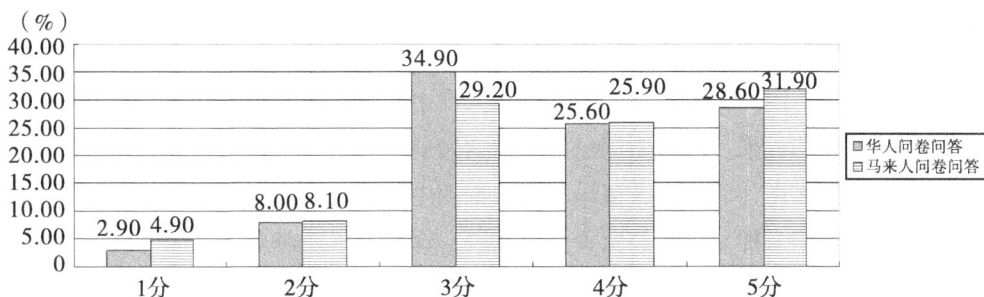

图 2-17 对"华侨华人能促进中国与您所在国的关系"说法的认可程度

本课题组针对马来人也问了他们对于华人与中国联系对哪方有利的看法，由于马来西亚在经济上长期对马来族倾斜，马来族在国家经济中的中层阶级大增，他们对华人的看法也相对宽容了。认为华人加强与中国的关系，对马来西亚有利的有12.40%，认为对双方都有利的达67.6%，也就是说，八成马来人都赞成华人在一定范围内加强与中国的沟通交流。

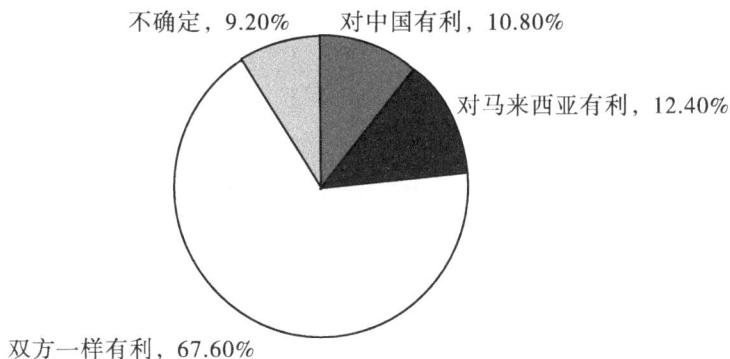

图 2-18 马来人对华人加强与中国的关系的看法

综上所述，本节通过定量分析总结出当代马来西亚华侨华人对中国形象的认知：文化上认同中华文化，认为中华文化对他们的生活、事业产生很大影响，他们也高度肯定了华人后代学习中文的重要性；经济上认同中国经济发展取得的成绩，踊跃回到祖籍国参与乡情联谊、投资洽谈等经济建设活动，并有进一步参与其中的意向；安全上认为中国在国际舞台上总体扮演积极的角色，总体支持祖籍国和平统一进程，并且相信中国政府有能力最终完满实现国家统一；政治上他们对中国的软实力状况有所保留，在对中国的发展成果能否惠及普遍国民的问题上，普遍仍存在保留的态度；国民素质上，由于缺少实地了解，他们对祖籍国国民素质认识也持保守的态度，但还是作出一定程度上的肯定。

通过对调查问卷的分析，在以后的侨务工作中，我们要充分利用网络、图书、电视、报纸等手段，借助华人社团和华文学校、华文媒体的平台，传播中华文化，加强文化侨务工作，发挥华人的作用，促进文化交流与认同。特别是要加强中国发展道路的宣传工作，让更多的马来西亚华人切实地感受到中国发展前进的方向与成果。同时，要重视发挥华侨华人在中马经贸关系中的作用，让其分享中国经济发展的成果。随着中国经济的快速发展，华人在中马经贸关系中发挥着越来越积极的作用，而马来人也乐见华人推动中马关系的发展。因此，我们应该鼓励马来西亚华人推动中马经贸关系的发展，这种共享经济发展成果的纽带，能成为马来西亚华人在建构中国形象过程中持续发挥正面作用的最有效动力。通过对 2011 年后马来西亚华人认同相关研究分析得出，中国的发展已经成为马来西亚华人对中国认同的一个非常重要的变量，在中国的国家财产（国企与熊猫等）、法人代表（公司与学校等）、个人旅客赴马来西亚与当地交流的过程中，如何讲好中马合作故事，与当地利益实现共赢，是后续研究的一个重点。

# 第三章　共同发展与权益维护：海内外中华儿女共同体建构的利益一致性

　　海外侨胞中华民族共同体意识建构的关键在于扩大公约数，即在尊重包括侨胞在内的海外同胞与中国大陆同胞具有明显差异性的前提下，找到、夯实并扩大民族共同体意识的公约数。我们认为，文化认同、族群认同和共同利益是建构海外侨胞中华民族共同体意识的三大基础。海外侨胞是中国改革开放和现代化建设的参与者、贡献者，也是中国经济发展和中外合作的获益者，而中国政府历来重视海外侨胞的发展和权益维护。

# 第一节 新时代中国发展战略与华侨华人的作用

华侨华人是中国改革开放的重要力量，在推动中国经济发展、科教进步、和平统一及传扬中华文化等方面发挥了独特而重要的作用。作为中国与居住国的桥梁和纽带的海外华侨华人及归侨侨眷，在我国新时期和平发展战略中也发挥着更大的积极作用，具体体现在中华文化传承、中国国际形象的塑造、中国经济转型升级及创新型国家的建设、中国企业"走出去"战略的实施、中国公共外交的参与及"一带一路"倡议和"人类命运共同体"理念的实施等。

## 一、 华侨华人在中国改革开放中的作用

华侨华人是中国改革开放的独特力量。习近平曾指出："中国改革开放事业取得伟大成就，广大华侨华人功不可没。"[1] 学术界就华侨华人与中国改革开放、和平发展进行了相当的探讨，成果也不少[2]，但结合新时代中国发展战略分析华侨华人的作用的成果还不多见。

中国改革开放事业能够取得伟大成就，广大华侨华人的贡献巨大。"华侨华人发挥在资金、技术、管理、商业网络等方面的优势，在中国各地投资兴业，用自己的智慧和汗水，有力促进了中国经济社会发展，有力推动了中国同世界的交流合作。"[3]

---

[1] 叶晓楠等：《新时代：华侨华人大有可为》，《人民日报（海外版）》，2018 年 3 月 5 日。

[2] 参见李国梁等：《华侨华人与中国革命和建设》，福州：福建人民出版社，1993 年；杨学潀主编：《改革开放与福建华侨华人》，厦门：厦门大学出版社，1999 年；任贵祥主编：《海外华侨华人与中国改革开放》，北京：中共党史出版社，2009 年；陈奕平主编：《和谐与共赢：海外侨胞与中国软实力》，广州：暨南大学出版社，2012 年；孙锐等：《海外华商与中国经济发展》，北京：社会科学文献出版社，2018 年；潮龙起主编：《华侨华人与中华民族伟大复兴》，广州：暨南大学出版社，2018 年；赵和曼：《华侨华人经济与中国对外开放》，《八桂侨史》，1994 年第 1 期；谭天星：《华侨华人与中国社会经济发展》，《八桂侨史》，1994 年第 4 期；张秀明：《改革开放以来侨务政策的演变及华侨华人与中国的互动》，《华侨华人历史研究》，2008 年第 3 期；庄国土：《中国价值体系的重建与华侨华人》，《南洋问题研究》，2011 年第 4 期；裘援平：《华侨华人与中国梦》，《求是》，2014 年第 6 期；等等。

[3] 叶晓楠等：《新时代：华侨华人大有可为》，《人民日报（海外版）》，2018 年 3 月 5 日。

### （一）大规模地来华投资，推动了中国经济的大发展

中国改革开放和经济的快速发展离不开广大侨胞的贡献。据中国新闻社发布的《世界华商发展报告》，2009 年全球华商资产达到 3.9 万亿美元。据此推算，2015 年全球华商资产为 5.2 万亿美元。[①] 广大侨胞的贡献体现在投资、侨汇和慈善捐赠等方面。据估计，1979—2017 年间，中国累计利用外资额近 2 万亿美元，其中华侨华人和港澳同胞对中国的投资占有重要地位，一直占中国吸收外资的 60% 以上；中国的侨汇收入从 1982 年的 6.16 亿美元增长到了 2018 年的 674 亿美元，增加了 100 多倍；自改革开放至 2017 年，华侨华人、港澳同胞向中国公益事业的捐赠累计超过 1 000 亿元人民币。[②]

### （二）华裔科学家致力于振兴中国的科技事业

海外华侨华人中有过百万的科技人才。从国外回中国的留学生人数从 2013 年的 35.35 万人增加到 2017 年的 48.09 万人。[③]"海外高层次人才引进计划""长江学者奖励计划""百千万人才工程""国家杰出青年科学基金"等奖励，鼓励海外学者回国。2001—2017 年，"华侨华人创业发展洽谈会"在湖北武汉共举办 16 届，共有来自海外 60 多个国家和地区的 11 000 多位海外华侨华人专业人士和工商界人士与会，共签订引进人才和技术项目 2 500 多个，2 000 余名海外华侨华人高层次人士回国（来华）创新创业。[④]

### （三）促进中国和平统一事业的发展

海外侨胞发挥他们独特的优势和作用，举行各种活动，推动中国的和平统一。由海外侨胞成立的中国和平统一促进会组织已有 170 多个，分布在世界 80 多个国家和地区。近年来面对海内外"台独""藏独""疆独"等势力分裂中国的猖獗活动，世界各地的华侨华人纷纷成立反"独"促统组织，开展形式多样、声势浩大的反"独"促统活动，也充分显示了海外侨胞强烈的爱国主义热情。

---

① 李皖南：《华商经济 2015—2016：温和增长》，陈奕平主编：《2014—2016 年世界侨情报告》，广州：暨南大学出版社，2018 年。
② 张秀明：《21 世纪以来海外华侨华人社会的变迁与特点探析》，《华侨华人历史研究》，2021 年第 1 期。
③ 人民网：《2013 年 35 万人留学人员回国》，http://edu.people.com.cn/n/2014/0530/c1053-25083680.html，2014 年 5 月 30 日；中国新闻网：《2017 年留学回国人数达 48.09 万人再创历史新高》，http://www.chinanews.com/gn/2018/04-17/8492978.shtml，2018 年 4 月 17 日。
④ 中国侨网：《2017 华侨华人创业发展洽谈会简介》，http://www.chinaqw.com/kong/2017/07-04/151071shtml，2017 年 7 月 4 日。

### （四）积极继承和发扬中华民族文化

华侨华人通过遍及世界各地的中餐馆，让全世界认识和享受中华美食，也通过会馆社团把儒家哲学介绍到海外，还通过兴建华文学校、创办华文报刊、出版华文书籍将中国语言、文学、戏曲等传播到异域，而中医药也因他们的努力而得到了东南亚、美国、澳大利亚和欧洲许多国家的承认。

## 二、 新时代中国发展战略及华侨华人的作用

21 世纪以来，和平发展战略成为我国国家发展战略。这既是中国实现现代化和富民强国的战略抉择，也是中国为世界持久和平、共同繁荣作出更大贡献的必由之路。这一战略自实施以来取得了巨大成效，即中国综合国力迅速上升并以自身发展维护和促进世界和平。一方面，我国利用难得的重要战略机遇期，通过争取和平国际环境发展自己，综合国力迅速上升；另一方面，我国建立并推进新型国家间关系，积极参与多边外交活动，推动区域稳定与发展，并以自身发展维护和促进世界和平。当前，中国的和平发展，既面临重要的机遇，也受到严峻的挑战。

6 000 多万名海外华侨华人及 3 000 余万名归侨侨眷是中国国力资源的重要组成部分，在国家发展和对外战略中发挥着独特而重要的作用。党的十八大以来，习近平总书记、李克强总理等党和国家领导人多次强调海外华侨华人与归侨侨眷是我国现代化建设、和平统一、中外交流的独特优势及宝贵资源，在实现"两个一百年"奋斗目标、实现中华民族伟大复兴的伟大进程中"能够发挥不可替代的重要作用"。

2017 年 2 月，在全国侨务工作会议上，习近平对侨务工作作出重要指示："实现中华民族伟大复兴，需要海内外中华儿女共同努力。把广大海外侨胞和归侨侨眷紧密团结起来，发挥他们在中华民族伟大复兴中的积极作用，是党和国家的一项重要工作。"习近平指出："希望侨务战线的同志们坚持胸怀全局、坚持为侨服务、坚持改革创新，以凝聚侨心侨力同圆共享中国梦为主题，当好海外侨胞和归侨侨眷的贴心人，成为侨务工作的实干家，最大限度把海外侨胞和归侨侨眷中蕴藏的巨大能量凝聚起来、发挥出来，为实现'两个一百年'奋斗目标、实现中华民族伟大复兴的中国梦不断作出新的更大的贡献。"李克强总理提出了具体要求："全面贯彻中央侨务工作方针政策和战略部署，按照统筹国内国际两个大局等要求，持续推动侨务工作改革创新，扎实做好各项为侨服务，充分发挥

侨务资源优势，在推动国家经济社会发展、维护和促进国家统一、增进中外交流合作、提升国家软实力等方面发挥更大作用，为全面建成小康社会、实现中华民族伟大复兴作出新贡献。"[1]

我国是侨务资源大国，华侨华人是国家实施和平发展战略、增强国际竞争力和影响力的独特力量。截至 2020 年，海外华侨华人已达 6 000 余万人，分布在全球 198 个国家和地区，国内归侨侨眷 3 000 余万人。全球较大的华侨华人社团逾 2.5 万家，全球华文学校近 2 万所，数百万学生在校接受华文教育，海外华文学校教师达数十万人，海外华人专业人士 400 余万人，全球各类华文媒体 1 000 余家[2]，全球华商企业资产总规模超过 5 万亿美元。[3]

充分挖掘和利用华侨华人中蕴含的政治与外交资源、资本和产业资源、智力资源、文化资源，发挥其沟通中外的桥梁和纽带作用，破解中国创新发展和扩大国际影响力所遭遇的相关困难与障碍，这既是当前党和国家的重大需求，也是亟待解决的迫切任务。

### （一）侨务公共外交与国家形象建构

当前中国国际话语权与大国地位严重不符，国家形象有待提升。中国综合国力逐年上升，但并未赢得相应的国际话语权。长期以来，西方个别国家由于对中国存有偏见，从心理上不能接受中国发展的事实，往往在媒体和舆论中对中国进行刻意歪曲、丑化和妖魔化。而国内媒体实力远不及西方媒体，且传播方式明显单一，构建中国良好国家形象成效不佳。同时，中华文化走出去面临困难和挑战。尽管中国的孔子学院以友善、和谐的姿态，为全世界爱好汉语、喜爱中华文化的人们提供学习的平台和机会，但近年来其在海外的发展遭遇挑战，美国和加拿大几所大学陆续宣布终止与中国孔子学院合作，更有西方批评者进行无端的指责。

近年来华侨华人积极参与中国公共外交，产生了积极的影响。一是华文传媒发挥媒体舆论形成引导作用，评估舆情，为中国提供各种舆情资料，适时进行舆论引导，提升中国国家形象，发挥华侨华人的桥梁作用。例如针对西方媒体歪曲报道中国在东海、南海问题上的立场和做法，海外华文传媒进行了坚决抵制和有力批驳。二是海外华人社团领袖积极开展国际公关。他们熟悉当地文化，利用与

---

① 新华社：《习近平对侨务工作作出重要指示　李克强作出批示》，http://www.xinhuanet.com/politics/2017－02/17/c_1120486778.htm，2017 年 2 月 17 日。

② 人民网：《走进国侨办　四位副主任谈侨务》，http://paper.people.com.cn/rmrbhwb/html/2014－04/12/content_1414072.htm，2014 年 4 月 12 日。

③ 侯志强、叶新才、陈金华等：《华侨华人与侨乡发展》，北京：社会科学文献出版社，2018 年，第180 页。

当地政府和主流社会的人脉关系，有力地维护中国国家形象。三是海外华人在住在国积极开展各种文化活动，推广中华文化，塑造文化中国形象，增进文化互信，让更多的当地民众了解和理解中国。

### （二）侨务资源与国家安全维护

当前海外民族分裂势力猖獗，海外利益屡受侵犯，对国家安全构成严重威胁。第一，海外民族分裂势力威胁我国国家安全及和平统一。近年来海外"疆独""藏独""台独"等民族分裂势力呈日渐活跃态势，并借助西方部分国家及团体的反华力量，不断挑动民族、国家和海外华社的分裂，扭曲中国国家形象，损害其住在国与中国的友好交流关系，破坏了广大华侨华人正常的生存发展环境。第二，随着我国公民和企业"走出去"的规模与区域不断扩大，中国海外利益保护任务日益繁重和紧迫。截至 2013 年底，我国有 1.53 万名投资者，在境外设立企业近 2.54 万家，分布在全球 184 个国家和地区；海外中国新移民数量也已超过 1 000 万。[1] 由于一些国家政治局势动荡、法律制度和保护措施不全，加上海外中国新移民和华商与住在国政府和民众因经济竞争和文化差异而产生的矛盾，世界不同地方不时上演排华骚乱，严重危及中国的海外利益和侨民的人身财产安全。2013—2016 年，中国处理海外领事保护案件从 4.2 万起猛增到 10 万余起，包括越南中资企业遭冲击事件、利比亚撤侨事件等重大案件。尽管当前中国安全预警与应急机制及海外领事保护制度有了极大改进，可相对于急速扩张的中国海外利益及大幅增长的中国海外公民人数而言，中国海外利益保护的力度和范围还十分有限。中国海外利益保护机制亟待健全，需要政府和更多民间力量的共同参与。[2]

中国国家安全和海外利益保护与华侨华人密切相关，而反过来华侨华人又是维护中国和平稳定和捍卫中国海外利益的一股独特力量。在维护中国和平稳定方面，华侨华人坚决抵制和反对各种分裂破坏活动。诸如近年来面对涉疆、涉藏、涉台的分裂事件，广大华侨华人对其纷纷谴责并提出对策，推动了中国《反分裂国家法》的制定和实施。在捍卫国家海外利益和保护侨民安全方面，一批热心的侨领既熟悉当地政治、经济、文化、法律法规，又拥有一定的政治地位和人脉关系，在协助处理中国海外企业和公民的人身财产安全案件方面发挥了灵活与独特的作用。如 2011 年的湄公河中国船员被杀惨案，之所以能够引起当事国政府的重视和解决，很大程度上应归功于当地侨领的协助。

---

[1]　王辉耀、苗绿：《中国国际移民报告（2020）》，北京：社会科学文献出版社，2021 年。
[2]　澎湃新闻：《〈战狼 2〉背后的真问题：海外遇到事，谁来保护你》，https://www.thepaper.cn/news Detail_forward_1779302，2017 年 8 月 30 日。

### （三）华商经济与"一带一路"建设

"一带一路"建设亟须破除互联互通和产业链有效连接的障碍。"一带一路"倡议已进入实施阶段，但沿线不同国家所处发展阶段不同，流通体系和生产营销网络差异性大，存在各种市场边界壁垒，存在不同的税收制度和市场偏好，市场文化差异大；不同经济体之间如何真正实现产业链有效连接，如何真正实现经济合作与一体化，涉及不同国家的金融政策、投资政策、企业法律制度等差异，牵涉产业链各环节的资本联系与股权联系；如何实现铁路、公路、航空、海运之间的互联互通，形成立体网络式的交通设施，如何实现电力、水利、桥梁、能源等基础设施规模和质量的提升，对"一带一路"建设至为关键。

"一带一路"沿线国家华商拥有广泛的商贸网络、资金与人脉优势。大量华商既熟悉住在国的政策法规、文化环境与风土人情，又与祖（籍）国（地）血脉相通、同种同源，是连接中国与"一带一路"沿线国家的天然桥梁和纽带。他们有助于中国企业、商品"走出去"，实现中国与沿线国家的合作互利，不断夯实"一带一路"建设的基础。

### （四）华人人才与国家创新驱动

当前我国的产业转型升级和创新驱动亟须高水平智力资源。中国经济发展已进入新常态，面临增速换挡、结构调整、刺激政策消化"三期叠加"的矛盾，环境污染、资源匮乏、能源短缺及劳动力要素成本上升等问题日益突出，粗放型的经济发展模式已难以为继，社会经济在稳定增长中实现结构调整和优化已成为当务之急。要化解各种矛盾和风险，跨越"中等收入陷阱"，实现国民经济平稳健康发展，根本就是要依靠科学发展，要实现体制机制创新，加大优质资本和高水平智力资源引进力度，加大结构性改革力度，加快实施创新驱动发展战略。

华侨华人高层次人才是我国实施创新驱动战略的主力军。华侨华人素有"人才库"之称。改革开放以来，党和国家领导人都认识到海外华侨华人中所蕴藏的宝贵智力资源。当前我国海外引智工作力度不断加大，大批海外高层次人才回国创新创业，成为我国实施创新驱动战略的主力军，其中回国效力的主体就是海外华侨华人，如入选"千人计划"来华的专家中，95% 是华侨华人。仅国侨办、中组部与湖北省政府每年在武汉举办的"华侨华人创业发展洽谈会"，每年吸引大量人才和技术项目，落地企业达 3 000 余家，投资总额逾 2 500 亿元人民币，已有 300 多人入选国家"千人计划"，湖北省全省 125 家上市公司中，有 70% 的公司引进了海外高层次技术和管理人才。①

### （五）华文教育与中华文化传承

华裔新生代面临"失根之忧"，中华文化传承亟待加强。中国海外新移民子女及华裔新生代对"故土""家国"和"文化之根"的认同渐趋弱化，面临"失根之忧""身份认同危机"。因此，如何增强他们对祖籍国的认识和认同，传承和发扬博大精深的中华文化，使其更好地发挥介绍真实中国、引导国际舆论、塑造中国形象的重要作用，以及中国海外友好力量的重要支撑，已成为中国政府愈益重视，也亟待解决的问题。

华文教育被誉为中华文化在海外的"希望工程"，中华民族在海外的"留根工程"。华文教育是面向华侨华人特别是华裔青少年群体，系统开展民族语言学习和中华文化传承的工作。近三十年来，在中国国务院侨务办公室的大力支持下，海外华文教育发展迅速，不仅维系着华侨华人的民族特性及与祖（籍）国的情感联系，而且辐射到各国主流社会，对提升中华文化影响力、增强国家软实力具有不可替代的优势。目前华文教育发展存在资金、教材、师资等许多亟待解决的问题，亟须汇聚涉侨部门、侨校、国内企业和民间机构、海外侨团、侨界精英等各方力量，以充分发挥其文化传承的作用。

# 第二节　新冠疫情形势下海外中国公民面临的风险与权益维护

2023 年 5 月 5 日，世界卫生组织总干事谭德塞决定宣布新冠疫情不再构成"国际关注的突发公共卫生事件"，这标志着新冠疫情向结束又迈进一步。

世界卫生组织曾在 2020 年 1 月 30 日，将新冠疫情列为"国际关注的公共卫生紧急事件"。在这一时期，新冠疫情在全世界范围内大面积暴发，世界各国均采取严格的防疫管控措施，受此影响部分海外中国公民面临出入境受阻、族群歧视、医疗物资短缺的困境。在新冠疫情全球肆虐期间，根据笔者对海外华侨华

---

① 中国新闻网：《第 15 届"华创会"签订大批项目"引智"占七成》，http://www.hb.chinanews.com/news/shipin/2015/0703/2025.html，2015 年 7 月 30 日。

人生存发展的持续追踪，发现身处任何地区的中国公民均面临合法权益受损的风险。从风险发生的类别或缘由来看，海外中国公民面临的风险来源主要分为出入境受阻、族群歧视、医疗安全三类问题。

# 一、 新冠疫情形势下海外中国公民面临的风险

## （一）出入境受阻问题

2020 年 1 月 30 日，外交部领事司发布了部分国家有关新冠肺炎疫情防控的入境管制措施汇总表，并实时更新。[①] 从管制措施的具体内容来看，具体分为以下四类，一是对中国公民的签证采取收紧措施，如俄罗斯、蒙古、越南等；二是对中国公民采取限制入境的措施，如朝鲜、萨摩亚、马绍尔群岛等；三是对中国部分省市的入境人员进行管控措施，如新加坡、菲律宾、马来西亚等；四是对入境人员采取体温监测及健康申报等检疫措施，如韩国、德国、法国等。其中，大多数国家采取的是第四类措施。受此影响，各国的航空公司采取取消航班的措施，大量的国际航班被取消，造成部分中国公民滞留海外。

新冠疫情全球性的暴发，世界各国均成为重灾区，除了发布出入境管制措施，部分国家甚至宣布进入紧急状态或战时状态，如葡萄牙、菲律宾、美国、日本等国均宣布进入紧急状态。这意味着各国将采取更为严格的防疫管控措施，如关闭国内非必要的公共场所、关闭学校或停课、限制或禁止举办聚集性活动。受此影响，尤其是部分国家采取的关闭学校或听课的措施，导致部分留学生面临不少现实困难。据教育部统计，我国海外留学人员的总人数为 160 万人，当时尚在国外的大约有 140 万人。[②] 留学生人数众多且分布地区复杂及需求差异较大等特点，对中国的领事保护工作提出了挑战。尤其是其中还有一部分为"小留学生"，在当地中小学停课，学校宿舍不让继续住的情况下，生活自理能力及安全防护能力相对较弱的他们亟须回到国内亲人身边。可以看出，无论是抗击疫情的第一阶段还是第二阶段，出入境受阻问题均是海外中国公民面临的一个风险来源，也是我国领事保护工作中需要重点应对的难题。

---

[①] 中国领事服务网：《提醒中国公民留意外方有关肺炎疫情防控的入境管制措施》，http://cs.mfa.gov.cn/zggmzhw/lsbh/lbxw/t1737512.shtml，2020 年 1 月 30 日。

[②] 国务院新闻办公室站：《国新办就疫情期间中国海外留学人员安全问题举行发布会》，http://www.china.com.cn/zhibo/content_75887039.htm，2020 年 4 月 2 日。

### （二）族群歧视问题

反对种族歧视已经成为当今社会的普遍共识，但是依然存在，部分媒体或政客出于宣传与政治目的，刻意发表了一些不负责的歧视中国人的言论。另外，由于文化的差异，中国人戴口罩遭受歧视，甚至被谩骂，合法权益受到侵害。虽然疫情防控期间因种族歧视造成海外中国公民权益受损的事件少，但是在海外的中国公民依然要警惕此类风险，注意自我保护，防止自身权益受到侵害，若真出现此类事件，公民要通过报警，求助当地使馆、侨团等方式维护好自身合法权益。

### （三）医疗安全问题

医疗安全风险是此次新冠疫情形势下海外中国公民最大的风险来源，归根结底此次疫情属于全球性突发的公共卫生安全事件，只有医疗技术才能打赢这场防控战。上文提到，在抗击疫情的第二阶段，新型冠状病毒呈全球性蔓延趋势，各国的医疗资源均十分紧缺。在疫情防控的第一阶段，海外侨胞自发组成志愿团队，积极加入支援国内抗疫的队伍，向祖（籍）国捐赠了大量的医疗物资。但随着新型冠状病毒的全球性扩散，部分海外侨胞的身份由捐赠者转变为被捐赠者，面临着当地医疗资源紧缺带来的医疗安全风险。除此之外，一些在海外确诊的中国公民出现了就医困难的情况，自身的生命安全受到威胁。2020 年 2 月 1 日豪华邮轮"钻石公主号"有一名香港乘客被确诊，随即整艘邮轮被隔离。由于乘客中有需要定期服用药物的年长香港居民和澳门居民，中国驻日使馆向他们提供了帮助。[①]

鉴于出入境受阻、族群歧视、医疗安全三类问题成为海外中国公民权益受损的主要风险来源，我国开展的领事保护工作也相应地进行了调整，采取了包机撤离、进行医疗援助等行动，并发布安全提醒，如提醒海外中国公民及时关注目的国的出入境管制措施，自觉遵守目的国的防疫措施，同当地驻华使馆保持联系等。

综上，随着中国的崛起，中国公民走出去次数越来越频繁，规模越来越大，在海外所面临的风险也越来越多。从类型上看，传统的和非传统的安全威胁影响不断发生变化，非传统安全对海外中国公民利益的影响愈发深刻。从地域上看，目前海外中国公民权益受损事件的地域分布同中国公民目的地的选择成正比例关系，权益事件发生数量最多的地区为亚洲。中国利益扩展期与国际社会适应期的

---

① 领事直通车站：《"钻石公主号"游轮上的香港同胞联名致函：感谢伟大的祖国》，https://mp.weixin. qq. com/s/KNMlej476PDwjw6w0aMuOg，2020 年 2 月 13 日。

矛盾、中国身份转换期与中国国际规则实习期的矛盾既是当前海外中国公民权益的现状与特点的诱因，也是推进海外中国公民权益保护机制建设的动因。因此，如何保护好海外中国公民安全等相关权益成为研究的重点，而新冠疫情的大流行，导致海外中国公民面临新的挑战，如何在疫情下做好维护海外中国公民权益的工作是研究者和决策者所面临的新课题。

## 二、 新冠疫情下中国领事保护的机制评析

面对来势汹汹的新冠疫情，中国政府本着"外交为民"的理念，开展了领事保护工作。2020 年 1 月 31 日，外交部发言人华春莹表示，考虑到近日湖北籍特别是武汉中国公民在海外遇到的实际困难，中国政府决定尽快派民航包机把他们直接接回武汉。① 这充分体现了中国政府领事保护工作日益成熟，响应速度日益快速，也体现了我国"外交为民"的思想。但是包机撤离仅仅是新冠疫情形势下中国领事保护工作的一个具体行为，除此之外中国政府还开展了如医疗援助、安全提醒、热线服务等一系列领事保护工作。

为了从整体上分析与把握新冠疫情形势下中国领事保护机制运行情况，笔者根据新冠疫情暴发的时间轴，整理了 2020 年 1 月 1 日至 7 月 31 日中国政府开展的一系列领事保护事件，这些数据主要来自外交部、中国领事服务网、中国侨网、领事直通车、民航局、教育部、国家卫生健康委员会等网站发布的权威信息。另外，本部分根据疫情蔓延和确诊病例的情况，把抗击疫情分为上下两个阶段，其中第一阶段海外中国公民面临的风险来源主要为出入境受阻的问题，领事保护工作的对象主要为湖北籍的中国公民；2020 年 3 月初至 7 月底，中国国内的疫情蔓延形势基本得以控制，世界其他国家的新冠疫情形势严峻，新冠感染的确诊病例主要集中在除中国以外的其他国家，海外中国公民面临的风险来源主要为出入境问题、医疗物资缺乏问题等，领事保护工作的对象主要为中国留学生，本书称其为抗击疫情的第二阶段。

### （一）新冠疫情下中国领事保护的主要工作

改革开放前，我国以公派和私人事由短期出国的中国公民较少，因此领事保护的对象主要为华侨，此时的领事保护被称为"护侨"。随着改革开放的不断深

---

① 中华人民共和国外交部：《中国政府决定派民航包机接滞留海外的湖北特别是武汉公民回家》，https://www.fmprc.gov.cn/web/fyrbt_673021/dhdw_673027/t1737802.shtml，2020 年 1 月 31 日。

化，短期出国的中国公民越来越多，中国政府处理的领事保护和协助事件日益增多。随着领事保护工作实践经验的积累，我国的领事保护机制也日趋完善。《中国领事保护和协助指南（2015 年版）》提道，领事保护是指中国政府和中国驻外外交、领事机构维护海外中国公民和机构安全及正当权益的工作。[①] 1963 年签订的《维也纳领事关系公约》中规定领事职务由领馆行使，而领事职务第一条就是在国际法许可之限度内，接受国内保护派遣国及其国民（个人与法人）的利益。[②] 在这一范围内，面对来势汹汹的新冠疫情，本着维护好海外中国公民合法权益的理念，中国政府开展了大量的领事保护工作，采取了包机撤离、医疗援助等行动，并发布安全提醒，如提醒海外中国公民及时关注目的国的出入境管制措施，自觉遵守目的国的防疫措施，同当地驻华使馆保持联系等。为了从整体上了解新冠肺炎疫情下的中国领事保护工作，依据领事保护工作内容的共性，本书把 2020 年 1 月 1 日到 7 月 31 日期间的中国领事保护工作大致分为三类，即日常领事保护工作、包机撤离工作和医疗援助工作。

**1. 日常领事保护工作**

保护在海外本国公民的合法权益是一国政府及其驻外机构与领事的一项重要职责，因此领事保护工作是驻外机构的日常工作之一。但本部分所说的日常领事保护工作主要是指同新冠肺炎疫情相关的安全提醒发布、数据收集及信息公示、办公热线及日常办证服务工作。2020 年 1 月 20 日，钟南山院士宣布新型冠状病毒具有人传人的特征后，国内开始采取严格的防控工作，同时外交部也第一时间发布了与新型冠状病毒有关的安全提醒。据笔者统计，从 2020 年 1 月 1 日到 7 月 31 日期间，外交部通过中国领事服务网、领事直通车共发布了 120 条同新冠肺炎疫情相关的安全提醒，内容主要为提醒中国公民注意各国的出入境管制措施、国内防疫措施、如何做好新型冠状病毒的预防、各国关于转机的安全要求等。除此之外，各驻外使馆通过使馆官网也发布了防疫安全提醒，并第一时间公布了所在国的具体防疫管控措施，如我国驻纽约总领事馆 1 月 26 日发布了美国预防新型冠状病毒的暂行指南[③]，我国驻大韩民国大使馆 1 月 27 日发布了关于防范新型肺炎疫情的提醒。[④] 据统计，新冠疫情暴发时，中国驻外使馆有 173 个，

---

① 中华人民共和国外交部：《中国领事保护和协助指南（2015 年版）》，https://www.fmprc.gov.cn/w - eb/ziliao_674904/lszs_674973/t1383302.shtml，2020 年 4 月 10 日。

② 国务院侨务办公室：《维也纳领事关系公约》，http://www.gqb.gov.cn/node2/node3/no - de5/node9/node111/userobject7ai1419.html，2020 年 4 月 10 日。

③ 中华人民共和国驻纽约总领事馆：《提醒：美国疾病控制和预防中心发布预防新型冠状病毒传播暂行指南（中文版）》，http://newyork.china - consulate.org/chn/fwzc/zxtz/t1736314.htm，2020 年 1 月 26 日。

④ 中华人民共和国驻大韩民国大使馆：《关于防范新型肺炎疫情的提醒》，http://kr.chine vseembassy.org/chn/sgxx/t1737009.htm，2020 年 1 月 27 日。

驻外总领馆有 99 个，驻外团、处有 11 个，总计 283 个，分布于各大洲，由此可见安全提醒的及时性以及覆盖面均是有一定程度保证的。

新冠疫情的突发性以及海外中国公民需求的差异性导致各驻外机构需要及时收集海外中国公民的相关信息。2020 年 1 月 31 日我国驻大阪总领事馆发布《关于请居留日本关西地区中国湖北籍游客报备相关信息的通知》。① 2 月 1 日，我国驻纽约总领事馆发布紧急通知，要求领区内中国籍湖北居民向总领馆备案。② 从发布通知的时间上可以发现，各领事馆的反应速度是非常快速的。除此之外，12308 全球领保热线 24 小时开通，外交部副部长马朝旭表示当前 12308 热线日均人工接听海外中国公民的求助电话 1 100 余通。③ 不同于利比亚、也门撤侨这类大型的领事保护和协助工作，日常领事工作是最基础的，安全提醒发布得越及时、越精准，越可以起到防患于未然的作用，避免海外中国公民的合法权益受到损害。

**2. 包机撤离工作**

包机撤离主要是指受新冠疫情以及各国出入境管控措施的影响，部分中国公民滞留海外，难以顺利回国，中国政府通过包机的方式把他们安全接回国内。历年来受特殊事件的影响，我国多次采取了包机撤离的方式把滞留在海外的中国公民安全接回国，如 2011 年利比亚撤离中国公民行动、2017 年印尼巴厘岛撤离中国公民行动等。包机撤离已经成为我国开展领事保护工作的一项重要手段。

在此次新冠疫情影响下，我国也开展了多次包机撤离行动。根据中国民航局发布的数据，2020 年 1 月 31 日，中国政府派出两架包机分别从泰国、马来西亚接回滞留在海外的中国公民 199 人。截至当年 4 月 13 日，民航局协调安排 28 次航班，协助 4 082 名海外中国公民回国，其中截至 3 月 1 日，民航局进行了 12 次包机撤离行动，接回滞留海外中国公民 1 338 名，其中 1 314 名为湖北籍中国公民。④ 从 3 月 4 日到 4 月 13 日，民航局共安排 16 架次临时航班，协助 2 744 名中国公民回国，其中留学生 1 449 名。⑤ 截至 6 月底，民航局协调组织航班从疫情严重国家接回我国公民 19 787 人，完成海外留学生"健康包"物资运输 89. 5

---

① 中华人民共和国驻大阪总领事馆：《关于请居留日本关西地区中国湖北籍游客报备相关信息的通知》，http://osaka. china - consulate. org/chn/tzgg/t1737798. htm，2020 年 1 月 31 日。
② 中华人民共和国驻大阪总领事馆：《紧急通知！请领区内中国籍湖北居民向总领馆备案》，http://newyork. china - consulate. org/chn/fwzc/zxtz/t1738249. htm，2020 年 2 月 1 日。
③ 人民网：《外交部：12308 热线日均人工接听各类求助电话 1 100 通》，http://tv. people. com. cn/n1/2020/0305/c413792 - 31618607. html，2020 年 3 月 5 日。
④ 中国民航局：《民航战"疫"中的重大运输 38 天全纪实》，http://www. caac. gov. cn/XWZX/GD - TPW/202003/t20200310_201373. html，2020 年 3 月 10 日。
⑤ 中国民航局：《民航局召开 4 月例行新闻发布会》，http://www. caac. gov. cn/XWZX/MH - YW/202004/t20200415_202053. html，2020 年 4 月 15 日。

万份、698 吨。① 可以看出，以 3 月 1 日为时间节点，此前阶段包机撤离的海外中国公民主要为湖北籍人员，此后阶段包机撤离的海外中国公民主要为留学生人群。

2020 年 2 月 2 日，受菲律宾政府发布的临时入境禁令的影响，菲律宾航空公司取消了往来于菲中两国的全部航班，此举导致 446 名中国公民滞留马尼拉国际机场。驻菲律宾大使馆获知消息后，第一时间采取行动，黄溪连大使立即部署，罗刚领事参赞率工作组第一时间抵达机场，通过与菲律宾移民局、机场管理局、菲律宾航空、宿务太平洋航空、亚洲航空等单位的协调与沟通，妥善安置了滞留的中国公民。最终经过两天的努力，2 月 4 日，滞留在马尼拉机场的 446 名中国游客全部得到妥善安置，其中协助 387 名中国游客回国，部分游客自行解决回国问题或决定暂留菲律宾。② 3 月 28 日至 30 日，600 余名拟在埃塞俄比亚转机回国的中国公民滞留在埃塞俄比亚首都亚的斯亚贝巴博莱国际机场，乘客中 80% 为来自欧美等地的中国留学生。中国驻埃塞俄比亚大使馆启动紧急处置预案，派人赴机场协调安置中国公民。一是安抚群众与国内亲属，为有需求的中国公民发放口罩等防疫物品；二是积极同埃塞俄比亚航空高层开展协调工作，为滞留中国公民提供食宿等保障；三是与国内相关部门及民航部门紧急沟通协调，调整航班班期，并申请特许增开临时航班。截至 3 月 30 日，滞留在埃塞俄比亚的中国公民已搭乘航班安全返回祖国。③ 通过以上两个包机撤离的具体案例可以发现，新冠疫情防控期间发生的海外中国公民滞留事件，主要是临时性的出入境管制措施造成的。在开展领事保护工作时，驻外使馆扮演了协调者的身份，一方面向外交部汇报情况，同国内相关部门沟通协调；另一方面同所在国政府及相关部门协调沟通，最终达到保护好海外中国公民权益的目的。另外需要注意的是，2 月 2 日安全撤离滞留在菲律宾的中国公民，最终回国的方式并非全部通过中国政府从国内派飞机撤离，而是菲律宾方面派机将 136 名中国公民安全送回国内。因此可以发现，包机撤离作为一种领事保护的手段在具体实践中具有灵活性，可以合理地利用所在国资源。

**3. 医疗援助工作**

医疗援助工作是指在新冠疫情下通过发放医疗防疫物资、确诊就医援助、开通网络问诊及心理咨询等方式，为海外中国公民的生命安全提供保障。生命健康

---

① 中国民航局：《2020 年全国民航年中工作电视电话会议在京召开》，http://www.caac.gov.cn/XW－ZX/MHYW/202007/t20200710_203552.html，2020 年 7 月 10 日。

② 领事直通车：《驻菲律宾使馆紧急协助滞菲中国公民回国工作纪实》，https://mp.weixin.qq.com/s/ih－ZQipfwly0qSlswAkwVQ，2020 年 2 月 18 日。

③ 中华人民共和国驻埃塞俄比亚联邦民主共和国大使馆：《驻埃塞俄比亚使馆协助滞留埃塞的中国留学生安全回国》，http://et.china－embassy.org/chn/lsxx/lsbhyxz/t1765135.htm，2020 年 4 月 2 日。

权是公民的最基本权利，新冠疫情出现后，少数海外中国公民不幸感染。中国公民刘女士是阿联酋首例感染新冠并痊愈的患者，中国驻迪拜总领事李旭航在刘女士出院当天便前往医院进行慰问。① 从这一细节体现出我国领事保护工作的细致入微。除了对治愈出院的中国公民进行现场慰问，针对有就医困难的公民，驻外使馆也第一时间为其提供帮助，协助中国公民尽快就医。

为了更好地保证海外中国公民的生命安全，解决海外中国公民在新冠疫情防控期间就医的困难，驻外使馆借用互联网平台，整理发布了一些权威的互联网医疗咨询平台，如我国驻纽约总领事馆通过官网及微信公众号向海外中国公民发布了互联网中文医疗咨询平台资源，供海外中国公民参考。新冠疫情的全球性蔓延导致了各国的医疗防疫资源十分紧张，尤其是口罩等医疗预防物资紧缺。针对海外中国公民面临的这一现实困境，2020 年 4 月 2 日，外交部副部长马朝旭在新闻发布会上表示，目前外交部正在向中国留学人员比较集中的国家调配 50 万份"健康包"，包括 1 100 多万个口罩、50 万份消毒用品以及防疫指南等物资。②

在此次新冠疫情下，除政府以外，企业及侨团也为保护海外中国公民的合法权益贡献了自己的力量，如上海义达国际物流公司制订了公益活动方案，成立 300 万元人民币专项基金，免费为 3 万名海外留学生每人提供 20 个口罩，并邮寄到每个留学生手中。③ 中国东方航空公司恢复上海—墨尔本航线的航班，助力留学生返校。西澳州侨团联合起来，通过打电话、发短信、建立互助微信群等方式为当地近 3 000 名中国留学生提供帮助。微医互联网医院全球抗疫平台、"健康全球"北京中医药大学全球抗疫平台、阿里健康互联网医生免费咨询平台等医疗网络平台为全球华人提供医疗咨询服务。政府、企业、侨团等主体共同努力，为海外中国公民的合法权益保驾护航。

### （二）新冠疫情下的中国领事保护机制：以留学生工作为例

改革开放后，伴随着出国留学渠道的日益畅通，留学生群体已然成为海外中国公民的一个重要组成部分。根据教育部发布的数据，改革开放 40 年来各类出国留学人员累计已达 519.49 万人。④ 新冠疫情暴发后，尚在海外的留学生人数约

---

① 中国新闻网：《4 名在阿联酋的中国籍新冠肺炎患者康复出院》，http://www.chinanews.com/ - hr/ 2020/02 - 18/9095888.shtml，2020 年 2 月 18 日。

② 国务院新闻办公室：《国新办就疫情期间中国海外留学人员安全问题举行发布会》，http://www.china. com.cn/zhibo/content_75887039.htm，2020 年 4 月 2 日。

③ 中国侨网：《上海公司向海外留学生捐赠口罩直接邮寄到学生手中》，http://ww - w.chinaqw.com/ hqhr/2020/03 - 26/251223.shtml，2020 年 3 月 26 日。

④ 中华人民共和国教育部：《2017 年出国留学、回国服务规模双增长》，http://www.moe.gov.cn/jyb_xwfb/ gzdt_gzdt/s5987/201803/t20180329_331771.html，2018 年 3 月 30 日。

有 142 万。① 疫情较严重的国家，也是我国海外留学生数量较多的国家，例如美国约有 41 万人。② 而截至 2020 年 8 月 14 日，美国的海外疫情严重指数排名第二。③

各国采取的出入境管制措施及学校采取的线下停课行为，导致中国留学生群体在海外面临出入境受阻、族群歧视及医疗安全问题等困境。新冠疫情对留学生带来巨大的影响，具体包括以下方面：第一，受防疫物资短缺的影响，面临生命安全威胁；第二，在中美关系显现僵局与国际对华舆论传播的影响下，更容易遭受歧视与不公平对待；第三，不少国家受疫情影响停止办理出入境服务，受困于签证事宜；第四，美国采取极端的防控政策，给留学生造成就读压力；第五，承受包括害怕病毒、希望回国、着急学业等的心理压力等。因此，及时有效地对海外留学生开展领事保护工作迫在眉睫。凤凰网教育发起的中国留美学生现状调查问卷也部分验证了上述影响。截至 2020 年 8 月 16 日晚上 7 点半，受访者最担心的问题主要是不可预测的政策（25.3%，10 034 票）、疫情带来的安全问题（20.94%，8 304 票）、签证拒签或者入境后被驱逐（13.92%，5 521 票）、留学的效果打折扣（11.54%，4 575 票）、毕业后就业的不确定性（10.47%，4 154 票）、是否可以如期毕业（10.13%，4 016 票）和留学花销增加（7.70%，3 053 票）等。其中，64.02% 的学生在 2020 年秋季学期开学后不能返校；疫情对留学计划有非常明显影响的比例达到 59.89%，有影响的比例为 28.45%，合计高达 88.34%。④

针对留学生群体面临的困境，我国积极开展了领事保护工作。

**1. 中央及部委层面**

新冠疫情在全球范围内的迅速蔓延，导致中国留学生在海外面临诸多困境，为了切实保护海外中国留学生群体的合法权益，作为领事保护工作的统领者与协调者，各部委在中央的统一领导下，各司其职、相互配合、多措并举为留学生的合法权益保驾护航。2020 年 4 月 2 日，国务院新闻办公室就疫情防控期间海外中

① 中华人民共和国教育部：《中国海外留学人员约 160 万人，目前 35 人确诊新冠肺炎》，http://dw. hinanews. com/chinanews/content. jsp?id = 9143371&classify = zw&pageSize = 6&language – e = chs，2020 年 3 月 31 日。

② 中国侨网：《海外疫情蔓延多少留学生确诊？官方释疑》，http://www. chinaqw. com/hqhr/202 – 0/04 – 02/252122. shtml，2020 年 7 月 27 日。

③ 疫情严重指数是基于现存确诊数（由累计确诊、累计死亡、累计治愈计算得来）、国家人口数、国家建成区面积综合计算而来，考虑到确诊人口密度以及确诊人口占比两方面因素，辅以确诊数在全球确诊占比来增加占比权重，综合反映各国疫情严重程度。参见快咨询：《新冠肺炎实时疫情追踪分析》，https://www. 360kuai. com/mob/subject/400?sign = 360_6aa05217&stab = 2，2020 年 8 月 14 日。

④ 凤凰网教育：《2020 年疫情影响下中国留美学生现状调查》，https://vote. ifeng. com/survey/66998 – 83057538670592，2020 年 8 月 14 日。

国留学生安全问题举行了新闻发布会，外交部为了切实保护好留学生的合法权益，推出了"组合拳"措施，如多平台宣传防疫知识、推介远程医疗服务平台、汇总转发各国疫情防控规定、动员各地侨界与留学生建立结对帮扶机制；教育部落实国内国际两条战线，通过六个具体措施保证留学生在学业、就业、就医等方面的权益；民航局的主要工作则是通过协调航班把滞留在海外的留学生接回祖国。另外，针对部分国家出现的对留学生的歧视行为，外交部均在第一时间提出严正交涉，并保持关注，尤其是针对澳大利亚出现的对中国留学生的歧视性实践，教育部发布了 2020 年第 1 号留学预警。[①]

**2. 驻外使馆层面**

新冠疫情作为非传统安全领域的公共卫生安全事件，其产生的影响虽然程度各异，但关乎每一位海外中国公民。这一特点促使领事保护工作必须足够精细化，准确掌握各类人群的具体情况与信息，保障领事保护工作的精细化、精准性，因此作为领事工作具体执行者的驻外使馆及时收集、汇总、更新驻在国的国内国外防疫管控措施、驻在国中国公民的信息与需求。自新冠疫情暴发以来，部分国家采取了封校、停课的方式，导致留学生群体面临住宿、回国、防疫等方面的困境。针对这些问题，驻外使馆首先及时在官方网站发布驻在国的防疫管制措施，并 24 小时开通热线电话。其次，针对留学生群体面临的回国困境，驻外使馆第一时间在官网发布了就搭乘临时包机意愿进行摸底调查的通知，并协助留学生搭乘航班。另外，针对留学生群体面临的医疗防疫资源短缺的情况，驻外使馆向留学生群体发放包含口罩、防疫手册、中药、消毒纸巾的"健康包"。最后，驻外使馆保持同驻在国教育主管部门和学校的密切沟通，要求校方合理安排中国留学生的学业生活。

**3. 侨团与华侨华人层面**

国内多元主体和海外华侨华人的参与是我国领事保护"中国方案"的体现。[②] 自新冠疫情暴发以来，侨团及华侨华人一直战斗在防疫志愿者的工作岗位上，从疫情防控第一阶段积极采购口罩、防护服等医疗物资支援国内，到疫情防控第二阶段以发短信、打电话、建微信群等方式组成互助群体为中国留学生提供帮助。据不完全统计，我国目前大约有 6 000 万名华侨华人、25 000 个侨社[③]，并且分布广泛，侨团与华侨华人成为领事保护工作的助力者。如旅美长乐乡亲成

---

① 中华人民共和国教育部：《教育部发布 2020 年第 1 号留学预警》，http://www.moe.gov.cn/jyb_xwfb/gzdtgzdt/s5987/202006/t20200609_464131.htm，2020 年 6 月 9 日。

② 陈奕平、许彤辉：《海外公民利益维护的"中国方案"初探》，《中国与国际关系学刊》，2019 年第2 期。

③ 国务院新闻办公室网站：《海外华侨华人联谊会上热议"一带一路"》，http://www.scio.gov.cn/ztk/wh-/slxy/31217/Document/1480435/1480435.htm，2020 年 6 月 12 日。

立守望相助抗疫守护中心，纽约华社成立防疫义工互助自卫中心，佛罗里达州华人华侨联合会副会长莫炼接中国小留学生回自己家中等事件均表现出领事保护工作基层化的特点，侨团与华侨华人成为保障领事保护工作精细化、精准性的助力者。

不同于海外中国公民的其他群体，留学生群体受年龄、经济能力的限制处于相对弱势的地位，人数众多的家长们对此亦高度关注，因此在新冠疫情下留学生群体成为需要特别关注的群体之一。综上，在知悉中国留学生面临的实际困难后，中央及部委层面非常重视，外交部、教育部、民航局三个部门相互配合开展了一系列领事保护工作。总体而言，中央及部委层面、驻外使馆层面、侨团与华侨华人层面共同为中国留学生的合法权益保驾护航，也充分体现了中国领事保护工作多元主体参与的特点。

综上所述，海外中国公民权益保护最重要的路径和机制是领事保护。通过对案例的阐述，对海外中国公民权益保护的具体情况进行简要回顾，针对不同案例，从中央到企业，各个层级具有不同的反应。对海外中国公民展开领事保护，体现了海外中国公民权益保护的"中国方案"。在新冠疫情下，中国政府开展了包机撤离、提供医疗援助、发布安全提醒、开通热线服务等一系列领事保护工作，充分体现了中国领事保护工作的多元主体参与的特征。但中国的领事保护机制仍旧有一些缺陷，也难以单枪匹马地对海外中国公民权益展开全面的维护，领事保护机制需要进一步创新和改革，更需要其他机制加以配合，才能更好地发挥其作用，以更好地维护海外中国公民的权益。

## 第三节　跨国视阈下华人社团公益服务的发展路径：以华助中心为例

### 一、海外华人服务机构跨国合作的兴起

海外华人服务机构跨国合作的兴起主要有三方面的原因：一是海外华人向来有扶危济困的传统；二是世界性华人社团的大批涌现促进了各地华社情谊，为其

提供相互合作的平台基础；三是新移民的困境对华人社区服务产生了广泛需求，单个社团压力需以跨国合作、区域合作缓解。

### （一）积极参与社会公益是世界华人共同的美德

海外华人与居住国民众和睦相处、辛勤劳作，为发展当地经济、促进当地社会进步作出重要贡献。同时，海外华人陆续建立各类慈善机构，众多同乡社团和乐善好施的华人出钱出力，合力发展慈善。他们发扬慈善为怀、助人为乐、救苦救难的精神，救济灾荒、赠医施药、救死扶伤，对维持当地社会稳定，对帮助海外华人和所在国民众解决各种困难都发挥了突出作用。"华人的慈善活动呈现出以华人社团为主导，先满足内部然后延伸到居住国和祖籍国的顺序。"①

首先是针对华侨华人自身的慈善活动，其开始时间较早。早期中国移民到海外后的要务是解决生计问题，因受教育程度的制约，其在语言隔阂的情况下谋生不易，于是，侨胞自发地通过互助来排除生存发展的障碍。先期到达的基于血缘、地缘、业缘的宗亲会、同乡会初具此种功能，开展的活动主要集中在慈善福利事业及联络乡情等方面，如发动侨胞进行反对种族歧视斗争，以改善侨胞生存状况，协助侨胞办理出入境手续，协助新移民解决住宿及就业等问题，同时调节侨胞内部的纷争，协助将去世侨胞的遗骸运送回家乡安葬等，为解决侨胞生存困难发挥了积极作用。以菲律宾侨胞为例，部分祖籍广东的移民，为照顾同乡新移民，于1850年成立广东会馆，为菲律宾最早的同乡组织。② 会馆为新移民发放用以维持生计的贷款、为其介绍职业，协助同乡在陌生的社会环境中自立自足。类似地，泰国华侨报德善堂起初的慈善项目是建立山庄，为已故贫苦侨胞赠棺送葬，后逐步开始筹集经费，并创设德教赠医处，对贫苦民众施医赠药③，"可以说，华人的慈善事业是同海外华人社会同步发展的"④。

其次是针对住在国当地社会的慈善活动。其开始时间要晚于华社的内部慈善，主要形式是对住在国文教、医疗等社会事业的捐助和志愿活动，如菲律宾的华社在贫困地区组织义诊、捐建农村校舍、建设志愿消防队。⑤ 2016年8月24日，意大利中部发生地震后，为协助当地抗震救灾，意大利多地华侨华人社团纷纷捐资捐

① 李群锋：《1970年代以来美国华人慈善事业发展初探》，《八桂侨刊》，2011年第2期，第65页。
② 洪玉华：《华人移民——施振民教授纪念文集》，菲律宾华裔青年联合会联合拉刹大学中国研究出版社，1987年，第208页。
③ 杨群熙、陈骅：《海外潮人的慈善业绩》，广州：花城出版社，1999年，第3页。
④ 李群锋：《1970年代以来美国华人慈善事业发展初探》，《八桂侨刊》，2011年第2期，第65页。
⑤ 人民网：《华裔慈善家："讷于言敏于行"》，http://huaren.haiwainet.cn/n/2014/03 - 21/c232657 - 20438151.html，2014年3月21日。

物[1]，令当地社会对华人的印象大为改善，"而族群形象的提升，反过来促进了华人参与慈善活动的积极性，形成良性循环。由此，国际主义精神正在成为海外华人的又一崭新名片"[2]。该慈善氛围同样对华二代产生影响，随时代发展，越来越多的海外华人青年加入慈善事业，"为促进华人融入主流社会发挥了积极作用"[3]。海外华侨华人的慈善行动为住在国社会福利机制的完善贡献了重要力量。

最后是针对华侨华人的祖籍国——中国的慈善活动。海外华侨华人住在国外，素有心怀桑梓、热心家乡和祖籍国福利事业的传统，对于中国的慈善活动从未停止。早在晚清时期，就有华侨在广东、福建等侨乡兴办公益事业。同治六年（1867），嘉应州（今广东梅州）修建的育婴堂，便是泰国华侨资助的。[4] 抗战爆发后，各地的华侨华人掀起了捐献运动的热潮，他们举行义卖、义演。[5] 中华人民共和国成立后，捐资办学风气遍及闽粤等侨乡，先后出现一批由华侨华人捐资、集资创办的学堂和学塾，如华侨大学、集美大学、汕头大学等，为中国教育事业作出重大贡献，"海外华人还热心于祖国的道路桥梁建设、医疗卫生、赈济灾荒等事业的发展"[6]。扶危济困的传统成为海外华侨华人服务机构热心公益的文化出发点，也是海外华侨华人服务机构跨国合作不断壮大所依托的文化传承。

## （二）世界性华人社团的陆续涌现，使海外华人服务机构在走向全球联合的过程中加深了彼此情谊，为合作提供平台基础

由于海外华社保留着中华文化的优良传统，尤其是其核心伦理道德，因此，为了弘扬相勉为善、相亲相扶的精神，海外华侨华人在其居住地建立各种血缘、地缘、业缘性的社团组织，并逐步由地区性的联合走向跨国联合。如东南亚地区的华人经济在殖民地时期就已表露出明显的区域内互相依附的趋势[7]，南侨总会[8]集合了南洋各地华人社团支持抗日救亡。20 世纪 60 年代末以来，国际性的

---

① 中国侨网：《米兰侨界发起抗震救灾爱心募捐　募集善款逾两千欧》，http://www.chinaqw.com/hqhr/201-6/08-29/100800.shtml，2016 年 8 月 29 日。

② 《海外华人掀起慈善潮》，《人民日报（海外版）》，2010 年 9 月 21 日。

③ 《新华人依然追求慈善》，《人民日报（海外版）》，2015 年 6 月 10 日。

④ 广东省地方志编纂委员会编：《广东省志·华侨志》，广州：广东人民出版社，1996 年。

⑤ 欧阳世昌：《顺德华侨华人》，北京：人民出版社，2005 年，第 36 页。

⑥ 任贵祥：《海外华侨华人与中国改革开放》，北京：中共党史出版社，2009 年，第 399 页。

⑦ Ruth McVey. The Materialization of the South east Asian Entrepreneur, Southeast Asian Capitalists, Ithaca：Cornell University South east Asian Program, 1992, pp. 7 – 34；Carl Trocki, Boundaries and Transgressions. Chinese Enterprise in Eighteenth and Nineteenth – Century Southeast Asia, Ungrounded Empires：The Cultural Politics of Modern Chinese Trans – nationalism：Aihwa Ong and Donald Nonini, New York：Routledge, 1997, pp. 61 – 88, 转引自刘宏：《海外华人社团的国际化：动力·作用·前景》，《华侨华人历史研究》，1998 年第 1 期。

⑧ 总部设在新加坡和轩俱乐部，由陈嘉庚担任主席，而陈氏本人的实力后盾则包括诸如福建会馆、树胶公会这类传统的华人社团。

华侨华人社团组织涌现，不少社团名称冠以"世界""国际"等字眼，如世界华商大会、世界客属恳亲大会、国际潮团联谊年会等，此类团体保持着广泛的跨国联系，更不乏领导层重叠的情况，为社团之间的合作提供了便利的基础，其资源、经验、模式均可对海外华人服务机构所依托的社团的合作与整合提供借鉴，世界性社团构筑了华侨华人互助网络，推动相互联系、沟通与合作。刘宏教授曾指出："我们应该对海外华人社团的跨国界活动给予足够的重视，同时也要看到这些活动对社团国内功能的演变所造成的影响。"①

### （三）新移民对华人社区服务存在广泛需求，可通过跨国合作、区域合作缓解单个社团的服务压力

如前所述，新移民在所在国社会的融入困境阻碍其后续发展，如新西兰华人社区服务中心创始人王玲娟女士所言："移民到一个人生地不熟的国度是一次人生危机，定居过程不仅是物质生活环境的适应，更包括心理和精神上的调整和重新定位。"② 随着新移民数量增加，老移民亦趋于老龄化，对社区服务的需求也不断增多。③ 虽然具备为华人社群服务的社团已初具规模，但其能力仍不能满足当地华人社群的需求，联合、合作是减小服务压力、提高服务质量的理想途径。

总而言之，新移民潮下的侨情变化使海外华侨华人在人口素质、职业结构、迁出地等方面发生较大转变，这催生了对社会服务的需求，也决定了海外华助工作的主要方向。海外华人服务机构的全球性活动包括三个层面：一是海外华侨华人之间，作为中坚力量的华人社团建立了广泛的跨国联系；二是海外华侨华人与中国之间，尤其是与其侨乡的互动；三是社团与各国政府间的互动。基于团体行为的海外华侨华人社区服务的跨国合作，也需从这三个维度加以考量。而海外华侨华人服务国际合作的兴起有三方面的原因：一是追溯以往，海外华侨华人历来有扶危济困的历史传统；二是世界性华人社团的涌现增进了各地华社情谊，为其合作提供平台基础；三是新移民的困境对华侨华人社区服务产生了广泛需求，需以跨国合作、区域合作减缓单个社团压力。本书通过对比新移民潮与前三次移民潮，探讨新移民潮下的侨情新变化，继而总结出此种变化之下当代海外华人新移民在初入住在国所面临的融入困境，解析海外华人服务机构兴起的原因。

---

① 刘宏：《海外华人社团的国际化：动力·作用·前景》，《华侨华人历史研究》，1998 年第 1 期，第 48 页。

② 《华社服创始人致辞》，http://chineseservice. org. nz/staticpage_ content. aspx?id = 38&nav = 3，2016 年 12 月 20 日。

③ 2017 年 1 月 22 日于湖南长沙采访澳大利亚悉尼华助中心周先生。

# 二、 华助中心的成立与跨国互动模式

## （一）华助中心的成立与宗旨

2014 年 9 月，首批 18 家华助中心在北京揭牌，在海外华侨华人聚集地落地开花：美国旧金山华助中心（旧金山，美国华商总会）、多伦多华助中心（多伦多，加拿大多华会）、秘鲁华助中心（利马，秘鲁中华通惠总局）、巴西圣保罗华助中心（圣保罗，巴西华人协会）、苏里南华助中心（帕拉马里博，苏里南广义堂）、法国华助中心（巴黎，法国华侨华人会）、意大利米兰华助中心（米兰，意大利米兰华侨华人工商会）、西班牙华助中心（马德里，西班牙华侨华人协会）、南非约翰内斯堡华助中心（约翰内斯堡，南非华人警民合作中心）、安哥拉华助中心（罗安达，安哥拉中国总商会）、澳大利亚悉尼华助中心（悉尼，澳大利亚悉尼华人服务社）、巴布亚新几内亚华助中心（莫尔兹比港，中国—巴布亚新几内亚友好联合会）、老挝万象华助中心（万象，老挝万象中华理事会永珍善堂）、菲律宾马尼拉华助中心（马尼拉，菲律宾菲华商联总会）、缅甸仰光华助中心（仰光，缅甸华商商会）、柬埔寨华助中心（金边，柬埔寨中华文化发展基金会）、日本东京华助中心（东京，全日本华侨华人联合会、东京华侨总会）、哈萨克斯坦华助中心（阿拉木图，哈萨克斯坦"杰标"华人华侨全国联合会）。

2015 年 9 月 28 日，第二批 12 家华助中心挂牌成立：美国休斯敦华助中心（休斯敦，中国人活动中心）、新西兰奥克兰华助中心（奥克兰，新西兰华人社区服务中心）、智利华助中心（圣地亚哥，智利华商联合总会）、温哥华华助中心（温哥华，加拿大福建同乡联谊会）、爱尔兰华助中心（都柏林，爱尔兰福建商会）、特立尼达和多巴哥华助中心（西班牙港，特立尼达和多巴哥中华总会）、尼日利亚华助中心（拉各斯，尼日利亚华商贸易协会）、斯里兰卡华助中心（科伦坡，斯里兰卡华侨华人联合会）、缅甸曼德勒华助中心（曼德勒，缅甸金多堰慈善总会）、泰国清迈华助中心（清迈，忠义堂慈善基金会）、韩国华助中心（首尔，中国在韩侨民协会总会）、吉尔吉斯斯坦华助中心（比什凯克，吉尔吉斯南方华商商会）。

2016 年 9 月，第三批 13 家华助中心举行了揭牌仪式：美国内布拉斯加华助中心（内布拉斯加，美国内布拉斯加华人协会）、美国明尼苏达华助中心（芝加哥，明州中美联谊会、明州社区服务中心）、澳大利亚布里斯班华助中心（布里斯班，昆士兰华人联合会）、阿根廷华助中心（布宜诺斯艾利斯，阿根廷华人进出口商会、阿根廷华人企业家协会）、巴拿马华助中心（巴拿马城，巴拿马华人工商总会）、委内瑞拉华助中心（加拉加斯，委内瑞拉全国华侨华人联合总会）、意大利罗马华助中心（罗马，意大利华侨华人贸易总会、罗马华侨华人联合总会、意大利青田同乡总会、意大利华侨华人青年会）、意大利普拉托华助中心（佛罗伦萨，意大利普拉托华侨华人联谊会）、南非开普敦华助中心（开普敦，开普敦警民合作中心）、泰国合艾华助中心（宋卡，合艾侨团联合会）、斐济华助中心（苏瓦，斐济各社团）、日本名古屋华助中心（名古屋，名古屋华侨华人服务中心）、蒙古乌兰巴托华助中心（乌兰巴托，旅蒙华侨协会）。

2017 年 9 月 29 日，第四批 15 家华助中心举行了揭牌仪式：美国盐湖城华助中心、美国夏洛特华助中心、美国圣路易斯华助中心、牙买加金斯顿华助中心、西班牙巴塞罗那华助中心、坦桑尼亚达累斯萨拉姆华助中心、博茨瓦纳哈博罗内华助中心、肯尼亚内罗毕华助中心、葡萄牙里斯本华助中心、瑞典斯德哥尔摩华助中心、澳大利亚墨尔本华助中心、菲律宾达沃华助中心、菲律宾宿务华助中心、塔吉克斯坦杜尚别华助中心、韩国济州华助中心。

对于华助中心建设的背景和宗旨，时任国务院侨办主任裘援平认为，主要在于"通过扶持引导，鼓励开展敬老、扶弱、救济等帮扶关爱活动，惠及侨民、扶助友族、回馈社会"[①]。其实，建设华助中心是在强化华侨华人社团长期以来服务华社的功能。华助中心通过借助当地有影响力、公信力的华人社团平台开展华助工作，是聚集侨力、优化资源配置的体现，它与原有平台共同构成一个完整的帮扶体系，发挥社团的力量，在全球范围内塑造华人良好形象。加入华助中心队伍的部分社团本身就是在当地注册的社区服务中心和慈善组织，比如加拿大多华会、新西兰华人社区服务中心、缅甸金多堰慈善总会和老挝万象中华理事会永珍善堂等。

华助中心有单一社团承办和多个社团合办两种模式。单一社团承办的华助中心，其依托的社团类型主要有商业性社团、综合性社团、同乡联谊会、专业服务性社团、慈善公益性团体等类型。多个社团合办的华助中心集聚了各种类型的社团力量。比如，日本东京华助中心就由全日本华侨华人联合会（前身是日本新华侨华人会）和东京华侨总会共同建设，而参加全日本华侨华人联合会的团体就有62 个。[②]

---

① 乔岩：《"海外惠侨工程"惠及广大侨民》，《侨务工作研究》，2014 年第 5 期。

② 全日本华侨华人联合会（2019 年，根据第十届理事会第二次会议的决议，"全日本华侨华人联合会" 更名为 "全日本华侨华人社团联合会"），https://www.ucrj.jp/。

### （二）华助中心、祖籍国与住在国的互动模式

华助中心最重要的作用是促进新移民融入所在国社会，解决融入过程中面临的问题。其工作涉及住在国政府、祖籍国政府、服务对象、热心于服务事业的企业和志愿者等，这种互动是多层次的，任何两个单独个体之间可以形成互动。对于新移民服务的互动过程，住在国、祖籍国、华助中心共同倡导平等、多元、参与、合作的原则。

首先，祖籍国与住在国的支持，是华助中心运作过程中重要的外部力量，二者可为其提供关键的资源、政策支持。其中，祖籍国政府可为华助中心提供文化、教育等方面的支持，呼吁在住在国当地的中国企业积极捐款，发动当地留学生及务工人员参与志愿活动。就住在国政府而言，华助中心作为公益性组织，需得到当地政府的认可，取得在当地开展业务的合法性地位。如果华助中心的功能定位、价值理念等与住在国政府的工作理念一致，住在国政府可通过购买华助中心的服务，弥补住在国政府公共服务能力的不足，并在此过程中监督华助中心的运行。其次，移民的融入涉及住房、就业、教育、社会福利等领域，住在国政府可在政策上积极促进新移民融入，聚焦幼儿教育、养老等重要议题，维护华人聚居区的社会治安，帮助新移民了解当地法律以促进合法经营，减少违法犯罪活动。在资金上，对特定项目进行拨款，"德国 2005 年生效的移民法中增加了移民参加融合课程的义务，并要求各级政府、宗教团体、社会团体广泛参与，为移民提供融合机会。法国在 1958 年设立了外籍劳工与亲属社会行动基金（FAS），意在通过住房、培训和就业方面促进移民融入"[①]。在较宽松的移民政策下，部分新移民的社会福利保障仍显不足，且这些福利受社会经济、国家政策变化的影响较大，当国家增加投入时，华助中心可获更多支持，当经费削减时华助中心财务压力增加。如近年来，英国华侨华人的福利状况因政府开支缩减而受到负面影响，特别是华人小区的财政状况堪忧。保守党上台后，英政府的紧缩财政政策，使公共开支大为削减，慈善组织要获得补助愈加困难，华助中心也面临同样的窘境。

华助中心是祖籍国政府领事保护的重要支柱，是与住在国维持良好关系的桥梁。华助中心的功能及人脉、社会关系缓解了祖籍国领事保护压力，并能协助当地使领馆做好服务工作。华助中心降低了住在国政府对促进新移民融入问题的人力、物力投入，通过对新移民的培训促进海外华侨华人的发展，提升华侨华人形象，有助于祖籍国塑造对外形象，促进海外人才回流，也成为两国之间沟通的桥梁。

社团通过凝聚侨力，成为华助中心的主要支撑。祖籍国与住在国通过华助中

---

① 伍慧萍、郑朗：《欧洲各国移民融入政策之比较》，《上海商学院学报》，2011 年第 1 期。

心服务新移民，新移民自我提升后，可参与华助中心的工作，在一定程度上形成良性循环。一部分在住在国取得发展的侨胞回流到祖籍国，或通过投资等方式支援祖籍国的建设发展。华助中心可承担政府部门的部分职能，舒缓住在国政府的工作压力，缓解其财政缺口，有利于多元文化的构建。同时在华助中心这一桥梁作用下，有利于促进住在国、祖籍国两国关系的沟通与发展，三者的互动过程形成良性循环。

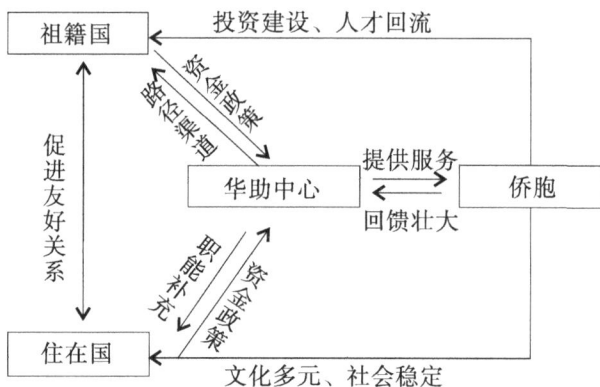

图 3-1　华助中心、祖籍国、住在国的互动模式

以开普敦警民合作中心为例，中国公安部、驻南非使馆积极支持警民合作中心的工作，维护侨胞合法权益，而中心也协助驻开普敦总领馆处理多起涉侨案件。住在国政府为促进新移民的融入、维护华人聚居区的社会治安，在政策及行动上积极配合中心的工作：西开普省警厅人力资源部与开普敦警民合作中心合作开展警察汉语培训班，并联合中国商城、中国国际学校及有关部门，将培训班建设成为增进两国友谊、促进社区融合、共同打击犯罪的助力平台；当地劳工部门、海关税务部门同中心开展联合普法讲座，邀请政府官员讲解相关法律知识，"彼此距离拉近之后，政府部门不再盲目执法，侨胞们也了解了规则"[1]；中心通过警民联防机制的联络员在跨区为侨胞提供援助的同时，与当地警方、社区警务论坛[2]、邻里联防等进行有效沟通，最快地从当地获取信息。开普敦警民合作中心不仅在安全机制上为当地华人提供保护，而且在政局不稳或有重大游行时发布安全提醒，与中文国际学校联办免费英语培训班，与中资企业进行安全形势座谈等。警民合作中心汇集开普敦侨界人才，在维护侨胞合法权利时形成总领馆、警

---

[1] 《华人律师为侨胞维权支招》，《人民日报（海外版）》，2016 年 8 月 1 日。

[2] 社区警务论坛是依照南非《1996 年宪法》第 206 条第 3 款的规定和《南非警察法》以及《南非警察关于社区警务论坛暂行管理条例》中的相关条款所成立的一个立足于社区的非营利性公益组织，由社区分片派代表组成论坛委员会，定期与警方、各级政府治安部门开会讨论警方执法情况、社区治安形势，并研拟因应之策。

民合作中心与南非有关部门三方良性互动，号召侨胞合法经营、遵守当地风俗习惯，自觉维护华人形象。①

　　在接受了中心提供的服务之后，当地华侨华人积极回馈中心及当地社会，参与中心的扶助工作。如中心联络员参与社区慈善活动，为 Emmanuel 孤儿院的 82 名贫困儿童举办迎接圣诞活动，并呼吁开普敦各地的华侨华人积极参与当地的社区慈善活动。参加安全形势座谈会的南非海信集团、龙源电力、中国工商银行和晶科太阳能等中资企业代表也结合各自的实际情况，就居住区、工作环境、人员出行、仓库选址等方面如何降低风险与开普敦侨界交流经验。在警民合作中心这一桥梁下，中非两国加强了安全领域交流，相关部门的沟通更为顺畅，祖籍国、住在国、警民合作中心的互动过程形成了良性循环。

## 三、　华助中心的整合功能与互动效应

　　华助中心作为整合侨务资源、凝聚侨心的重要平台，其整合性体现为祖籍国涉侨工作的整合、海外华人社团力量的整合、为侨服务帮扶模式上的整合。

### （一）祖籍国涉侨工作的整合

　　随着出境人数的增加，我国公民的海外活动范围扩大，领事保护工作难度也随之增加，需建立有效的协调机制，整合国内外资源。据统计，中国公民出境旅游人数从 2001 年的 1 213.31 万增加到 2010 年的 5 738.65 万，2019 年更达到 1.55 亿人次。②

　　华助中心在国务院侨办牵头下成立，但我国涉侨机构多元，中央涉侨机构除国务院侨办外，还涉及外交部、中国侨联、人大华侨委、政协港澳台侨委、致公党、统战部、教育部、公安部、外国专家局等，亦包括地方侨务部门以及各地侨联组织。因此，中央与各部委间、中央与地方间的横向与纵向两个层面分工合作，并与散布海外各国各地区的华助中心形成国内交织国外联动的服务体系，整合了各方资源，形成了资源共享，促进海外各华助中心之间的交流与互通。

　　国内涉侨机构整合国内资源，商务部、教育部在中国大使馆内设经商处或商

---

① 中华人民共和国驻开普敦总领馆：《驻开普敦总领馆与开普敦华人警民中心座谈》，http://capetown. china - consulate. org/chn/gdxw/t1157479. htm，2014 年 5 月 19 日。

② 中央政府门户网站：《中国公民出境游人数大幅增长》，http://www. gov. cn/jrzg/2011 - 11/28/con - tent_2005334. htm，2011 年 11 月 28 日；中国新闻网：《2019 年中国入出境旅游总人数 3 亿人次同比增长 3.1%》，http://www. chinanews. com/cj/2020/03 - 10/9120457. shtml，2020 年 3 月 10 日。

务参赞、教育处或文化参赞，国家文旅部在日本、美国等国也有代表处负责涉中国公民境外旅游安全事件。国内如出国出境人员较多的福建、广东、浙江、上海等省市外事部门近年新设立的涉外安全处专门负责与外交部对口协调工作。"境外中国公民和机构安全保护工作部际联席会议制度"实现了跨部门和跨行业的整合，它包括了外交部、公安部、教育部、商务部、运输部、国家文旅部、中国民航局、交通运输部等 26 个部级机构，其作为全国统一指挥协调机构，负责中国公民海外安全的政策制定与危机应急处理。在涉侨机制上，国务院侨办在与各级各部门"五侨"联席会议制度、侨务工作联席会议制度、外事工作领导小组、专项工作协调机制多种机制的共同作用下①，共同致力于涉侨工作的开展。国内交织配合的机制体系服务范围覆盖广、服务效率高，但同时也面临人手不足、手段单一、海外资源不足等难题，所以在海外工作需要当地政府、社会民间团体的支持与配合。华助中心作为整合性的平台，熟知住在国当地的情况，队伍中不乏各行各业专业人员及参政议政人士，拥有广泛的人脉资源。全球华助中心的资源整合形成独具特色的机制，与国内成熟的涉侨机制相配合，形成国内交织国外联动的多维服务机制，共同服务于侨胞。

在工作内容上，华助中心采用侨社主办、侨办项目扶持的模式，侨办根据不同国家和地区的实际情况，结合中心侨团或服务机构自身的能力及特点，通过相关项目、出访团组等活动助推华助中心服务内容，提升影响力，以促进华助中心的发展。华助中心作为平台，可整合其他计划，如"文化中国·四海同春"作为文化交流计划的重要内容，可与华助中心相互宣传；中餐繁荣计划及中医关怀计划都可将华助中心作为展示的平台或协办单位，使两者共同发展；华教发展计划在构建华文教育教材、施教、帮扶和支撑体系的同时，积极扶持华助中心的教育项目，如开展培训、举办活动等；信息服务计划虽单独作为一项计划，但已通过侨宝、微信等新媒体平台成为华助中心建设的重要一环。

### （二）海外华人社团力量的整合

华助中心的平台是通过侨团自荐、侨办提名、使领馆推荐等方式遴选的具有公信力及为侨服务职能的骨干侨团和华人社区服务机构，旨在成为当地侨胞信赖、覆盖面广、有带动力、有影响力的为侨服务主要机构。通过华助中心的授牌与建设，丰富服务内容，提升其服务能力，进而激发和调动侨社内生动力，同时带动其他侨团和机构共同为侨服务。华助中心所依托的平台主要有以下三类：一是由多个社团合办，如日本东京华助中心由全日本华侨华人社团联合会和东京华

---

① 国侨办政研司：《关于建立侨务工作协调机制的研究》，《侨务工作研究》，2007 年第 3 期。

侨总会共同承办。二是单一社团承办，社团类型多样，如委内瑞拉华助中心依托当地的全国华人华侨联合总会，由全国 23 个省市侨团联合组成，所有在职委员志愿义务服务侨社①；承办巴西圣保罗华助中心的巴西华人协会是巴西最大的华人社团，在当地具有强大的号召力，可将大量的人力物力投入到华助中心运营中。三是由趋于成熟的华人社区服务机构承办，如加拿大多华会、新西兰华人服务社等，依托此类型平台的华助中心有自身独特的优势，其服务能力较强，资金来源渠道多样、服务功能多元，但同时也受其注册性质及政府政策的约束，如住在国政府相关扶持资金只能用于新移民融入，其资金运作有严格的税务审核，华助中心的资金需与原平台作出严格区分，但其帮扶对象往往互相重合，造成了一定程度的界限模糊。海外华侨华人历来就有互相帮扶、热心慈善的历史传统，"华助"概念与行动已长期存在，不论何种类型的平台，都沿袭着相似的华助理念，但在海外华人社团林立的情况下，华助的力量相对分散。华助中心是在祖籍国的支持与鼓励下形成的公益机构，凝聚侨力，明确自身的使命，秉承"团结、互助、奉献、服务"的华助精神，将团结更多社团参与到海外华侨华人的公益事业中，同时推动海外社团的和谐发展。

### （三）为侨服务帮扶模式上的整合

随着全球化的发展，我国向海外迁移人口在素质上有很大提升，华人社团和服务机构发展势头良好，但侨胞在住在国所面临的问题也日趋复杂，在老问题尚未完全解决之际，新问题不断增加。总体来说，仍然存在融入当地社会能力不足，语言障碍，不熟知当地法律造成的不法经营、违法犯罪、人身安全、心理障碍等多方面问题。此类问题具有鲜明的地域特点，以侨胞安全为例，在近年来社会情况复杂以及经济下滑的非洲地区，侨胞的人身安全、财产安全在社会治安不佳的情况下形势严峻，华助中心不断探索新模式，南非华人警民合作中心组建武装巡逻队保护侨商安全；意大利罗马华助中心和意大利宪兵协会联合组建的治安巡逻队是意大利华人社团首次与意方合作，开启了警民联手，为当地华商保驾护航的先例；巴西圣保罗华助中心与当地军警民警合作共同改善治安环境。华助中心作为一个全球范围内的经验互享平台，集思广益，将各个华助中心在实践过程中的创新模式、有效方法梳理整合，提供给面临相似问题的华助中心借鉴，将针对某一问题的帮扶模式在全球范围内共享，不仅可供存在相似问题的华助中心借鉴，同时也可防患于未然，为遭遇此种突发问题但又无任何经验的华助中心提供应急处理的样板。

---

① 委内瑞拉全国华侨华人联合总会，http://www.facv.com.cn/jggk/ShowArticle.asp?ArticleID＝175。

# 四、 华助中心成效性分析及存在的问题

海外华人服务机构的跨国合作对祖籍国、海外华人及住在国来说，都具有十分重要的意义。对祖籍国而言，海外华人服务机构的跨国合作可搭建起海内外联系沟通的桥梁，是凝聚侨心的纽带，有利于海外为侨服务和中国领事保护等工作的开展。对海外侨胞而言，海外华人服务机构可实现关爱、帮扶、融入三大基本功能，助力侨胞在住在国的生存发展，尤其是在扶老携幼、促进华侨华人事业发展、帮助新移民就业、应急帮扶等方面作出贡献。对住在国而言，海外华人服务机构积极回馈当地社会，关注住在国的民生工程，缓解了政府的公共事业压力，促进新移民融合进程，推动族裔多元文化发展。

## （一）华助中心成效性的四维分析

为准确了解华助中心的建设成效，我们进行了访谈和问卷调查。针对华助中心在初创阶段的发展情况，对45家机构发放调查问卷，回收有效问卷15份，选取不同地区的6家华助中心作为分析对象，分别是亚洲老挝华助中心、北美多伦多华助中心、欧洲米兰华助中心、大洋洲悉尼华助中心、非洲开普敦华助中心、南美阿根廷华助中心。

从机构成熟度、社会协同度、专业服务能力及可持续发展潜力4个维度进行评估，探析华助中心成立以来的建设成果。仍处于初创期的华助中心依然面临诸多困难，通过建设进程的考察以窥其发展过程中遇到的问题并探寻对策。其中，机构成熟度从机制建设、目标实践、运行监督、执行设立、财务管理5个方面细化为24个三级指标；社会协同度从政府协调、其他团体协调、当地社会协调等5方面评分；专业服务能力分为基础设施建设、专业队伍建设2大方向8个三级指标；可持续发展潜力从资讯平台、资金、人才培育、反馈提升、社会资源5个方面细化为19个三级指标评估，从而全方位立体地描述华助中心目前的建设成效及亟待解决的难题。

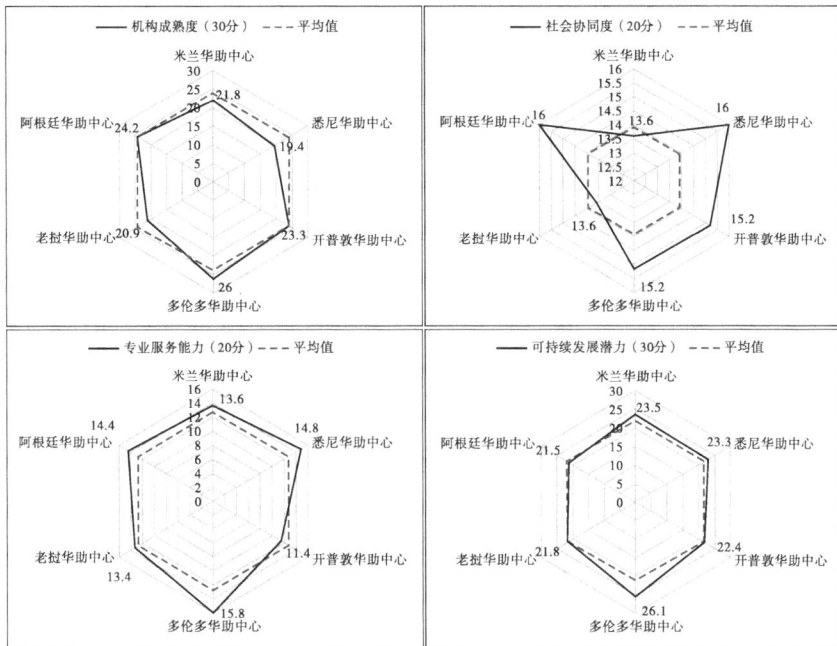

**图 3-2　六家华助中心发展概况**

从样本总体来看，15 家华助中心的平均得分为 72.46，2/3 的华助中心超过平均水平。以选取的 6 家华助中心为例：在机构成熟度与可持续发展潜力方面相互之间的差异较小，接近平均水平，但在社会协同度及专业服务能力上还有所欠缺，地区之间的发展不平衡。

首先，从机构成熟度来看，华助中心规范性建设的进程较为一致，各机构均遵守所在国的法律法规，在当地注册备案，其使命与愿景符合 NPO（Nonprofit Organization）特征，使华助中心成为合法团体。在国侨办的统一协调下，45 家华助中心确立正式、规范的英文名称，以正式文字阐述使命、宗旨、理念，发布全球统一的标识，启动商标申请工作。同时，华助中心规范员工管理制度，以保证服务工作的有序展开。86% 的华助中心设立了监事或理事机构，定期举行会议并记录内容，各监事或理事根据组织章程所确立的职责参与重大议题的决策，并监督中心的运行。在财务管理方面，86% 的华助中心配备专门的财务人员并设置了登记制度，明确资金使用范围；所有华助中心都注重公开财务信息及接受捐赠的情况，开展活动前制订严谨的规划，确保华助中心活动的顺利进行。目前，华助中心的目标及定位基本满足华助中心所在区域的需求现状。

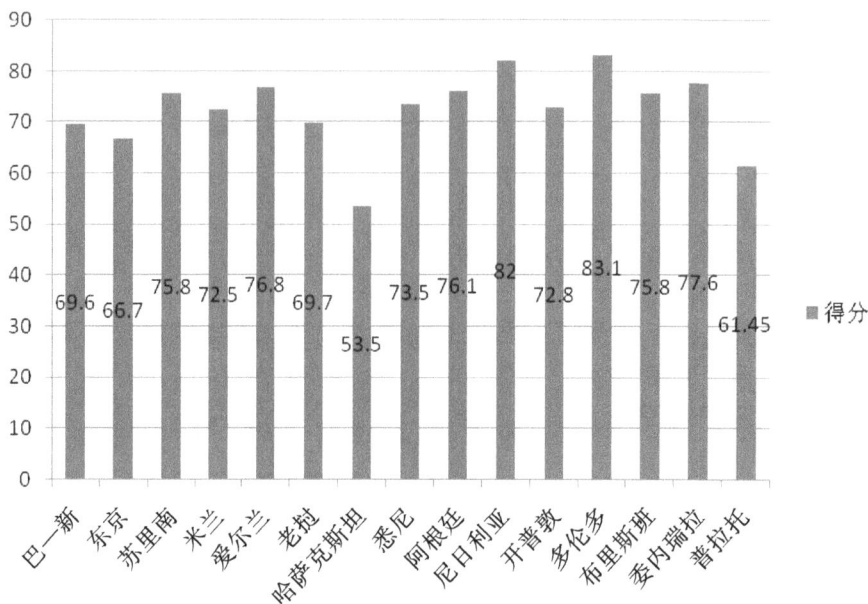

图 3-3　15 家华助中心得分情况

　　规范性建设作为机构运转的前提，是建设初期最重要的内容，但有部分华助中心未在当地注册备案，为今后在住在国开展活动埋下一定隐患。部分华助中心的名称在当地的翻译不统一，需统一西班牙语、法语等其他语言的标准翻译名称。

　　其次，从社会协同度来看，华助中心在与住在国政府和祖籍国政府之间的协调、与住在国当地社会的协调和与其他社会团体的协调方面存在问题。

　　第一，在与住在国政府、祖籍国政府等的关系方面，华助中心仍有较大的发展空间：①华助中心的发展离不开祖籍国政府与住在国政府的资金、政策支持，与当地政府维持良好关系，可壮大华助中心的关系网，提高为侨服务的效能。大部分华助中心与住在国政府保持互动，构建和谐的关系，但在此过程中，其获得政府的资金资助、政策支持依然相对较小，超过 70% 的华助中心缺乏住在国政府援助，而非营利机构的运行离不开资金的支持。海外华人规模较大，服务需求日渐增多，仅凭侨胞捐助难以维持机构日常运作的庞大开支。中国作为祖籍国虽动员中国侨商会向 45 家华助中心提供经费支持，资金缺口依然较大。在资金来源渠道较少的情况下，即使祖籍国派艺术团、中医团等帮助华助中心拓展筹资渠道，有限的资源对于遍及全球的华助中心而言，仍难以面面俱到。②华助中心的发展受祖籍国和住在国双边关系的影响较大，住在国政府及社会对华助中心可能存在疑虑。如马尼拉华助中心成立后既经历了中菲关系处于低潮的时期，也见证了中菲关系全面恢复，"这种历程给予我们的领悟是：当中菲关系较佳时，华助中心的工作就非常好做。假如中菲关系陷入低潮，华助中心的工作就会事倍功半"①。

第二，华助中心与住在国社会的协调。前面所述的新移民在住在国所面临的融入问题，其中一点就是中外文化差异造成的矛盾与误解。新移民不太熟悉当地风土人情和法律法规，加上个别新移民自身可能存在陋习，且不热心当地公益、不注意回馈当地社会，导致融入障碍。华助中心作为引导新移民融入的服务机构，应在此类问题上作出表率。目前华助中心或其依托的社团在此方面已取得诸多成效，民众认可度也相对较高。如尼日利亚拉各斯华助中心鼓励在中企工作的当地民众参与华助中心的活动②；加拿大蒙特利尔华助中心的义工队伍正式注册人数已逾 3 000 人，来自不同性别、年龄阶段和族裔。

第三，华助中心与其他社会团体的协调，涉及社团内部及外部两方面的问题。首先，华助中心出现新老一代的衔接问题，以马尼拉华助中心为例，"自从众华侨在 20 世纪 70 年代中期集体加入菲律宾国籍后，'侨社'蜕变为'华社'，菲华商联总会的理事们渐渐以华裔菲籍为主流，菲籍中侨及中国籍新侨各占半数，是一个典型的老中青结合的侨团。因此，在华助中心的人员配置上，也注重老中青结合，注重'传帮带'邀请年轻人加入团队，促进第二代或第三代土生土长的理事们及华社华裔精英更了解、更接近、更认同其工作。使新老侨凝聚在一起共同遵守菲律宾法律，融入菲华社会"③。在东南亚的其他国家和地区的华人也同样面临着此类问题，部分华社的新生代力量还比较薄弱。在此过程中，新生代的华人与融入当地社会的新移民的相处结合更有利于他们对祖籍国的认识，共同为两国的友好关系及文化经济的交流作出贡献。其次是社团外部问题，华助中心与当地社团互动频繁，但在功能转移上还有待加强。鉴于华助中心的功能并非可解决工作中遇到的所有问题，新移民或侨胞在住在国需要的服务并不是华助中心在初创阶段全部具备的，华助中心与频繁互动的社团组织要实现功能上的对接才能将互动环节更有效地利用起来。

---

① 庄前进在 2016 年度华助中心工作总结会议上的发言。
② 2017 年 1 月 23 日于湖南长沙采访尼日利亚拉各斯华助中心柏先生。
③ 庄前进在 2016 年度华助中心工作总结会议上的发言。

# 第四章 同舟共济与合作共赢：海外侨胞与人类命运共同体建设

　　铸牢中华民族共同体意识的关键是让海内外中华儿女有归属感、获得感和荣誉感。2021 年 8 月，习近平总书记在中央民族工作会议上强调："铸牢中华民族共同体意识，就是要引导各族人民牢固树立休戚与共、荣辱与共、生死与共、命运与共的共同体理念。"① 海外侨胞积极响应"一带一路"倡议、与中国政府和社会团体合作应对新冠疫情的挑战、推动全球治理的深入、共建人类命运共同体，展现了中华民族同舟共济、合作共赢的精神气质，进一步铸牢了中华民族的共同体意识。

---

①　中央统战部：《习近平在中央民族工作会议上强调，以铸牢中华民族共同体意识为主线，推动新时代党的民族工作高质量发展》，http://www.zytzb.gov.cn/mz2021zyjs/362386.jhtml。

# 第一节　华侨华人与全球新冠疫情应对

华侨华人在全球抗击新冠疫情期间作出了独特的贡献，他们是祖籍国打赢疫情防控战的独特力量，也为住在国抗击新冠疫情作出了重要贡献，前者体现在捐款捐物、志愿服务、传递信心等方面，后者体现在为当地购买物资、提供志愿服务和经验分享等方面。

2020 年初，突如其来的新冠疫情蔓延全球，给世界带来了巨大灾难。根据世界卫生组织公布的数据，截至 2020 年 12 月 27 日，新冠全球感染人数为 79 231 893 例，死亡人数为 1 754 574 例。[①] 虽然世界各国采取了多种措施，但疫情仍未得到有效控制，在全球多地出现反弹。新冠疫情对世界经济、政治和国际关系等方面都造成了巨大冲击，全球携手抗疫已成为当务之急。作为连接中国与世界的桥梁和纽带，华侨华人在全球抗疫中发挥着独特作用，但也面临着多方面的挑战。

## 一、　华侨华人是全球新冠疫情防控的独特力量

华侨华人参与全球新冠疫情防控大致可分为两个阶段，即支持祖籍国抗击疫情和参与住在国的疫情防控。

### （一）华侨华人支持祖籍国抗击疫情

2020 年初新冠疫情在中华大地肆虐，因感染人数在短时间内剧增，带来了医用防护服、防护口罩等物资的极度短缺，一时间给社会经济造成了严重的影响。面对严峻形势，华侨华人心系祖籍国，积极支援祖籍国的疫情防控。

通过暨南大学华侨华人研究院经由微信等平台对全球华侨华人进行的问卷调查统计，华侨华人对祖籍国抗击疫情表示"非常支持"和"一般支持"的态度

---

① World Health Organization. COVID – 19 Weekly Epidemiological Update，https：//www. who. int/docs/de – fault – source/coronaviruse/situation – reports/20201229_ weekly_ epi_ update_ con_ 20_ cleared. pdf，2020 – 12 – 29.

分别占比 83.68% 和 11.89%，合计达 95.57%；曾以捐赠或其他方式对祖籍国抗击疫情表示支持的人数占比近 80%。① 云南大学西南边疆少数民族研究中心的网络调查也得出了近似的结论，超过 80% 的海外华侨华人对祖籍国新冠疫情表示"非常关注"，接近 90% 的华侨华人在住在国有过支援祖籍国抗疫的物资捐赠活动。② 华侨华人对祖籍国疫情防控的贡献主要体现在捐款捐物、志愿服务、传递信心等方面。

**1. 积极捐款捐物**

华侨华人了解到祖籍国防疫物资短缺的情况后，第一时间组织调动海内外各方力量，在国际市场采购医用口罩、防护服、护目镜等医用物资，并与国内相关部门和机构协调，快速将物资运往抗击疫情第一线。在亚洲，旅居日本的华侨华人率先行动起来为祖籍国抗击疫情捐赠物资并开展资金募捐行动，据不完全统计，截至 2020 年 3 月底，全日本华侨华人社团联合会所属 37 个社团和其他社团及在日企业共捐赠物款合计超过 6 500 多万日元。泰国、老挝等国的中华总商会也积极响应中国侨联"关于海内外侨胞为抗击疫情捐款捐物的倡议"，尽全力支持祖籍国抗击疫情；在泰国中华总商会新一届会董会就职典礼上，中华总商会现场捐赠 1 500 万泰铢给国内抗疫；③ 北美洲、中南美洲侨胞也开展物资募集活动支持祖籍国疫情防控。加拿大华人医师成立抗击新冠疫情应急委员会，为抗击疫情提供指导；在非洲，肯尼亚、安哥拉等国的华侨华人纷纷捐款捐物支援祖籍国抗疫；在大洋洲，澳大利亚、新西兰各界华侨华人纷纷响应倡议，为祖籍国抗击疫情作出努力。④

据不完全统计，截至 2020 年 3 月 11 日，全国统战系统参与或协助办理海外侨胞捐款和捐赠各类防疫物资，折合人民币逾 20 亿元。⑤ 截至 2020 年 4 月 7 日，来自 57 个国家及地区的广东籍海外侨团与侨胞通过中国侨联和广东省侨联捐赠平台向武汉及广东各地捐赠款物达 4.7 亿元，其中捐款 3.2 亿元，捐赠抗疫防护用品及其他用品价值 1.5 亿元。⑥ 海外闽籍华侨华人社团也积极捐款捐物，捐赠

---

① 代帆：《华侨华人支持中国疫情防控》，http://ex. cssn. cn/gd/gd _ rwhn/gd _ ktsb/zgzzdy - yqfkzjz/ 202004/t20200407_5110357. shtml?COLLCC = 256018337&，2020 年 4 月 7 日。

② 聂选华、周文等：《应对新型冠状病毒肺炎的海外华人华侨调查分析报告（一）》，https://mp. weixin. qq. com/s/5krPIZ0ARxbAd0dZhfQflw，2020 年 3 月 4 日。

③ 中华人民共和国驻泰王国大使馆：《泰国使馆全力做好防控新冠肺炎疫情涉领事工作》，http://cs. mfa. gov. cn/gyls/lsgz/lqbb/t1746163. shtml，2020 年 3 月 5 日。

④ 陈奕平：《华侨华人为疫情防控贡献独特力量》，《中国社会科学报》，2020 年 4 月 7 日。

⑤ 许又声：《和衷共济战疫情 四海同心克时艰》，http://www. china - news. com/hr/2020/04 - 16/ 9158526. shtml，2020 年 4 月 16 日。

⑥ 缪璟：《粤籍海外侨胞助力抗疫捐款捐物多达 4.7 亿元》，https://news. dayoo. com/guangdong/ - 202004/11/139996_53280053. htm，2020 年 4 月 11 日。

各类医用口罩472.7万个、医用防护服6.6万套，以及测温仪、防护镜、医用手套等相关防护物资；此外，海外侨领也积极响应，为祖籍国疫情防控贡献力量，如正大集团资深董事长谢国民、董事长谢吉人在中国抗疫之初就给国内捐助了3 000万元现金和2 000万元物资，并号召正大集团在华的400多家公司积极支援中国各地开展抗击疫情工作；世界华商联合促进会会长、中国侨商会会长许荣茂为中国防疫捐赠逾3 000万元人民币。①

**2. 海外侨胞不断传递增强战胜疫情的信心**

疫情暴发之初，面对人类未知的病毒，人们普遍存在强烈的担忧和恐惧，甚至有些人因难以摆脱消极情绪而无法正常生活。在危急时刻，身处世界各地的华侨华人为祖籍国人民带来了亲人般的问候，向战斗在一线的医护人员表达了赞赏和敬意，为全国人民抗击新冠疫情注入了信心。泰国华侨华人录制各种"加油"视频为中国抗击疫情鼓劲，共同为中国呐喊祝福："齐心协力共渡难关，中国加油，中国加油！"② 面对中国政府所采取的疫情防控措施，美国侨界纷纷给予积极的评价。大华府地区中国大专院校校友会联合会会长李民表示："非常赞赏和支持中国政府对此次疫情防控采取的果断措施，切断疫情扩散，'封一座城，护一国民'，政府现在从各个层面上入手，共同抗击病毒疫情，稳定局面，人民战胜疫情的信心大增。"③

**3. 华侨华人批驳和谴责对中国污名化的言论**

针对住在国当地媒体对中国抗击疫情的污名化言论以及华侨华人遭受的歧视，华社组织和侨领纷纷站出来予以批驳与谴责。美国纽约州民主党国会议员孟昭文提出"谴责与新冠肺炎相关的所有形式反亚裔情绪"法案，法案呼吁谴责一切形式的反亚裔情绪，敦促执法部门调查所有亚裔仇恨相关犯罪的报告。伦敦、伯明翰、曼彻斯特等地的华人社团成立"全英华人反种族歧视小组"，协调各地反歧视工作，增强与政府及媒体的合作，为受歧视的华人提供指导和帮助。加拿大联邦小企业、出口促进及国际贸易部部长伍凤仪在《多伦多星报》和《星岛日报》发表评论文章支持华裔，呼吁立即行动，谴责种族主义和歧视行

---

① 正大集团网：《正大集团全力支援泰国医护人员抗击疫情》，http://www.cpgroup.cn/news－Info.aspx? catID=3&subcatID=13&curID=9091，2020年7月23日；福建省侨联网：《闽籍华侨华人积极助力新型肺炎阻击战》，http://fjsql.fqworld.org/qlyw/60955.jhtml，2020年7月23日。

② 中共汕头市委统战部：《［战疫播报］泰华进出口商会、泰国中华总商会等海外社团捐赠口罩等紧缺物资驰援我市》，http://sttzb.shantou.gov.cn/sttzb/sxkb/202002/13643fec40d5481c8793e171044929ac.shtml，2020年2月3日。

③ 张梦旭：《美国华侨华人踊跃支持、积极评价中国疫情防控工作》，http://www.chinaqw.com－/hqhr/2020/01－29/244321.shtml，2020年1月29日。

为。① 针对澳大利亚部分媒体侮辱华侨华人的种族歧视言论，昆士兰州华人团体与昆士兰州州长白乐琪举行紧急会晤并联合接受地方主流媒体采访，呼吁各种族团结起来，共同抗击疫情。昆士兰华人联合会秘书长马连泽在采访中表示，澳广播公司（ABC）就华侨华人对中国的援助情况进行了采访，"这些都有助于加强华人社区和当地社会的沟通与理解"②。

### （二）华侨华人参与住在国的疫情防控战

自 2020 年 3 月起，新冠疫情逐渐在世界各地蔓延，且呈现井喷态势。华侨华人分布在全球 198 个国家和地区，他们积极参与住在国的政治、经济、文化等建设，是当地社会的一分子。面对新冠疫情不断蔓延，华侨华人纷纷再次行动起来，支援回馈当地社会，为当地购买物资，提供志愿服务，分享防疫经验，同心抗疫。③

#### 1. 自我防护，履行职责

随着新冠疫情的不断蔓延，海外中国留学生、华侨华人也面临着病毒威胁，华社开始团结互助，共同面对困难。④ 新加坡、奥地利、瑞士等多个国家的华侨华人在返回住在国之后大多进行了为期 14 天的自主隔离。比利时中华商会除了号召侨胞加强自我防护外，还将采购到的包括口罩、免洗消毒剂和消毒喷雾在内的家庭防护品免费发放给需要的侨团会员。为减少疾病传播风险，马德里乌塞拉区的多家中餐馆、华人美发店纷纷暂停营业。正因为自身的积极防护，不少华侨华人聚集地的感染率都不高。在 2020 年 3 月意大利本土疫情严峻之时，据中国驻佛罗伦萨总领馆讯息，托斯卡纳大区普拉托（Prato）市内约 2.5 万名华侨华人既无确诊患者，也未发现疑似病例，实现了"零感染"。普拉托华侨华人在疫情初期就自觉居家、减少外出，并且采取了严格的防疫措施，这些都给当地其他市民传递了一个信号，即疫情不容轻视。普拉托华人的积极作为使得该市在当时没有爆发如外界推测的大规模疫情，时任市长马泰奥·毕弗尼在社交媒体上对此甚至表示了盛赞。⑤

#### 2. 动员人脉，协调物资

面对住在国疫情的蔓延，海外侨胞积极参与当地抗疫，捐款捐物，协调物

---

① 吴侃：《海外华侨华人用正能量应对种族歧视》，http://www. chinaqw. com/hqhr/2020/05 – 19/ – 257239. shtml，2020 年 5 月 19 日。
② 王传军、王思成：《积极行动助力中国抗击疫情》，https://epaper. gmw. cn/gmrb/html/2020 – 02/14/ nw. D110000gmrb_20200214_5 – 12. htm，2020 年 2 月 14 日。
③ 该部分内容曾在《中国社会科学报》刊登，何琴对本部分的撰写提供了协助。
④ 贾平凡：《海外侨团凝聚起强大战疫力量（侨界关注）》，《人民日报（海外版）》，2020 年 5 月 1 日。
⑤ 新京网：《意大利确诊 11 万，最大华人社区零感染，如何做到的?》，http://www. bjnews. com. cn/fea – ture/2020/04/02/712523. html，2020 年 4 月 2 日。

资，展现了良好的责任和担当。泰国正大集团率先向全泰国 77 家医院捐款 7 700 万泰铢，并投资 1 亿泰铢建造口罩厂，月产 300 万只口罩，全部免费提供给当地医疗机构和普通百姓；菲律宾、柬埔寨部分侨团分别募集 798 万元人民币和 50 万美元支援住在国政府抗击疫情；美国"百人会"向当地医院捐赠约 100 万美元的抗击疫情物资。① 此外，华侨华人还将中国政府和中国人民的抗击疫情的故事和经验传递至住在国，给予当地民众精神支持，增强了当地民众战胜疫情的信心。

**3. 同心抗击疫情，组织志愿服务**

面对住在国疫情暴发，华侨华人积极承担社会责任，以不同的方式加入疫情防控工作中，向当地捐赠口罩、医用防护服等抗疫物资成为最为常见的方式。为协助住在国当地政府做好华人社区的防疫工作，罗马的 21 家华人社团成立了"抗击疫情应急援助中心"，为华人提供防疫建议、语言翻译、医疗机构信息整合、归国侨胞信息登记、为隔离侨胞送生活物资等服务。华文媒体也纷纷普及疫情知识，加拿大《七天》文化传媒在网站开辟防疫专题，积极跟进报道，刊登《冠状病毒肺炎急剧扩张 新型礼仪防范》《宅家"自愈"宝典》等报道，以及时回应读者关切，为民众健康护航。美国、德国、日本等国的华侨华人纷纷向当地医院、政府机关、社区捐献物资。同时，华侨华人还发挥后勤支持作用，为一线工作人员提供协助。在美国，中餐饮联合会开展"为前线工作者送餐"行动，将餐点免费送给前线抗击疫情的工作人员。②

华侨华人在面临种族主义情绪高涨、污名化舆论甚嚣尘上的压力下，依旧积极参加住在国当地的疫情防护工作，并分享中国抗击疫情的经验，发挥了联结海内外的桥梁纽带作用，展现了全人类共同抗击疫情的大爱精神。

# 二、 侨务部门与华侨华人抗击全球新冠疫情

新冠疫情发生后，中国侨务部门向华侨华人发出倡议，呼吁捐款捐物，帮助解决国外救援物资运输问题，并支持华侨华人参与当地的疫情防控等，在华侨华人参与全球抗击新冠疫情行动中发挥了协调、推动的作用。

---

① 许又声：《和衷共济战疫情 四海同心克时艰》，http://www.china - news.com/hr/2020/04 - 16/9158526.shtml，2020 年 4 月 16 日。

② 黄惠玲：《为前线工作者送餐 全美华人爱心中餐日活动将举办》，http://www.chinaqw.co - m/zhwh/2020/05 - 07/255863.shtml，2020 年 5 月 7 日。

### （一）呼吁华侨华人支援祖籍国的疫情防控

疫情暴发后，中国侨联于 2020 年 1 月 26 日在官网发布了《关于号召海内外侨胞为打赢"新型冠状病毒感染的肺炎"防控阻击战捐赠款物的倡议书》，号召海外侨胞"支持武汉地区抗击疫情"，为"打赢疫情防控阻击战"贡献力量。[①] 在倡议中，明确物资捐赠、捐款流程和接受对象，如明确捐款接收账户为中国华侨公益基金会等，为海外侨胞开展捐赠活动提供指导。截至 2020 年 12 月 31 日，中国华侨公益基金会共到账人民币捐赠款 259 117 970.85 元、美元捐赠款 14 409 415.07 元和港币捐赠款 1 911 497.88 元，体现了海外侨胞支援祖籍国抗击疫情的爱国爱乡之情。[②] 同时，各地侨务部门积极响应中国侨联的号召，转发倡议书让更多的海外侨胞获取正确的捐赠渠道和途径。例如温州市政府侨务办公室联合温州市侨联呼吁海外侨胞"积极捐助物资，支援家乡，共同'战'疫"[③]。东莞市侨联不仅在市侨联官网上转载倡议书，还通过网上微信等平台将倡议书发至海外东莞籍侨团，使得海外侨胞通过正确的官方渠道开展捐赠活动，有利于捐赠工作统一有序的开展。

除发出倡议外，侨务部门还呼吁侨胞声援中国抗疫工作。例如，在山东省侨联倡议下，西班牙巴塞罗那华星艺术团和西班牙华人山东总会共同主办的"信心中国"活动在加泰罗尼亚广场唱响，活动"吸引了近千名当地民众围观并在签名墙上签名，共同为中国抗疫工作呐喊、助威"，也"为华人万众一心的表现点赞"。[④]

### （二）协助海外侨胞解决物资运输困难

随着疫情的蔓延，国际航班等交通运输方式相继被中断，海外侨胞如何将防疫物资运送回国一时之间成了难题。各地侨务部门积极帮助海外侨胞搭建运输通道，解决物资运输困难。例如浙江省侨联组织开辟了"'战'疫物资抢运通道"，联系货运包机将海外侨胞所募集的疫情防控物资直接运送回国。此外，有的侨务部门紧急与海关协调，特事特办，帮助救援物资顺利过关。如厦门市侨联协调厦门海关开辟绿色通道，帮助新加坡华源会捐赠的抗疫物资顺利通关并运送至厦门

---

① 中国侨联：《中国侨联关于号召海内外侨胞为打赢"新型冠状病毒感染的肺炎"防控阻击战捐赠款物的倡议书》，http://www.chinaql.org/n1/2020/0206/c431699-31574437.html，2020 年 2 月 26 日。

② 中国华侨公益基金会：《华侨基金会第二十九批专项拨付公告》，http://www.qlgy.org.cn/article/detail.html?tid=5a5a19efd7c970e4c40be90d&aid=5ffe9d29e45e9e32ae0765aa，2022 年 1 月 25 日。

③ 徐慧兴：《温州政府包机从海外运输防疫物资》，《都市快报》，2020 年 2 月 7 日。

④ 山东省侨联：《西班牙巴塞罗那举行"信心中国"大型活动"武汉加油"唱响加泰罗尼亚广场》，http://www.chinaql.org/n1/2020/0215/c431600-31588622.html，2020 年 2 月 15 日。

防控指挥部。

伴随物资运输问题的解决，大量物资被运送到国内。[①] 面对疫情管控期间人力资源短缺的境况，侨务工作者还扮演"搬运工"的角色，接过接力棒将海外侨胞拳拳赤子心传递到抗疫一线，体现"岂曰无衣，与子同袍"的浓浓同胞情。

### （三）支持海外侨胞参与住在国当地的疫情防控

随着新冠疫情在世界各地的蔓延，许多国家的疫情形势日趋严峻。为支持海外侨胞共同抗击疫情，各级侨务部门一方面呼吁华侨华人做好自身防护工作，另一方面也积极向侨胞和当地政府、机构捐赠物资与健康包。据不完全统计，截至2020年4月1日，中华海外联谊会和各地侨务部门共向66个国家的海外侨胞及住在国捐赠口罩3 400多万只、医用手套400多万只、中成药制剂100多万剂（盒），以及大量的防护服、护目镜、体温计、核酸检测试剂盒、防疫包等防护物资。浙江于2020年3月11日将包括321.7万只一次性口罩、24.7万只N95医用口罩等在内的首批26.4吨防疫物资运抵意大利，成为国内首个向海外捐赠物资的省份，这种向海外侨胞及住在国政府、医疗机构的定向捐赠，引起了当地政府和侨界的强烈反响。[②] 据不完全统计，截至2020年5月12日，广东全省各级侨联累计向海外80多个国家和地区200多个侨团捐赠了200多批次防疫抗疫物资。[③]

## 三、　华侨华人参与全球疫情防控的反思

华侨华人在全球疫情防控中作出了重要贡献，中国侨务部门在协调、支持华侨华人参与疫情防控方面也发挥了应有的作用。但到目前，在全球范围内，疫情尚未得到完全控制，疫情防控呈现常态化。为了更好地应对疫情带来的问题，更好地发挥华侨华人和侨务部门在疫情防控中的作用，本书提出了如下思考和建议：

### （一）进一步完善涉侨部门的应急救济协调机制

涉侨工作一直有侨办、侨联、人大、政协和致公党参加的"五侨"联席会

---

① 张红：《跑药店、找工厂、跨境买　携手战疫情海内外侨界在行动》，《人民日报（海外版）》，2020年2月7日。

② 许又声：《和衷共济战疫情　四海同心克时艰》，http://www.china‑news.com/hr/2020/04‑16/9158526.shtml，2020年4月16日。

③ 中国侨联网：《中国华侨公益基金会、广东省侨联向海外赠送侨爱心健康包》，http://www.china‑ql.org/n1/2020/0512/c431598‑31706292.html，2020年5月12日。

议机制运作，但实际运作过程中仍然面临一些困难，比如沟通不够、政策把握程度不一。在这次疫情抗击中，浙江、广东、湖南等地涉侨部门的做法值得借鉴。浙江第一时间成立由省侨联党组书记、主席牵头抓总，班子成员分工负责的疫情防控工作领导小组，开启了全天候、无时差的工作模式，构筑起坚强温暖的"守护者联盟"。① 广东省坚持和完善"五侨"联席会议机制，各侨务部门和机构协同努力，较早动员华侨华人参与疫情防控阻击战。截至 2020 年 1 月 30 日，来自五大洲 30 个国家和地区的海外社团与侨胞捐赠款物累计就超过 1 亿元。②

## （二）加强网络平台建设，发挥其应急救济功能

2006 年 1 月 8 日起施行的《国家突发公共事件总体应急预案》提出建立突发公共卫生事件应急决策指挥系统，推进信息技术平台建设，"承担突发公共卫生事件及相关信息收集、处理、分析、发布和传递等工作，采取分级负责的方式实施"。近年来，随着互联网信息技术的发展，全国各级侨务部门纷纷借助网络平台，延伸为侨服务的手臂，网络平台也成为了解侨胞需求和为侨胞服务的重要渠道。比如，通过"侨宝"客户端的"活动"板块可以完成各项侨务活动的在线报名；北京、浙江等地开通为侨服务全球通平台，打破部门壁垒和业务分割，为侨胞办理社保、医保、不动产登记、婚姻登记甚至诉讼调解等 180 多种事项。但总体而言，突发公共卫生事件的应急预案仍然存在值得完善的地方，比如预案的实操性和时效性没有适时升级；对地域和跨国人群流动的特殊性，包括海外侨胞在内的社会力量的主体性和能动性等没有给予充分考虑；应急预案的施行存在重视不够、重形式轻细节等情况。

鉴于当前中国企业和中国公民在海外应急救助案例的不断攀升，加上这次疫情发生后侨胞积极、快速响应抗疫中遇到的协调和沟通问题，建议加强涉侨网络平台建设。在加强为侨服务的同时，将"重大疫情"列入海外公民和侨胞安全事务的优先序列，汇集应急救助信息，协调各方需求，提升应急处置能力。针对这次疫情暴露的物资运送协调、慈善捐赠的汇集和公布等问题，建议涉侨网络平台下单独设立应急救助子平台，包括华侨华人应急救助联盟（含应急需求、援助机构和团体）、侨务应急服务（含各级涉侨部门、机构的服务单位和联络信息）、应急物资信息（含华侨华人电商和专业机构）、华侨华人慈善大数据等模块。涉

---

① 浙江新闻网：《全世界买口罩！浙江华侨华人的抗"疫"故事》，https://zj.zjol.com.cn/tj/1383202. html，2020 年 7 月 30 日。

② 广东省侨务办公室网：《打赢疫情防控阻击战，广东统一战线在行动!》，http://www.qb.gd.gov.cn/qw - dt/content/post_229730.html，2020 年 7 月 30 日；广东省侨联网：《谢惠蓉副主席出席 2020 年第二季度广东省"五侨"联席会议》，http://www.gdql.org.cn/wap/news_show.php?id = 111761，2020 年 7 月 30 日。

侨网络平台建设要注意四个方面：平台统一开放；涵盖应急救助的各领域、环节和机构；流程指引清晰友好；信息发布权威透明。

### （三）注重国际社会的合作共赢，从共同体视角充分发挥华侨华人的作用

合作共赢就是要考虑华侨华人、祖籍国、住在国三方的利益。在此次疫情防控战的第一阶段，华侨华人积极行动起来，出钱出力，采购医疗物资，提供志愿服务，为中国疫情防控作出了重要贡献。而随着疫情的全球扩散，华侨华人又积极投身第二阶段的疫情防控，从自身防护做起，并为当地购买物资，提供志愿服务，分享经验。中国政府涉侨部门也及时调整措施，从鼓励侨胞为中国抗疫贡献力量，到关心和维护侨胞的安全和合法权益，引导侨胞配合、支持当地疫情防控。中国政府的措施和华侨华人在当地参与疫情防控，为中国和华侨华人群体塑造了良好形象，有利于促进侨民与当地社会的进一步融合，得到住在国的大力赞赏。2020年3月13日，国家主席习近平应约同联合国秘书长古特雷斯通电话时强调："新冠疫情的发生再次表明，人类是一个休戚与共的命运共同体。在经济全球化时代，这样的重大突发事件不会是最后一次，各种传统安全和非传统安全问题还会不断带来新的考验。国际社会必须树立人类命运共同体意识，守望相助，携手应对风险挑战，共建美好地球家园。"[1] 可以说，在抗击全球新冠疫情中，华侨华人对住在国和祖籍国疫情防控的积极参与和奉献，其实就是在默默地践行人类命运共同体思想的同舟共济、共同安全理念。

# 第二节　华侨华人与"一带一路"民心相通

2013年9月和10月，习近平在访问哈萨克斯坦和印度尼西亚时，先后提出共同建设"丝绸之路经济带"和21世纪"海上丝绸之路"的倡议，之后两者一般简称"一带一路"倡议。中国政府提出"一带一路"倡议，通过"政策沟通、设施联通、贸易畅通、资金融通、民心相通"，共建人类命运共同体，而建构人类命运共同体的关键在于民心相通，实现民心相通的基础在于人文交流、相互理

---

[1]　新华网：《习近平同联合国秘书长古特雷斯通电话》，http://www.xinhuanet.com/politics/leaders/2020-03/12/c_1125704243.htm，2020年3月12日。

解和尊重。古代丝绸之路既是商贸之路，也是人文交流之路，沿线沿岸国家共有的历史记忆、文化遗产以及互利共赢的经贸合作是"一带一路"建设的基础。如何推进人文交流与合作，促进民心相通，或曰软力量建设，是政学两界共同关注的一个重大课题。本节以海外华侨华人在中华文化传播、民心相通和中国国家形象建构等方面的作用为例，探讨海外华侨华人参与"一带一路"民心相通的路径、机制和平台。

# 一、 华侨华人在 "一带一路" 人文交流中的作用

海外华侨华人祖祖辈辈在当地生存发展，拥有较好的经济实力、广泛的人脉以及融通中外的文化优势，在"一带一路"民心相通和软力量建设中能发挥独特且重要的作用。

## （一）海外中华文化的传播之路

作为沟通中国与住在国桥梁和纽带的广大海外华侨华人，建立了类型多样的社团组织，创办了各种华文学校及华文媒体，创作了多种类型的华文文学，开展了多种华文教育活动，一直在积极传播中华传统文化，维护、塑造了中国良好的国际形象。同时，海外华侨华人还在吸收当地文化元素的基础上，发展了中华文化，形成了颇具特色的海外华侨华人文学与艺术氛围，为当地人民喜闻乐见并接受。

海外华侨华人传承和发扬中华文化，大体表现在三个层次：一是表层的器物文化，如茶具、灯笼、对联等；二是行为文化和习俗文化，如春节、元宵节、清明节、端午节、中秋节等各种节庆，以及华人婚礼等；三是华侨华人身上展现的中华传统文化价值观。[①]

## （二）中国的现实国情和发展之路

随着改革开放的推进，中国经济快速腾飞，GDP 从 1978 年的 3 679 亿元增加到 1986 年的 1 万亿元和 2000 年的 10 万亿元，2010 年突破 40 万亿元，超过日本成为世界第二大经济体。2020 年面对新冠疫情的冲击，我国率先控制住疫情、率先复工复产、率先实现经济增长由负转正，中国 GDP 首次突破 100 万亿元。[②]

---

① 陈奕平主编：《和谐与共赢：海外侨胞与中国软实力》，广州：暨南大学出版社，2012 年，第 192 页。
② 新华网：《里程碑！中国经济总量跃上百万亿元》，http://www.xinhua - net.com/2021 - 01/18/c_1126995425.htm，2021 年 1 月 18 日。

中国经济快速发展的关键在于中国独特的经济制度和发展道路。有关中国国情和发展之路，有关"一带一路"民心相通的宣传，中国政府已做了多方面的努力，也取得了一定成效。

但是，我们必须看到，海外华侨华人和归侨侨眷在人文交流、民心相通上的巨大潜力尚未得到充分的发挥与运用。事实上，海外华文媒体、华人社团、文化中心和华侨华人热心人士都在以不同程度和方式，向外界介绍中国的发展现状，尤其是海外华文媒体近年来普遍增加了对中国新闻的报道，不断地增大版面和报道强度，介绍了中国政治昌明、经济发展、文化繁荣、社会稳定。① 今后如何深化与加强这方面的工作，借以推动"一带一路"更好地发展，是我们的一项重要使命。

### （三）侨务公共外交与中国外交政策的理解、支持和解释

公共外交很早就受到中国政府的重视，在当代更成为中国总体外交的重要组成部分。2009 年 7 月 17 日，时任国家主席胡锦涛提出"要加强公共外交和人文外交，开展各种形式的对外文化交流，扎实传播中华优秀文化"②。而党的十八大报告也明确提出要"扎实推进公共和人文外交，维护我国海外合法权益。……开展同各国政党和政治组织的友好往来，加强人大、政协、地方、民间团体的对外交流，夯实国家关系发展社会基础"③。

中国发展的历史与实践表明，华侨华人是中外交流中重要而不可或缺的桥梁与纽带，也是中国海外利益重要的开拓者、承载者和有力的维护者。华侨华人曾为新中国打开外交局面、化解外交僵局作出了重要贡献。例如，陈香梅女士在过去的几十年中，频繁地穿梭于中美两国之间，为促进中美友好做了许多工作，对中美关系发展进程产生重要影响；祖籍广西北流的马来西亚华人曾永森先生，在20 世纪 70 年代推动了中马外交的"破冰之旅"，为促成两国建交立下了汗马功劳，被誉为"马来西亚的基辛格"。

## 二、 华侨华人参与 "一带一路" 民心相通的路径和机制

海外华侨华人是"一带一路"建设的重要力量，能够发挥独特的作用，其

① 陈奕平主编：《和谐与共赢：海外侨胞与中国软实力》，广州：暨南大学出版社，2012 年，第 7 页。
② 新华网：《胡锦涛等中央领导出席第十一次驻外使节会议》，http://news. xin – huanet. com/politics/2009 – 07/20/content_11740850_1. htm，2009 年 7 月 20 日。
③ 新华网：《十八大报告（全文）》，http://www. xj. xinhuanet. com/2012 – 11 –/19/c_11 – 3722546. htm，2012 年 11 月 19 日。

作用机制和路径主要有以下几方面。

### （一）华侨华人传播中国传统文化的渠道和路径

#### 1. 海外侨胞的行为文化、观念文化渠道

海外侨胞的行为文化和观念文化渠道，包括海外侨胞的节庆习俗以及海外侨胞的经营理念、管理模式，使中国传统文化的特殊魅力在当地社会乃至国际社会中得以更广地展现。华侨华人遍布世界各地，所谓"有海水、有阳光的地方就有华侨华人"，他们是传播中华文化的使者。遍布世界各地的唐人街、中餐馆、中医诊所、华文学校、中华武馆等场所，已经成为展示中华文化的重要平台和路径，而春节、中秋等节庆及华人的婚丧习俗活动，则让当地外国人有了"零距离接触"中华文化的机会。

#### 2. 华社"三宝"渠道

华人社团、华文媒体和华文学校并称华社"三宝"，是传承中华文化的重要平台。春节期间，海外华侨华人社团都会举办舞龙舞狮、春节大游行、花车表演、美食节、联欢晚会等各种喜庆的活动。同时，华侨华人社团举办的活动不限于唐人街，常常超越了华人社区。之前，海外华侨华人庆祝春节，主要基于文化的无意识，是华侨华人自娱自乐的行为，或为怀想故国，或为教育子女，基本上都在华人社区举行，随着华侨华人影响力的提高，各种庆祝活动已经走出社区，在住在国的标志性地段开始慢慢出现。

海外华文媒体人向来以传播中华文化为重要使命，已成为中华文化的重要传播渠道。随着中国的崛起和国际地位的提高，海外华文媒体也进入了一个新纪元。

华文学校是海外华侨华人文化传播的重要支柱。自20世纪80年代以来，由于中国的国际影响力增大、中国政府对华文教育的重视和海外华社对华文教育的需求增强，华文教育进入了一个新的蓬勃发展时期。海外华文教育既为华人社会和所在国培养了懂华语的人才，也为维持和增强华人社会的民族认同和文化认同提供了重要的平台与手段，逐渐成为传承和发扬中华文化的重要渠道。笔者走访了美国、加拿大、法国、缅甸、菲律宾、马来西亚、印度尼西亚等多个国家的华文学校，亲身感受到这些学校传承中华文化的积极努力和卓越成效。比如，印尼三语学校几乎每年都举办春节晚会，在学校老师的组织下，英文小主持人和中文小主持人搭配得当，从幼儿园到中学的各年级学生积极参加、努力表演，舞蹈、唱歌、书法、诗朗诵、乐器表演应有尽有，而家长们也积极投入，活动更吸引了民众观看。

#### 3. 海外华商和华人精英渠道

海外华商也是中华文化的重要传播者。在这里，"华商"特指活跃在世界经

济舞台上的海外华侨华人群体。全球华商总资产达到数万亿美元，已成为全球化时代的一股重要经济力量，这股力量既是中外经济合作的重要桥梁和推动力量，也是展现和传播中华文化的推动力量。华商独特的经营理念、管理文化源自中华传统文化，例如，华商在企业管理中强调的"诚信""以人为本""和气生财""勤俭节约""量入为出""家庭和睦""增强企业凝聚力"等价值观等均源于中华传统文化，这些价值观对社会稳定和发展无疑都具有积极的作用。另外，华人企业凭借血缘、亲缘、地缘形成了广泛人际关系并在此基础上逐步形成现代商务网络，对当地华商企业的成长和发展也发挥了重要的作用。[1] 华商活跃于国际经济舞台，不但成为中国侨务工作的重点对象，也成为世界各国发展经济所争取的对象。

海外华人精英则通过学术著作、学术活动及媒体文章等形式传播着中华文明特有的思维方式、哲学观念、道德伦理和文学艺术，并探讨和宣讲中华文化在推动人类文明进步中的作用。例如，作为现代新儒家学派代表人物的杜维明，长期致力于儒家文化的研究与传播，在诠释中国文化、反思现代精神、倡导文明对话等方面成果丰硕，在海内外享有很高的学术声誉。

### （二）中国道路和对外政策的传播渠道与路径

#### 1. 华侨华人个人渠道

海外华文媒体、华文教育及华人精英的著述和演讲对住在国的影响是很大的，这个中华文化的传播渠道也可以是中国道路和对外政策的传播渠道。中华民族的凝聚力是中国最大的软实力，五千年的文化传承使海外侨胞对祖籍国具有较强的认同感，他们对于祖籍国的发展及其取得的成绩感到自豪。自新中国成立以来，尤其是改革开放 40 多年来，海外侨胞在促进中国对外交往、协助中国开展外交工作等方面发挥了重要的作用。华侨华人通过个人渠道、华文媒体、华文教育及著述和演讲向世界解释并宣传中国，介绍了中国国情和发展模式以及中国的对外政策和侨务政策，成为中国与世界加强沟通理解、推动友好合作的"民间大使"。

#### 2. 华侨华人社团渠道

近年来，海外华侨华人社团逐渐走向国际化，形成了不少世界性华侨华人组织及网络。例如定期举行的世界华商大会等世界性的组织网络和社团活动，对密切华侨华人与中国的联系，推动华侨华人住在国与中国的交流合作起到了重要作用。例

---

[1] 陈卫平：《华商在中国—东盟自由贸易区建设进程中的优势》，http://www.chinaqw.com/node2/node116/node119/node162/node2222/node2542/-node2545/userobject6ai184523.html，2004 年 7 月 26 日。

如，成立于 20 世纪 90 年代初的世界华商大会（World Chinese Entrepreneurs Convention，WCEC），业已成为世界各地华商经贸合作的纽带和桥梁，有效地促进了华商服务当地经济，推动了所在国家和地区经济的发展①，也密切了华人与中国的联系，加深了他们对中国的了解。

## 三、 影响华侨华人参与 "一带一路" 民心相通的因素及政策建议

海外华侨华人在"一带一路"软力量建设中占有重要的地位，也起到了重要的作用，但发挥该作用面临着一些困难和挑战。

### （一）华侨华人参与"一带一路"软力量建设面临的挑战

华侨华人在"一带一路"文化交流和国家形象建构中的重要地位与作用不可忽视，但也必须看到他们所面临的挑战并帮助他们解决困难。

**1. 国家间关系、住在国政策和舆论对华侨华人参与的影响**②

比如，华侨华人住在国与中国之间的关系会影响该国对华侨华人的态度，乃至华侨华人生存和发展，也会影响华侨华人参与中国软力量建设的积极性。当前美国等西方国家掀起新一轮"中国威胁论"，当地华侨华人就受到极大的影响。2018 年 7 月 30 日，美中政策基金会主席、美国国会图书馆中国服务处前主任王冀（Chi Wang）在香港英文媒体《南华早报》发表《随着美国对华恐惧情绪日益严重，华裔人士正面临前所未有冷战》一文，表达了对社会怀疑华人忠诚的不满。文章写道，当今美国与冷战年代麦卡锡主义"相似的氛围正在我们的社会中形成。……恐惧和猜疑不仅限于国会听证会，这种情绪已经蔓延到每个政府部门，甚至美国社会的每个角落。如今，即便中国留学生和美籍华人也已经受到波及"。王冀表示，虽然在美国生活了 70 多年，退休前为美国政府工作了 50 年，"我的华裔背景使我变得不再值得美国社会信任……我发现自己在这个无比熟悉的环境里不再受到欢迎了"，"自从踏上美国的土地以来，我从未有过今天这样的感受"③。

---

① 新华网：《世界华商大会》，http://news. xinhuanet. com/ziliao/2003 – 06/25/content_936409. htm，2003 年 6 月 25 日。

② 陈奕平、范如松：《华侨华人与中国软实力：作用、机制与政策思路》，《华侨华人历史研究》，2010 年第 2 期。

③ 马力：《王冀：随着美国对华恐惧情绪日益严重，华裔人士正面临前所未有冷战》，https://www. guancha. cn/ChiWang/2018_08_04_466837. shtml，2018 年 8 月 4 日。

## 2. "一带一路"沿线国家之间人文交流的反思

人文交流之所以效果不佳，其内涵不明确是最主要因素之一。另外，人文交流在"一带一路"建设中的定位不太清晰，政府相关部门的协调不够到位；政府主办的活动较多，官方色彩浓厚而民间参与不够也是造成效果欠佳的因素。最重要的一点是人文交流成效缺乏有效的评估机制，以至于人文交流的结果难以得到积极的反馈，人文交流的项目难以得到进一步的完善。[①]

## （二）政策建议

### 1. 合作共赢思维：民心相通和软力量建设的原则

现实主义权力观强调竞争性和排他性，追求相对收益，即使欧美软实力理论也倾向从竞争性视角看待中国软实力的建构与运用[②]，"大部分都持一种零和观点，以消极而非积极的心态看待中国软实力的发展"[③]，"着眼点还是为提醒西方政府如何应对中国软实力上升可能带来的问题以及西方政府的应对之策"[④]。

华侨华人在住在国的表现力、影响力是祖籍国感召力和影响力的重要一环，是促进民心相通的基础之一，但要发挥海外侨胞的作用，我们认为还要有共赢思维。过去，我们更多地强调华侨华人对中国在经济、科技等方面的贡献，但随着中国的强大，某些西方国家政府和民粹主义分子总是戴着"有色眼镜"看中国，危言耸听地渲染"中国威胁论"，华侨华人有时被诬蔑为"第五纵队"和"黄色间谍"。[⑤] 为驳斥这样的诬蔑，消除华侨华人住在国政府和民间的顾虑，我们应当强调，华侨华人资源的"共赢性"[⑥]，即他们对住在国和中国都具有各个方面的利益与贡献[⑦]。同时，我们还要注意软实力话语的内外差异及国际传播内容和

---

① 参见曹云华：《关键是民心相通——关于中国—东南亚人文交流的若干问题》，《对外传播》，2016 年第 5 期；庄礼伟：《中国式"人文交流"能否有效实现"民心相通"?》，《东南亚研究》，2017 年第 6 期。

② 陈奕平、范如松：《华侨华人与中国软实力：作用、机制与政策思路》，《华侨华人历史研究》，2010 年第 2 期。

③ 约瑟夫·奈、王缉思、赵明昊：《中国软实力的兴起及其对美国的影响》，《世界经济与政治》，2009 年第 6 期。

④ 方长平：《中美软实力比较及其对中国的启示》，《世界经济与政治》，2007 年第 7 期。

⑤ 陈奕平、范如松：《华侨华人与中国软实力：作用、机制与政策思路》，《华侨华人历史研究》，2010 年第 2 期。

⑥ 陈奕平主编：《和谐与共赢：海外侨胞与中国软实力》，广州：暨南大学出版社，2012 年；高伟浓：《软实力视野下的海外华人资源》，吉隆坡：学林书局，2010 年，卷首语。

⑦ 2006 年联合国首届"国际移民与发展高层对话会"明确提出的"各国政府合作营造移民自身、移民原居国、移民接纳国三方共赢"的目标已在政治层面上得到越来越多国家的认同。参见 General Assembly of United Nations，Globalization and Interdependence：International Migration and Development，http://www. un. org/esa/population/migration/hld/Text/Report% 20of% 20the% 20SG（June% 2006）_ English. pdf，2006 – 05 – 18.

合作共赢、发挥海外侨胞的作用其实就是要坚持做好中国政府一贯强调的"三个有利于"原则，即：有利于海外华侨华人长期生存和发展及当地社会经济文化的发展；有利于发展我国同华侨华人住在国的友好合作关系；有利于推进我国现代化建设和国家和平统一。

## 2. 文化认同：民心相通和软力量建设的基础

文化认同是一种身份认同，是对相同文化的认可，并由此产生的深层次心理积淀。通过使用相同的文化符号、遵循共同的文化理念、秉承共有的思维方式和行为规范，进而形成一种亲近感和归属感。

华侨华人由于长期生活在海外，在这一过程中形成了独特的文化，这种文化因适应当地生存的需要，与中华文化虽然有些不同，但依然是同宗同源，有着无法割舍的联系。优秀的中华文化是支撑中华民族绵延发展的精神支柱，是维系海外侨胞的重要纽带。海外侨胞是中华文化的重要传承者和传播者，是推动中外友好交流、传播中华文化的积极力量，在增强中华文化国际影响力等方面扮演着重要的角色。

当然，我们应注意到如今大多数华人都已加入他国国籍，成为他国公民，在政治上效忠于住在国。侨务工作要尊重华人对住在国的政治认同和效忠，引导海外华人立足本地，努力促进当地社会经济的发展，增强自身在住在国的社会地位，充分融入当地社会并为住在国民众接纳。在这样的前提下，华侨华人才能更好地为发展住在国和中国的关系，为促进共同发展贡献力量。

## 3. 公共外交：民心相通和软实力建设的着力点

华侨华人推动民心相通，首先是发挥其桥梁作用。费丽莫（Marrha Finnemore）等建构主义学者曾指出，国际组织等非国家行为体具有传递和扩散国际规范以及说服国家去评价国家利益目标的功能意义[1]；人们在互动中建构了共有观念，观念形塑和改变国家行为体的对外政策，所以人际良性互动足以架起两国间的沟通桥梁。[2]

侨务公共外交是中国特色公共外交的重要组成部分，它服务于国家总体外交，是国家外交主体资源日益拓展的显著标志。侨务公共外交强调的就是以侨务工作为渠道的公共外交，它的目标是既要反映中国和中国政府的真实形象，也要注重释疑解惑、消除误解和客观传达等过程。我们认为，在当前复杂多变的国际形势下，通过华侨华人开展公共外交，促进华侨华人住在国与中国的友好交往与

---

① 玛莎·费丽莫著，袁正清译：《国际社会中的国家利益》，杭州：浙江人民出版社，2001 年，第 6 - 7 页。

② Juyan Zhang. Exploring Rhetorie of Public Diplomacy in the Mixed - motive Situation：Using the Case of President Obama's Nuclear - free World's Speech in Prague, Place Branding and Public Diplomacy, 2010 (6)：p. 294.

合作，构建良好的中国国家形象，应是当代中国外交一个富有价值的新命题，也是各涉侨部门和涉侨工作者的一项重要任务。

**4. 国家形象构建：民心相通和软实力建设的重点**

国家形象构建是国家软实力建设的核心组成部分。构建良好的国家形象，是我国一贯连续的政策。构建新型大国形象，需要社会各方面的共同努力。作为反映华人诉求、传承中华文化的载体，华文传媒从早期缓解华人思乡情绪，发展到现在积极参与政治选举，成为当地社会生活一股不可忽视的力量，在政坛产生了愈来愈大的影响，进而在复杂的国际政治关系和全球化的背景下，重构了华人与住在国当地人之间的敏感和复杂的关系，同时在某种程度上维护了中国国家形象，促进了中国与住在国的政治关系的发展。

# 第三节　全球治理的中国智慧与华侨华人的角色

百年变局与新冠疫情的叠加引发了国际动荡和冲突，西方大国应对经济增长失衡、恐怖主义蔓延、气候变化加剧、传染性疾病影响扩大等全球性挑战已经力不从心，全球治理的模式、理念需要改革和创新，而中国智慧和中国方案是重要参考。鉴于华侨华人在本土融入、文化交流、跨国流动和全球网络等方面的优势，他们是全球治理、构建人类命运共同体建设中的独特力量，发挥着不可替代的独特作用。

## 一、　百年变局与疫情叠加下全球治理的改革和创新

自 20 世纪 70 年代以来，随着全球化进程的加快，全球性问题正在日益引起国际社会的关注，全球治理的研究逐渐兴起。

何为全球治理？著名的全球治理委员会在 1995 年 6 月的报告中，把全球治理界定为"各种各样的个人、团体——公共的或者私人的——处理其公共事务的综合，通过这一过程，各种互相冲突和不同的利益可望得到调和，并采取合作行动。它既包括有权迫使人们服从的正式制度和规则，也包括各种人们同意或者符

合其利益的非正式制度安排"①。简单地说，全球治理是指国际社会共同应对全球性问题的管理体制、规则、方法和行动。

如何解决全球性问题？近代以来欧美列强通过战争、殖民、划分势力范围等方式"规划"世界秩序，冷战时期美苏两强争夺世界霸权，冷战后美国依靠强大的军事力量、经济力量、联盟体系和国际规制独霸世界。"二战"后由美国等西方国家主导建立的全球治理体系，以西方价值观为基础，长期带有明显的"西方治理"特征，依靠强大的经济实力和制度性权力，不仅在国际组织中占有核心地位，把持权力的分配，而且通过议程设置、规则制定及人员管理等掌控国际组织的运行，维护自身在世界事务中的主导权。

但随着金融危机的爆发，环境问题的凸显，以及恐怖主义势力的兴起，尤其是百年变局与新冠疫情的叠加引发的国际动荡和冲突，使西方大国应对经济增长失衡、恐怖主义蔓延、气候变化加剧、传染性疾病影响扩大等全球性挑战已经力不从心，全球治理的模式、理念都需要改革和创新。随着新兴市场国家和发展中国家的群体性崛起，以中国为代表的广大发展中国家要求加强全球治理体系变革、推进国际关系民主化、增强国际话语权及规则制定权的呼声日益高涨。

# 二、 全球治理中的中国智慧和角色担当

随着改革开放的推进、经济的快速发展及综合实力的上升，中国对外部环境的影响力和塑造力明显增强，在全球治理中发挥着独特的作用。同时，中国改革开放的成功实践和"中国治理"方式在促进合作与发展、减贫、减排等问题上的成功经验，也为全球治理提供了重要借鉴。中国在全球治理中的角色正从简单的参与者向建设者、贡献者、改革者转变。

## （一） 提出人类命运共同体理念，践行协和万邦的天下观

习近平总书记曾指出，构建人类命运共同体，"符合中华民族历来秉持的天下大同理念，符合中国人怀柔远人、和谐万邦的天下观"②。千百年来，经过中国人民的理论构建与躬体力行，追求天下之义、天下之利、天下之和已升华为中华民族独特的精神标识，并为人类命运共同体理念提供了源源不断的智慧滋养。

---

① ［瑞典］英瓦尔·卡尔松、［圭］什里达特·兰法尔主编：《天涯成比邻：全球治理委员会报告》，北京：中国对外翻译出版公司，1995 年。

② 人民网：《习近平"一带一路"5 周年座谈会金句速览》，http://world. people. com. cn/n1/20 – 18/0828/c1002 –30255192. html，2018 年 8 月 28 日。

### （二）提出共商共建共享的全球治理观，践行中华"和合文化"精神

推动全球治理体系向着更加公正、合理的方向发展是世界各国的共同愿望。落实命运共同体理念，必须坚持国际关系民主化，即强调全球治理的事情大家一起商量着办，更加完善的全球治理体系大家一起建设，由此产生的成果也将由大家一起分享。中国政府郑重承诺，"中国新冠疫苗研发完成并投入使用后，将作为全球公共产品，为实现疫苗在发展中国家的可及性和可担负性作出中国贡献"。中国政府的宣示和行动一直在践行中华"和合文化"的理念和思想。

### （三）积极参与全球治理体系变革，践行礼治天下的观念

"世界上只有一个体系，就是以联合国为核心的国际体系；只有一套规则，就是以联合国宪章为基础的国际关系基本准则。"[①] 这是中国参与全球治理体系改革的根本遵循。中国是国际体系中负责任的一员，不谋求在现有全球治理体制外建立对抗性或替代性国际机制，不谋求另起炉灶、推倒重来，而是通过积极参与全球治理体系变革，对现有体制中不公正、不合理、不完善的地方进行改革，对新兴领域的制度盲区与国际社会一道填补规则空白，消弭全球治理赤字。

### （四）发起"一带一路"倡议，为全球治理探索实践路径

近年来，中国积极参与全球治理的机制建设，在联合国、二十国集团、亚太经合组织、上海合作组织等国际和地区治理机制中的影响力有很大提升。中国在应对国际金融危机、气候变化，防治艾滋病，抗击新冠疫情，打击恐怖主义等全球性问题上积极发挥负责任大国的作用。2013 年习近平主席提出的"一带一路"倡议，为世界经济带来新机遇和新动力，已经成为中国提供的最受欢迎的全球公共产品。截至 2021 年 2 月，已有 140 个国家、31 个国际组织同中国签署了共计205 份有关"一带一路"的合作文件，共建"一带一路"朋友圈在持续扩大。在新冠疫情不断传播的不利条件下，"一带一路"建设仍然继续推进，中欧班列、陆海新通道运量实现逆势增长，健康、数字、绿色丝绸之路成为新增长点。

今天的中国正前所未有地接近世界舞台的中央，积极参与全球治理是当代大国成长的必由之路，也是全球性大国的必然担当。后疫情时代，全球治理赤字扩大和治理机制碎片化进一步加剧，全球治理体系和国际秩序正在加速变革，全球治理中的中国角色必将更加突显。

---

① 人民网：《习近平会见联合国秘书长古特雷斯》，http://cpc. people. co－m. cn/n1/2020/－0924/c64036－31872812. html，2020 年 9 月 24 日。

# 三、 华侨华人在全球治理中的角色和担当

长期以来，分布在世界近 200 个国家和地区的 6 000 多万名华侨华人在促进住在国经济社会发展、与中国的关系发展、助力中国参与全球化三个方面都发挥了积极作用。鉴于华侨华人在本土融入、文化交流、跨国流动和全球网络等方面的优势，他们是全球治理、构建人类命运共同体中的独特力量，有着不可替代的独特作用。

## （一）人类命运共同体理念的推广者

推动人类命运共同体建设，共同创造人类的美好未来，是全人类孜孜以求的共同愿望和奋斗目标。长期以来，华侨华人尊重住在国的历史、文化及价值理念，为住在国经济社会发展、与中国的关系发展、助力中国参与全球化发挥了积极作用。他们在构建人类命运共同体的进程中，是一股可资倚重的独特力量，或将发挥不可替代的独特作用，将扮演参与者、带头人、联结者等不同角色。

## （二）"一带一路"与区域合作的参与者

全世界 6 000 多万名华侨华人中，有逾 4 000 多万名分布在"一带一路"沿线各国，特别是作为"一带一路"建设优先方向的东南亚地区，华侨华人最为集中，有 3 000 多万人。[①] 与此同时，当地华侨华人经济在住在国国民经济中具有举足轻重的地位，他们的产业布局等也都与"一带一路"建设密切相关，更有着积极参与建设工业园区、港口，以及海上贸易等的愿望和需求，因此在"一带一路"建设过程中，华侨华人可以承担更积极的参与者的角色。

## （三）住在国及国际经济复苏的带头人

长期以来，遍布世界的华侨华人已经成为住在国经济和国际经济发展中一股不可忽视的重要力量，在投资、贸易和技术与知识转移等方面作出了重要贡献。同时，华侨华人在推动中国与住在国经济交流与合作等方面，承担了重要的桥梁和纽带的角色。"十四五"期间，中国将全面推进社会主义现代化建设，构建"以国内大循环为主体，国内—国际经济双循环相互促进的新发展格局"[②]。华侨

---

① 庄国土：《东南亚华侨华人数量的新估算》，《厦门大学学报（哲学社会科学版）》，2009 年第 3 期；张秀明：《21 世纪以来海外华侨华人社会的变迁与特点探析》，《华侨华人历史研究》，2021 年第 1 期。
② 习近平：《把握新发展阶段，贯彻新发展理念，构建新发展格局》，《求是》，2021 年第 9 期。

华人可以利用熟悉当地国情和风土人情，通晓双边市场运作规则，拥有人脉关系和沟通渠道等优势，充分发挥"引擎"和"助力器"作用，帮助中国企业把握投资方向，更快更好融入当地，减少贸易摩擦，在促进世界经济可持续增长的同时给华侨华人群体自身发展创造更好的条件、赢得更多主动权。

### （四）中外人文交流与文明对话的联结者

华侨华人分布世界各地且数量庞大，拥有一定的经济实力、广泛的人脉关系以及融通中外的文化优势，与祖籍地之间也存在天然的联系，对中华文化有主动的需求。华侨华人在中外人文交流和民心相通中能发挥独特且重要的作用，具体体现在文化传播、民间外交和中华形象建构等方面。

## 四、　华侨华人参与全球治理的路径和机制

华侨华人参与全球治理的路径要依据身份角色的不同而分类定制，再加上精准施策或将行之有效。华侨意味着仍然是中国人，但身居海外；华人意味着已经入籍他国，但保留着一些中华文化印记。虽然中国在一些学者看来代表一种文化观念，中国人也是基于中华文化观念之上的一种身份认同，海外中国人虽然与祖籍国有着密切的联系，但毕竟是身处他乡，所以参与全球治理的路径或将需要与住在国的国情相关联，与此同时，华侨华人参与全球治理也可以通过为数众多的政府间及非政府间国际组织来实现。此外，随着"一带一路"倡议建设的不断深入，"一带一路"沿线地区的华侨华人参与全球治理又多了一条重要途径。

### （一）华侨华人通过住在国参与全球治理

全球治理不但意味着治理议题超越了国界，更意味着议题参与者超越了国界。华侨华人住在国遍布世界，对于全球议题的参与和关注，再加上"海外中国人身份"而形成的共识，很容易在全球性议题领域发挥独特的"华侨华人作用"。因此，华侨华人参与全球治理的第一途径无疑是通过住在国来参与国际事务，这不但符合"侨居"身份，更符合操作实践。另外，华侨华人住在国不乏一些具有引领全球性议题、处理国际事务能力和资源的"大国"，在这些国家内部的原籍居民和该国政府对于全球性议题不但有兴趣，更有难得的历史经验。在这一环境之下的华侨华人，也因此拥有得天独厚的全球治理参与路径和机制。华侨华人通过住在国参与全球治理是参与世界事务的一个重要途径，但因历史和现实中的诸多因素，不同国家的政府对于全球事务的认知水平、关注度和参与能力

有很大差异。总体来看,华侨华人通过住在国参与全球治理,或将遇到以下三种情况:一是华侨华人住在国具有强大的综合国力,并且具有参与全球治理的多元途径和高频率。二是华侨华人住在国具有较强的综合国力和较广的国际影响力,并且具有参与全球治理的高度热情。三是华侨华人住在国的综合国力不高,暂时不具备主导或发起全球议题的能力,并且住在国的民众也缺乏参与全球治理的热情。总体来看,华侨华人参与全球治理往往受到其侨居环境的影响。能够提议全球治理并能实际参与其中的,都是综合国力强大的国家,有着较为丰富的资源和能力。

### (二)华侨华人通过祖籍国参与全球治理

随着中国的快速成长,改革开放的推进,中国融入世界的步伐在加速,但也出现国际身份的转换期等问题。① 中国在全球社会的影响力随着"一带一路"倡议的实施而不断深入,其全球治理的客观需要和实践能力也在逐渐加强。中国一直以来对于华侨华人工作给予高度关注和重视,2020年中共中央印发了关于统一战线工作的条例,其中就提及了"围绕凝心聚力同圆共享中国梦的主题,加强华侨、归侨、侨眷代表人士工作""统筹国内侨务和国外侨务工作,着力涵养侨务资源""推动构建人类命运共同体"等主题内容。② 这些政治主张无疑是向全世界华侨华人发出了共建美好世界的呼吁,也是为全世界华侨华人参与全球治理亮明了一条中国路径。

### (三)华侨华人通过非政府行为体参与全球治理

在过去的几百年里,以领土、主权与国民为三大基本特征的现代国家是世界上最重要的组织单位,但是,随着国际移民的兴起和人类交往途径的日益发达,全球性事务逐渐超越了国家界限,非政府组织开始展现出不同于政府的治理能力和治理角色。因此,非政府行为体对全球议题的处理有着天然的优势。例如,欧洲的华侨华人通过其地域性的组织参与全球治理已经并非新鲜事。这种良性的互动加强了中国和欧盟及其成员国多方面的交流与沟通,建构了双方的良好关系,为当地社会发展作出了贡献,同时也维护了华侨华人的自身利益,为中欧双边共同参与国际事务搭建了良好的合作平台。③ 此外,在全球化发展的当今时代,几

---

① 陈奕平:《新时代侨务工作和海外统一战线工作的挑战与应对》,《中央社会主义学院学报》,2021年第3期。
② 中央统战部:《中共中央印发〈中国共产党统一战线工作条例〉》,http://www.zytzb.gov.cn/-tzyw/349746.jhtml,2020年1月5日。
③ 文峰、朱凌峰、林涛:《欧华联会的欧盟治理参与:路径、实践与趋势》,《东南亚研究》,2013年第3期。

乎每一个全球性议题均有着一个对应的国际组织。华侨华人对于全球治理的参与不仅可以通过住在国政府，更可以通过国际组织来实现。

### （四）华侨华人通过"一带一路"倡议来参与全球治理

自从 2013 年中国的"一带一路"倡议提出以来，中国在"一带一路"沿线国家的投入与日俱增。"一带一路"倡议不仅是一个经济议题，也是一个富含政治、外交、文化等多重因素的复合议题。国际社会关注"一带一路"倡议，不但是因为"一带一路"沿线国家的华侨华人是推动和深化该倡议的重要力量，而且是参与和建设的重要力量。特别是当中国的产业和资本走出国门深入异域，华侨华人不再是浮于表面的"桥梁搭建者"和"政策对接者"，更是"利益攸关者"。华侨华人在海外的华商网络因其具备血缘、地缘、业缘的特点，往往在"一带一路"倡议的实施过程中，更加容易接触到全球性议题，参与全球治理。

### （五）华侨华人通过人类命运共同体理念的建构和传播来参与全球治理

两次世界大战之后，全球移民的数量和规模呈现爆炸式的增长，国际移民进入了一个新时代。华侨华人也是全球国际移民浪潮中的一个组成部分，特别是随着中国构建人类命运共同体理念的不断深入推进，海外中国人对于国际事务的接触、参与、谋划均有了新的理念平台。首先从数据上看，截至 2017 年底，全球国际移民人口总量已经达到空前的 2.58 亿，约是 1970 年全球移民总量 8 450 万的三倍，国际移民占同期世界总人口之比也从不足 2.3% 增长到了 3.3%，国际移民从绝对数量到相对比例均超过既往任何时代。[①] 时至今日，人类发展已经进入到这样一个三重叠加的关键期：第一重是技术的进步带来的人、社会、国家之间的损失大于既有的收益，技术愈发变得像一把双刃剑。第二重是国家之间关系的不确定性增多，"灰犀牛"和"黑天鹅"事件频现，人类发展的预期变得不稳定。第三重是全球性议题事件愈发凸显，其处理的方式正在超越传统民族国家的地缘边界。因此，构建人类命运共同体的过程在某种程度上也是海外中国人一起参与全球治理的过程。

## 五、华侨华人参与全球治理面临的挑战和思考

全球治理并非易事，身处不同国家、不同地域的华侨华人，受到居住国的政

---

① 李明欢：《国际移民与人类命运共同体构建：以华侨华人为视角的思考》，《华侨华人历史研究》，2018年第 1 期。

策、文化和该国与华关系等诸多因素的影响，在参与全球治理的时候或将遇到各种挑战。与此同时，华侨华人群体由于自身结构的多样性，导致了参与全球治理时并非作为一个统一的整体，而是各有其特点。

## （一）华侨华人参与全球治理的程度差异

华侨华人参与全球治理的程度不但与住在国国情有关，更与该国对世界事务的参与程度有关。根据以往的情况来看，侨居美国的华侨华人，通常对于全球性议题具有较高的关注度和较广的信息获取来源。与此同时，很多全球性议题的治理方案乃至活动发起国都源于美国，因此美国华侨华人参与全球治理的途径是多元的，其机遇相对于其他国家华侨华人要多。不仅仅是美国，侨居加拿大和欧盟一些成员国（如德国、法国、西班牙，以及荷兰、比利时、卢森堡、挪威、瑞典、芬兰等国家）的华侨华人，接触全球性事务，参与全球治理活动的途径和概率要高于其他国家的华侨华人。从历史上看，这些国家也是全球性议题的发起国，参与全球治理的历史较长，有着丰富的经验，相对应的这些地区的华侨华人也拥有参与全球治理的历史和经验，而侨居除美欧之外的其他地区的华侨华人，则相对缺乏经验。

## （二）华侨华人群体的特征差异

正如前文所言，华侨华人并不是一个"打包"的整体，其内在有很多差异性。众所周知，每个人因年龄、职业、个人兴趣的差异就已导致对全球性议题关注程度的千差万别，更别提对于全球事务的参与了。因此，不同群体特征、不同个人特征交织影响之下的华侨华人群体在参与全球治理的时候，会产生不一样的参与程度和参与效果。不同身份的移民群体，对于全球事务的关注程度有所不同。例如，海外华商和海外华人政治精英对于全球性议题的关注点就有差异，且不论政客与商人之间的职业差异，即便是在不同的国家，因国家能力和与国际社会的联系程度有所不同，其不同身份的华侨华人群体对于全球治理的关注度和参与度也具有很大的差异。除此之外，即便同一个群体历经几代之后，也会产生代际差异，而这种代际差异也会影响参与全球治理的热情。例如，在东南亚地区的某些国家，多代际之后的当地华侨华人已经和当地人非常趋同，但在东南亚地区以外如美国、加拿大、澳大利亚、新西兰、英国、法国、西班牙等国，非土生的第一代新移民数量占了很大的比重。① 这些差异则意味着难以形成有效的共同观

---

① 廖小健、黄剑洪：《新时代开展华侨华人工作的路径探析》，《中央社会主义学院学报》，2019 年第 4 期。

念和实施有效的集体行动。在分歧大于共识的环境之下，参与全球治理无疑成为一个难题。总而言之，华侨华人群体的差异性、个体的差异性以及由此产生的"分歧"和"观念不一致"均增加了华侨华人全球治理的难度。

### （三）时代背景与国际环境的变化

时代背景不能不说是一个影响颇大的因素。随着信息技术的革命性变革，全人类对于全球性议题的认知超越了地缘边界。因此，华侨华人对全球性议题既有认同又有分化，这是一个不争的事实。一方面，新媒体超越了时空界限，在更广泛范围内聚集了人们的意见，使得人们更容易参与全球性议题，形成集体共识。另一方面，新媒体也是一把双刃剑，在全球性议题领域也会带来意见的分化，使得人们对于全球性议题持有不同的意见和看法，从而难以形成集体共识。华侨华人群体身处世界不同国家，在世界各国利益多元的背景下，所接触到的全球性议题及随之产生的态度观念很可能是各不相同的。因此，不同的观念群体聚集在一起可能不会采取共同的行动，对于全球性事务的认知差异最终会影响到该群体对于全球治理的参与。就国际环境而言，中国与世界的关系也影响到华侨华人的社会生活和政治参与，进而影响华侨华人参与全球治理。自从 1978 年中国实施改革开放政策以来，中国与世界的接触不断加深，但随着中国的不断成长与进步以及整体实力的不断提高，中国日益走近世界舞台中央，对世界经济、政治格局的影响在不断扩大，一些国家针对中国的不友好行为也在不断凸现。特别是近些年以来，华侨华人广泛参与到华商网络的经济活动中，通过侨汇、投资等经济手段与侨乡民众重建人际关系网络，将社会资本转化为经济资本、文化资本乃至政治资本①，华人参政已经不是稀罕事。然而，中国崛起使得一些国家的政客表现出不适应，鼓动民众对中国进行排斥和攻击，鼓吹"中国渗透论""中国威胁论"等话题，这无疑使得海外华侨华人所面临的政治环境变得日趋复杂，最终给华侨华人参与全球治理带来了各种影响和冲击。

---

① 曾少聪、李善龙：《华侨华人与构建人类命运共同体：作用和制约因素》，《云南民族大学学报（哲学社会科学版）》，2021 年第 5 期。

# 第五章　百年变局与共同体意识建构：
# 新形势下的挑战与应对

　　随着以中国为代表的发展中国家的整体崛起，世界出现"百年未有之大变局"，美国自特朗普政府开始，推行贸易保护主义，掀起全面对华战略竞争，国际局势风云突变。而新冠疫情更是 2020 年最大的"黑天鹅"事件，加剧了国际社会的动荡，世界经济遭遇严重的萧条。海外侨胞中华民族共同体意识建构面临国际政治和国别政治的复杂形势，包括西方意识形态的压力、国家间关系的波动以及华社变动等。

# 第一节　百年变局下的世界形势对
# 海外华人社会的影响

国际局势的动荡和经济的不景气对世界各地的华侨华人而言，既是生存发展的压力，也是积极进取的动力。一方面，华侨华人在大多数国家的生存与发展环境不断改善，整体实力与社会地位进一步提升。随着华裔新生代的成长和华人社会整体素质的提高，华人参政意识和能力有所增强，参政成绩进一步扩大；华人经济虽遭遇世界经济低迷的影响，但广大华商积极调整经营模式，努力转型升级，借助祖（籍）国"一带一路"的东风，取得改善乃至逆势成长，与住在国和祖（籍）国的融合度进一步加深；华文教育取得跨越性发展，海外侨胞学习中文的热情与动力进一步高涨，华文学校数量与规模有所增长；华文媒体发展更加活跃，形式多元化，力争在讲好中国故事、宣传"一带一路"倡议、促进中外交流中发挥更大作用。但另一方面，由于地缘政治和国别政局的动荡、经济发展不平衡、难民问题、恐怖袭击等因素，导致部分国家社会政治、经济、安全环境恶化，加上近年来多国右翼民粹主义的回潮以及新冠疫情的全球蔓延，种族歧视和排外势力有所增强，对外来移民造成诸多伤害。部分华侨华人在人身、财产、精神等方面也受到不同程度的侵犯，生存与发展环境面临一定的风险挑战，亟须海外华人社会自身、住在国政府与社会、祖（籍）国政府与社会等多方面力量给予关注和支持。

## 一、　中国和平发展的战略布局有益于华侨华人的发展

21 世纪以来，中国积极推进全球治理结构变革，构建新型大国关系，维系周边安全合作，提出"一带一路"倡议，推动全球自由贸易，推进人类命运共同体建设。

2013 年 10 月 24 日至 25 日，我国周边外交工作座谈会在北京召开，习近平强调："做好周边外交工作，是实现'两个一百年'奋斗目标、实现中华民族伟大复兴的中国梦的需要，要更加奋发有为地推进周边外交，为我国发展争取良好

的周边环境，使我国发展更多惠及周边国家，实现共同发展。"会议确定了此后5年至10年周边外交工作的战略目标、基本方针、总体布局，明确了解决周边外交面临的重大问题的工作思路和实施方案。习近平在会上提出"亲、诚、惠、容"的周边外交理念："我国周边外交的基本方针，就是坚持与邻为善、以邻为伴，坚持睦邻、安邻、富邻，突出体现亲、诚、惠、容的理念。发展同周边国家睦邻友好关系是我国周边外交的一贯方针。要坚持睦邻友好，守望相助；讲平等、重感情；常见面，多走动；多做得人心、暖人心的事，使周边国家对我们更友善、更亲近、更认同、更支持，增强亲和力、感召力、影响力。要诚心诚意对待周边国家，争取更多朋友和伙伴。要本着互惠互利的原则同周边国家开展合作，编织更加紧密的共同利益网络，把双方利益融合提升到更高水平，让周边国家得益于我国发展，使我国也从周边国家共同发展中获得裨益和助力。要倡导包容的思想，强调亚太之大容得下大家共同发展，以更加开放的胸襟和更加积极的态度促进地区合作。"①

2013年9月和10月，习近平在访问哈萨克斯坦和印度尼西亚时，先后提出共同建设"丝绸之路经济带"和"21世纪海上丝绸之路"的倡议。中国政府提出"一带一路"倡议，旨在通过政策沟通、设施联通、贸易畅通、资金融通、民心相通来构建人类命运共同体。截至2021年11月，172个国家和国际组织与中国签署了200多份共建"一带一路"合作文件，有关合作理念和主张写入联合国、二十国集团、亚太经合组织、上海合作组织等重要国际机制的成果文件中。"从亚欧大陆到非洲、美洲、大洋洲，共建'一带一路'政策沟通更有力、设施联通更高效、贸易更畅通、资金更融通、民心更相通，为世界经济增长开辟了新空间，为国际贸易和投资搭建了新平台，为完善全球经济治理拓展了新实践，为增进各国民生福祉作出了新贡献。"②

认识世界发展大势，跟上时代潮流，是一个极为重要并且常做常新的课题。③世界多极化、经济全球化以及信息技术的发展，使得各国利益交融、兴衰相伴、安危与共，形成你中有我、我中有你的命运共同体。习近平在公开场合多次表示："中国梦既是中国人民追求幸福的梦，也同世界人民的梦想息息相通。中国将在实现中国梦的过程中，同世界各国一道，推动各国人民更好实现自己的

---

① 新华网：《习近平在周边外交工作座谈会上发表重要讲话》，http://www.xinhuanet.com//politics/2013 - 10/25/c_117878897.htm，2013年10月25日。

② 人民网：《人民网评："一带一路"建设取得实打实、沉甸甸的成就》，http://opi - nion.people.com.cn/n1/2021/1122/c223228 - 32288737.html，2021年11月22日。

③ 习近平：《中国必须有自己特色的大国外交》，习近平：《论坚持推动构建人类命运共同体》，北京：中央文献出版社，2018年，第198 - 202页。

梦想。"① 中国积极推进同世界各国的互利合作，持续推动建设"丝绸之路经济带"和"21世纪海上丝绸之路"，坚持共商共建共享原则，以和平合作、开放包容、互学互鉴、互利共赢的丝绸之路精神为指引，以政策沟通、设施联通、贸易畅通、资金融通、民心相通为重点。中国将"一带一路"倡议理念转化为行动，将愿景转化为现实，为全球提供广受欢迎的公共产品。

2018年特朗普政府时期，美国将中国定位为美国最为主要的"战略竞争对手"和挑战现存国际秩序的"修正主义国家"，战略竞争成为美国对华政策的主基调。② 特朗普政府对华发动规模前所未有的贸易战，并在技术、外交、安全、政治、人文交流等领域对华施压，突出全面对华竞争态势。③ 澳大利亚、英国、加拿大等美国盟友国家也纷纷在对华关系上制造障碍，鼓吹"中国威胁论"，不断推高国际社会的紧张氛围。面对美国发起的挑战，中国始终保持战略定力和克制，习近平在中央外事工作会议中强调中国要"完善和深化全方位外交布局，倡导和推进'一带一路'建设，深入参与全球治理体系改革和建设，坚定捍卫国家主权、安全、发展利益……凝聚各方共识，规划合作愿景，扩大对外开放，加强同各国的沟通、协商、合作"④。面对更为复杂的世界经济形势和甚嚣尘上的贸易保护主义，首届中国国际进口博览会的举办，是中国扩大开放、促进全球合作的重要努力与举措。

2020—2021年，全球不仅要面对风起云涌的单边主义、恐怖主义、极端宗教主义的威胁，还要同病毒进行抗争。新冠疫情的暴发加剧国际社会的对立，美国等西方国家将疫情作为针对中国的宣传工具，肆意抹黑和扭曲中国的防疫工作，中美两国在舆论场中的斗争异常激烈。美国不断挑战中国的核心利益、突破双边关系底线。中国政府在坚决捍卫主权、安全和发展权益的同时，带领全国各族人民取得了抗疫斗争重大战略成果、三大攻坚战决定性成就。中国统筹国内国际两个大局，签署区域全面经济伙伴关系协定，完成中欧投资协定谈判，积极推进高质量共建"一带一路"，拓展健康丝路、绿色丝路、数字丝路新愿景，为全球经济复苏注入关键动力。⑤

海外华侨华人积极支持中国参与全球治理、维系周边稳定、改善与主要大国

① 习近平：《论坚持推动构建人类命运共同体》，北京：中央文献出版社，2018年，第105–109页。

② The White House. National Security Strategy of the United States of America, https://trumpwhitehouse. archives. gov/wp – content/uploads/2017/12/NSS – Final – 12 – 18 – 2017 – 0905. pdf, 2017 – 12.

③ 吴心伯：《特朗普对中美关系的冲击与美国对华政策剖析》，《复旦学报（社会科学版）》，2021年第5期，第169–170页。

④ 习近平：《努力开创中国特色大国外交新局面》，习近平：《习近平谈治国理政》（第三卷），北京：外文出版社，2020年，第426–429页。

⑤ 新华网：《王毅：2020年是中国外交迎难而上、负重前行的一年》，http://www.xinhuanet.com/world/ – 021 – 01/02/c_1126937888. htm, 2021年1月2日。

和地区友好关系，这不仅有助于为华侨华人在海外发展创造更加安全稳定的政治与社会环境，推动其发展和在住在国地位的提升，而且随着中国与世界的互动和融入不断加深，也将进一步凸显华侨华人在"一带一路"倡议等中外关系交流与合作过程中的独特作用，为其带来真真实实的"福利"和机遇。2015 年，习近平在西雅图出席美国侨界欢迎招待会时，充分肯定旅美侨胞对中美两国发展及中美关系的友好关系所作出的独特贡献，"广大旅美侨胞顽强拼搏、艰苦创业，为美国发展繁荣作出了贡献，赢得了美国人民尊重"，旅美侨胞关心祖国前途命运，"是中美关系的参与者、建设者、推动者，在中美两国和两国人民间架起友谊与合作的桥梁。中美关系 30 多年发展所取得的成绩，同广大旅美侨胞不懈努力密不可分"①。同时，中美双方达成的协定和共识也惠及旅美侨胞、留学生和游客。比如，中美投资协定（BIT）和中美省州经济、贸易和投资合作将会消除许多投资领域的障碍，"给希望在美进行投资的侨胞带来了更多的便利性"，"侨胞在中、美双方进行的投资、合作也将会迎来一个更加公平的商业环境"；中美加强教育交流，将在未来多年内继续推动两国百万年轻人交流，将惠及留学生群体；中美互发十年签证政策实施近一年后，又宣布 2016 年举办"中美旅游年"，美国侨胞和中国游客将会迎来一个更加便利、舒心的旅程，"在美国的华人基本上可以随时买机票回国了"②。来自中国的留学生数量已经连续 12 年成为美国留学生数量之首。在中美建交 40 周年纪念会上，美东河南同乡会会长张富印亲身经历了中美两国经贸合作的快速发展，讲述了中美两国在经贸和人文交往方面取得的巨大进展。③

中国的崛起，也为海外华侨华人提供了发展机遇。区域全面经济伙伴关系协定、中欧投资协定（CAI）的正式签署以及中国搭建的服贸会、进博会、东博会不仅成为各个国家和组织开展多边合作的重要平台，也为华侨华人贸易投资创造新的机会。"华商"特指活跃在世界经济舞台上的海外华侨华人群体。全球华商总资产达到数万亿美元，已成为全球化时代的一股重要经济力量，是中外经济合作的重要桥梁和推动力量。④ 由国务院侨办和中国海外交流协会主办的世界华侨华人工商大会，是国家为广大华商和海外华侨华人工商组织、专业协会搭建的交

---

① 新华网：《习近平：希望华侨华人为中美友谊大厦添砖加瓦》，http://news. xinhuanet. com/po-litics/2015-09/24/c_1116668632. htm，2015 年 9 月 24 日。

② 中新网：《习近平访美为海内外华侨华人带来七大福利！》，http://www. chinanews. com/hr/2015/09-29/7549657. shtml，2015 年 9 月 29 日。

③ 中国日报：《美东华人华侨各界举办论坛庆祝中美建交 40 周年》，https://cn. chinadaily. com. cn/a/2019-09/15/WS5d7d1911a31099ab995dfd62. html，2019 年 9 月 15 日。

④ 陈奕平：《华侨华人与"一带一路"软实力建设》，《统一战线学研究》，2018 年第 5 期，第 104-112 页。

流协作平台，为工商界、科技界华侨华人创新创业提供帮助，共同服务"一带一路"建设。

除了为广大海外侨胞创造发展机遇外，中国始终关注包括海外中国公民在内的每一位中华儿女的生命安全和健康。面对海外疫情肆虐、疫苗针剂缺乏的情况，我国开展针对海外中国公民的新冠疫苗接种计划，简称"春苗计划"。据不完全统计，截至 2021 年 7 月 30 日，"春苗行动"已协助超过 170 万名海外中国公民在 160 个国家接种新冠疫苗，保护海外侨胞的生命健康安全。

## 二、　世界经济下行的压力对华商而言既是挑战也是机遇

近年来，世界经济刚从 2008 年国际金融危机的负面影响中蹒跚复苏，就遭遇世纪疫情"黑天鹅"的严重影响，目前发展趋势依然面临着下行压力。

2017 年，特朗普当选美国第 45 届总统，美国对华政策转变为战略竞争，美国进一步上调部分中国进口商品的关税。全球供应链受美国制裁前景的威胁，英国脱欧以及地缘政治紧张局势为全球经济发展带来更多挑战。国际货币基金组织发布的《世界经济展望》预测 2020 年全球增长回升至 3.5%。[1] 受贸易争端的影响，2019 年全球经济增长率降至 2.3%，是十年来的最低水平。[2] 突如其来的新冠疫情阻碍了全球经济的发展，物流运输成本的增加使得全球供应链承受更多压力，2020 年全球经济增长率为 − 3.4%。联合国预计全球经济增长将显著放缓，从 2021 年的 5.5% 降至 2022 年的 4%，2023 年进一步下降至 3.5%，疫情将继续对世界经济的包容性和可持续复苏构成最大风险。[3]

党的十九大于 2017 年 10 月 18—24 日在北京召开。十九大报告提出新时代我国经济发展的特征已由高速增长阶段转向高质量发展阶段。[4] 2017 年，中国经济总量为 80 多万亿元，占世界经济比重 15%，超过美国、欧洲、日本贡献率总

---

[1]　国际货币基金组织：《全球经济增长依旧疲软》，https://www.imf.org/zh/Publications/WEO/Issues/2019/ −07/18/WEOupdateJuly2019，2019 年 7 月 18 日。

[2]　The United Nations Department of Economic and Social Affairs. World Economic Situation and Prospects 2020, https://www.un.org/development/desa/dpad/wp − content/uploads/sites/45/WESP2020_ FullRe − port.pdf, 2022.

[3]　The United Nations Department of Economic and Social Affairs. World Economic Situation and Prospects 2022, https://www.un.org/development/desa/dpad/wp − content/uploads/sites/45/publication/WESP − 2022_ web.pdf, 2022.

[4]　习近平：《决胜全面建成小康社会夺取新时代中国特色社会主义伟大胜利——在中国共产党第十九次全国代表大会上的报告（2017 年 10 月 18 日）》，http://www.gov.cn/zhuanti/2017 − 10/27/content_ 5234876.htm，2017 年 10 月 27 日。

和，成为世界经济增长的主要动力源和稳定器。① 2018 年和 2019 年，中国经济增速保持在 6% 左右。② 2020 年受新冠疫情影响，全球经济出现负增长，我国GDP 突破 100 万亿元，逆势增长 2.3%。2020 年中国成为最大外资流入国，在全球的占比达 19%。③ 2020 年开始，我国进入"十四五"时期，这是我国全面建成小康社会、实现第一个百年奋斗目标之后，乘势而上开启全面建设社会主义现代化国家新征程、向第二个百年奋斗目标进军的第一个五年。④ 2021 年，中国经济增速为 8.1%，"十四五"实现良好开局。

世界经济整体形势下行发展和中国经济的调整，这对世界华商来说，既是挑战，也是机遇。恒通集团总裁、巴黎时尚中心总经理胡奇业就曾道出欧洲华商的真实处境，他说："从前几年的欧债危机，到近期的欧元汇率不景气，华商在海外的生意遭受了沉重打击，事业发展也面临着困局。"⑤ 但世界经济的调整也为华商改革创新提供了动力。胡奇业认为："思考怎样在危机和变化中寻求经营模式的转型，是所有华商面临的问题。巴黎时尚中心的建立，从'大市场'迈进'大商场'，是华商转型升级的重要标志。"⑥ 华商的转型不但转"危"为"机"，渡过经济困难，也为当地社会增添经济活力，创造就业机会。同时，"一带一路"倡议的实施更为华商带来前所未有的机遇。一方面，华商是"一带一路"建设的重要参与者、"天然桥梁"；另一方面，"一带一路"倡议为华商的发展和转型升级提供了大舞台与广阔的发展空间。世界银行 2020 年发布的报告显示，中国营商环境列 31 位，逐年提高。⑦ 改革开放以来，中国利用外商直接投资的60% 以上来自华侨华人和港澳同胞，投资总额达到 3 300 亿美元。⑧ 当前，走出国门的华侨华人已有数千万，仅新华侨每年寄回家乡至少 1 000 亿美元，海外闲置资金至少在 1 万亿美元以上。⑨ 由中国与全球化智库（CCG）研究编著的《世

---

① 习近平：《长期坚持、不断丰富发展新时代中国特色社会主义经济思想》，习近平：《习近平谈治国理政》（第三卷），北京：外文出版社，2020 年，第 232 页。

② World Bank Group. GDP growth（annual %）- China, https://data. worldbank. org/indicator/NY. GDP. MKTP. KD. ZG?locations = CN&start = 2018，2022 - 03 - 08.

③ 新华网：《何立峰：中国是世界经济发展受益者更是贡献者》，http://www. xinhuanet. com/fortune/20 - 21 - 03/23/c_1127246534. htm，2021 年 3 月 23 日。

④ 习近平：《在经济社会领域专家座谈会上的讲话》，习近平：《习近平重要讲话单行本（2020 年合订本）》，北京：人民出版社，2021 年，第 73 页。

⑤ 中新网：《欧洲华商多元化"抱团"发展成当地经济复苏利好》，http://www. chinanews. com/hr/2015/ - 11 - 11/7617128. shtml，2015 年 11 月 11 日。

⑥ 中新网：《欧洲华商多元化"抱团"发展成当地经济复苏利好》，http://www. chinanews. com/hr/2015/ - 1 - 11/7617128. shtml，2015 年 11 月 11 日。

⑦ World Bank Group. Doing Business 2020, https://openknowledge. worldbank. org/bitstream/hand - le/ 10986/32436/9781464814402. pdf，2019 - 05 - 01.

⑧ 叶丽萍：《华侨华人在改革开放中的角色与作用》，《侨务工作研究》，2021 年第 5 期。

⑨ 黄乐桢、张娟娟、谈佳隆：《新华侨时代》，《中国经济周刊》，2006 年第 34 期，第 14 - 18 页。

界华商发展报告（2019）》显示，目前全球华商企业资产约为 5 万亿美元。[1] 华商依托自身所拥有的充足资本，发挥其在"一带一路"建设与沿线国家（地区）互联互通的桥梁作用。泰国东部经济走廊（Eastern Economic Corridor，EEC）连接曼谷廊曼机场、素万那普机场和罗勇府乌塔堡机场的高铁项目，是由泰国正大控股有限公司牵头，并与中国铁建股份有限公司和意大利、日本企业组成的联营体"东部连接三机场高铁有限公司"承建，这也是泰国首个签约的高铁投资项目。正大集团总裁谢镕仁代表企业同泰国国家铁路局签订协议，这也是正大集团在高铁产业扩展的重要举措。[2] 该项目既是泰国当地的重大基础设施建设项目，也是中国"一带一路"倡议与泰国东部经济走廊发展战略对接的重点项目，对于推动中泰高铁技术合作、加强地区互联互通建设具有重要意义。海外华人经济的增长和转型离不开中国市场，正大集团作为海外华商经济的重要代表，积极投资中国生物制药，拆分集团核心业务并创立中国生物制药。在抗击新冠疫情防控期间，中国生物制药承担社会责任，助力抗疫。截至 2022 年，正大集团在中国设立企业 600 多家，下属企业遍布除西藏以外的所有省（区、市），员工近 10 万人，2021 年总营业额预计 1 800 亿元人民币。[3]

## 三、 地区动荡和难民危机等事件严重影响华侨华人的人身与财产安全

国际热点地区动荡持续加剧，乱象不断。乌克兰问题变为俄乌冲突；叙利亚战争达到顶点后消失在国际新闻的头条，但带来的痛苦和混乱依旧影响着地区乃至国际社会的稳定；土俄关系从"黑脸"到"笑脸"，冲突与合作成为两国关系的重要特征，更加剧了地区局势的复杂化；中东动荡又使得大量难民涌入欧洲，危机从边缘向核心地区蔓延；"朝鲜半岛的局势依然很不稳定，萨德反导系统的部署打破地区安全平衡，伊朗核协议的达成并没有帮助解决朝鲜核问题；南海问题发展形势由于域外国家的介入和部分国家政治变化而跌宕起伏"[4]；美国不断加大印太地区的军事力量，同日本、澳大利亚推动构筑"军事安全网"。非洲各国频发恐怖袭击事件，马里首都巴马科人质被劫持事件、喀麦隆与尼日利亚交界

[1] 王辉耀、康荣平：《世界华商发展报告（2019）》，北京：中国华侨出版社，2020 年，第 30 页。
[2] 中华人民共和国中央人民政府：《中企参与建设的连接泰国三大机场高铁项目签约》，http://www.gov.cn/xinwen/2019-10/25/content_5444621.htm，2019 年 10 月 15 日。
[3] 正大集团：《正大集团（中国）》，http://www.cpgroup.cn/column/正大中国-84，2022 年 3 月 13 日。
[4] 左凤荣、赵柯：《国际形势回顾与 2016 年展望》，http://www.qstheory.cn/zhuanqu-/bkjx/2016-01/02/c_1117647281.htm，2016 年 1 月 2 日。

处爆炸袭击事件导致大量人员伤亡。非洲除了"博科圣地"和"索马里青年党"本土恐怖组织外①，"基地"组织和"伊斯兰国"这两大国际暴恐组织即使近些年被压制，但其极端宗教意识形态通过网络向其他国家进行渗透，使得部分国家深受本国国民所发动的"独狼式"恐怖袭击的伤害。自 2016 年以来，欧洲先后有英国脱欧、意大利修宪公投失败、法国极右翼政党领导人玛丽娜·勒庞成为政党领袖参选总统、右翼民粹主义色彩浓厚的欧尔班·维克当选匈牙利总理；在美国，有特朗普当选总统、2021 年美国国会大厦遭冲击等事件。这些预示着全球民粹主义逐步抬头并成为部分国家的政治主流，不仅撕裂着这些国家的社会，也为全球合作制造障碍，逆全球化潮流不断高涨，进而可能加剧国家之间、族群之间的关系冲突。

中东局势和俄乌冲突引发的动荡促发难民潮，大批难民涌入欧洲。国际移民组织公布的统计数字表明，2015 年来自中东并经由地中海和陆路前往欧洲寻求庇护的难民与移民总数超过 100 万。② 2022 年 6 月 20 日是第 22 个世界难民日，联合国难民署发布数据称，因冲突或迫害而逃离本国的难民、难民申请者和"流离失所者"等总人数首次突破 1 亿，其中因俄乌冲突逃离家园的乌克兰人可能超过 1 000 万。③ 对欧盟而言，新的难民潮是自 20 世纪 60 年代初以来又一次巨大的挑战，不仅仅是安全挑战，甚至导致西方社会内部出现所谓的"文明冲突"。④ 难民危机也成为西方国家与俄罗斯、白俄罗斯各方博弈的手段之一，加剧了东欧地区局势的复杂和动荡。

中东和东欧难民潮冲击欧洲，当地华侨华人也不同程度受到影响。首先，难民潮和恐袭事件加剧了欧洲政治力量分化，右翼势力快速崛起，排外主义情绪增长，有色人种饱受歧视，种族矛盾加剧，社会裂痕加深。在欧洲许多城市，难民融合问题拉大了社会鸿沟，族群之间的"新铁幕"正在扩展，不利于华侨华人的社会融入。其次，难民潮给欧洲社会安全带来严重冲击，犯罪率大幅上升，华侨华人受牵连，生命财产屡遭侵害。在意大利、西班牙、法国等地不断爆出相关事件。而针对华人中餐馆、批发店铺现金交易较多的特点，盗窃抢劫案更加不在

---

① 新华网：《非洲反恐形势为何严峻》，http://news. xinhuanet. com/world/2015 - 11/29/c_ 128479743. htm，2015 年 11 月 29 日。

② Jonathan Clayton, Hereward Holland. Over One Million Sea Arrivals Reach Europe in 2015, https://www. unhcr. org/news/latest/2015/12/5683d0b56/million - sea - arrivals - reach - europe -2015. html，2015 - 11 -30。

③ 人民网：《全球过亿难民何处安身立命?》，http://world. people. com. cn/n1/2022/0609/c1002 - 32442186. html，2022 年 6 月 9 日。

④ 德国柏林自由大学政治学系教授、全球政治中心主任 Klaus Segbers 于 2016 年 3 月 14 日在暨南大学国际关系学院/华侨华人研究院举行题为"当前挑战：欧盟危机"的讲座，提到当前欧洲移民的新特点：多为非正常移民；来自伊斯兰等不同的文化环境；不愿或难以融入。他认为："移民问题至关重要的挑战不是恐怖主义（尽管也存在），而是西方国家内部的文明冲突。"

少数。据意大利检察机关通报，2014 年普拉托平均每套华人住宅被盗次数约为 1.66 次。① 再次，难民危机促使欧盟和成员国重新审视移民治理问题，加强边界控制，收紧难民政策，排斥低技术移民，打击非法移民，调整投资移民和技术移民，对华人移民产生深远影响。② 涉及华人的治安案件频发，糟糕的社会治安、动荡的政治局势威胁着非洲、南美洲华侨华人的经济发展和生存环境。例如在非洲华侨华人最大的聚居国南非，2019 年 50 天内有 7 名中国人遇害，南非知名侨领、前南非齐鲁同乡总会会长仲志雄夫妇在约翰内斯堡市被歹徒枪杀。③ 巴西、阿根廷、委内瑞拉的华人超市和餐饮饭店经常遭到当地不法分子的暴力抢劫，华人不仅要承受金钱损失，甚至还会失去生命。而新冠疫情，使得海外华侨华人饱受更多来自住在国社会的歧视。哥伦比亚大学报告指出，生活在纽约市的华人，约有 58% 曾遭受某种形式的歧视，1/3 经历过骚扰、攻击或偏见事件，71% 担心仇恨犯罪会影响自己和家人的安全；同时，研究结果显示，疫情和歧视的双重挑战，正在加剧在地华人经济、社会、生理、情感和心理健康的永久性负面创伤。④ 纽约市是世界范围内最具包容性的城市之一，华人依旧面临较高概率的歧视，这成为世界范围内华侨华人遭受歧视的反映。

动乱区中的华侨华人直面炮火，保障其安全离开战场成为中国领事保护的重点。冷战结束以来，中国分别从伊拉克（1991 年）、科威特（1991 年）、黎巴嫩（2006 年）、埃及（2011 年）、利比亚（2011 年）、也门（2015 年）等国家成功撤侨，其中利比亚撤侨规模最大。⑤ 2022 年 2 月乌克兰爆发战乱，大量中国公民滞留乌克兰，中国政府迅速开展工作协助在乌华侨、留学生撤离，并允许"中国公民的外籍配偶、父母或子女可一同乘车"离开乌克兰。⑥

① 中新网：《普拉托治安恶化逼近华人容忍底线》，http://www.chinanews.com/hr/2015/02 - 05/7 - 037315.shtml，2015 年 2 月 5 日。
② 凤凰网：《英国新移民政策正式生效难惠及大部分华人》，http://news.ifeng.com/a/20151124/463 - 697050.shtml，2015 年 11 月 24 日。
③ 高哲、朱宇、林胜：《从自防、协防到联防：安哥拉中国新移民的社会安全空间营造》，《华侨华人历史研究》，2021 年第 3 期，第 41 - 50 页。
④ 高琴、刘晓芳：《双重疫情的挑战：纽约华裔居民在 COVID - 19 期间所遭受的种族歧视》，https://chinacenter.socialwork.columbia.edu/sites/default/ - files/content/Discimination - Experiences - of - New - Yorkers - of - Chinese - Descent - October - 2021 - (Chinese - language).pdf，2021 年 10 月。
⑤ 张丹丹、孙德刚：《中国领事保护的整体思想与机制建设：以利比亚撤侨行动为例》，《国际论坛》，2020 年第 3 期，第 100 - 118 + 159 页。
⑥ 中国驻乌克兰大使馆：《关于自基辅撤离我华侨和临时来乌人员的通知》，https://mp.weixin.qq.com/s/1fHTDKJ42MgzHCk77F8vvA，2022 年 3 月 2 日。

# 第二节　国家间关系的变动对华侨华人的影响：以中美关系为例

国家间关系的变动一直是影响华侨华人生存和发展的重要变量。美国华侨华人既是中美关系改善和友好发展的桥梁与纽带，也可能成为中美关系波动乃至交恶的受害者。通过梳理中华人民共和国成立至今三个阶段的中美关系，笔者认为中美关系经历了从冷战到缓和，从接触和经济相互依赖到战略性竞争的阶段性变动。国家间关系的波动在政治、经济和科技文化等维度对美国华侨华人产生了重要的影响。

## 一、　国家间关系与外来移民的生存和发展：初步的分析框架

移民与祖籍国关系一直是国际学术界关注的一个重要话题，20 世纪 90 年代以来，一些国家从战略视角治理海外侨民的做法引起学界的重视[1]，甚至有学者提出了"Diaspora Strategy"（侨民战略）概念。[2] 华侨华人与中国的关系也是近

---

[1] 有关研究参见以下文献：A. Gamlen. The Emigration State and the Modern Geopolitical Imagination, Political Geography, 2008, 27 (8), pp. 840 – 856; J. Itzigsohn. Immigration and the Boundaries of Citizenship: the Institutions of Immigrants' Political Transnationalism, International Migration Review, 2000, 43 (4), pp. 1126 – 1154; P. Levitt, R. de. la Dehesa. Transnational Migration and the Redefinition of the State: Variations and Explanations, Ethnic and Racial Studies, 2003, 26 (4), pp. 587 – 611; E. Østergaard – Nielsen. International Migration and Sending Countries: Perceptions, Policies and Transnational Relations, Hampshire and New York: Palgrave Macmillan, 2003; P. Nyiri. Expatriating is Patriotic? The Discourse on "New Migrants" in the People's Republic of China and Identity Construction among Recent Migrants from the PRC, B. S. A. Yeoh, K. Willis. State/Nation/Transnation, London: Routledge, 2004; 陈奕平：《侨民战略视野下我国侨务法制建设的几点思考》，《暨南学报（哲学社会科学版）》，2015 年第 7 期。

[2] Mark Boyle, Rob Kitchin, Delphine Ancien. The NIRSA Diaspora Strategy Wheel & Ten Principles of Good Practice, http://diasporamatters.com/wp – content/uploads/2011/05/Diaspora – Toolkit – Booklet – 5. pdf, 2009. 其他有关侨民战略的论述见：Delphine Ancien, Mark Boyle, Rob Kitchin. Exploring Diaspora Strategies: An International Comparison, NUI Maynooth, Workshop Report, 2009; Aikins K, Sands A, White N. A Comparative Review of International Diaspora Strategies: The Global Irish Making a Difference Together, The Ireland Fund, 2009; Mark Boyle, Rob Kitchin, Delphine Ancien. The NIRSA Diaspora Strategy Wheel and Ten Principles of Good Practice, Working Paper, 2009; Delphine Ancien, Mark Boyle, Rob Kitchin. The Scottish Diaspora and Diaspora Strategy: Insights and Lessons from Ireland, Scottish Government, 2009.

30 年来中国华侨华人研究的重点，包括华侨华人的种族、文化乃至政治认同，海外华侨华人对中国发展的贡献，以及华侨华人在中华文化传播与中国外交等领域的作用等方面。① 其中，庄国土的《华侨华人与中国的关系》分析了 100 多年来华侨华人与中国的关系以及华侨华人与中国合作的基础、特点和趋势②；任贵祥主编的《海外华侨华人与中国改革开放》利用中央档案馆中尚未开放的档案，阐述了中国改革开放前后党和国家的侨务思想及侨务政策的演变与发展，以及华侨华人对中国改革开放事业的大力支持③；吴前进的《国家关系中的华侨华人和华族》勾勒出华人与中国及其住在国的互动关系④；华人学者麦礼谦的《从华侨到华人——二十世纪美国华人社会发展史》、赵小建的《重建家园：动荡中的美国华人社会（1940—1965）》等著作都以翔实的史料和案例记载了美国华人在中美关系对抗的历史背景下，如何推进住在国与中国政府的关系。⑤ 孔秉德（Peter Koehn）和尹晓煌主编的《美籍华人与中美关系》剖析了美籍华人作为全球事务的参与者，对中美关系发展所作出的难以估量的贡献。⑥

总体而言，学界从侨汇、知识转移、人文交流、政治影响等领域对移民与祖籍国关系进行了较多的探讨，但是"解释国家为什么和如何管理离散族裔仍然具有挑战性，部分原因在于在不同层面和不同阶段有多种影响因素"，包括"一些外部因素如住在国的社会性质、离散族裔在住在国的合法地位、住在国与祖籍国的关系、国际或地区组织的作用、调和祖籍国与离散族裔关系的特定国际规范等"。⑦ 其中，住在国和祖籍国关系的变动对移民的影响在学界受到的关注明显不够。

本部分拟通过梳理中华人民共和国成立至今三个阶段的中美关系，论述中美关系的波动对美国华侨华人的影响。从中华人民共和国成立到 20 世纪 60 年代末，由于美国对苏冷战，中国加入社会主义阵营，中美关系进入意识形态的对抗期；20 世纪 60 年代末到 80 年代末，出于共同抗苏的地缘战略考虑，中美关系逐渐缓和并实现正常化，可以说进入地缘政治合作期；20 世纪 90 年代开始，随着冷战的结束和中国经济的快速发展，美国对中国实行接触加遏制的战略，奥巴马

① 刘泽彭、陈奕平等：《华侨华人在国家软实力建设中的作用研究》，广州：暨南大学出版社，2018 年。
② 庄国土：《华侨华人与中国的关系》，广州：广东高等教育出版社，2001 年。
③ 任贵祥主编：《海外华侨华人与中国改革开放》，北京：中共党史出版社，2009 年。
④ 吴前进：《国家关系中的华侨华人和华族》，北京：新华出版社，2003 年。
⑤ 麦礼谦：《从华侨到华人——二十世纪美国华人社会发展史》，香港：三联书店香港有限公司，1992年；赵小建：《重建家园：动荡中的美国华人社会（1940—1965）》，上海：复旦大学出版社，2006 年。
⑥ ［美］孔秉德、尹晓煌主编，余宁平等译：《美籍华人与中美关系》，北京：新华出版社，2004 年。
⑦ ［美］亚历山大·德拉诺、［新西兰］艾伦·加姆伦著，罗发龙译，陈奕平校：《祖籍国与离散族裔的关系：比较与理论的视角》，《东南亚研究》，2015 年第 4 期。

和特朗普时期更强调战略竞争，中美关系进入经济相互依赖和安全防范的竞合期。① 2021 年 3 月，新上台的拜登政府发布有关国家安全的《临时国家安全战略指南》，强调中国是"唯一一个有可能将其经济、外交、军事和科技力量结合起来，对（现有的）稳定和开放的国际体系带来挑战的竞争对手"②。可以说，中美关系经历了从冷战对抗到关系正常化和"准联盟"，从接触和经济相互依赖到战略性竞争的演变。同时，当前中美关系陷入低谷，其主要原因是霸权国美国为遏制中国而推行对华全面施压的政策所致。

国家间关系的变动势必影响移民的生存和发展。据统计，美国华侨华人人口从 20 世纪 50 年代初的 15 万人增加到 1970 年的 43 万人，1990 年达到 164 万人，到 2017 年增加到 508.17 万人。③ 2021 年最新数据显示，美国华人人数为 510 多万，是其国内最大的亚裔族群。④ 长期以来，华侨华人对美国的发展作出了独特的贡献，在美国的影响力不断加深，但也不时遭受所谓的"中国威胁论"和"华人间谍论"的影响。

从中美关系与美国华侨华人生存发展之间的逻辑关系看，美国华侨华人既是中美关系改善和友好发展的桥梁与纽带，也可能成为中美关系波动乃至交恶的受害者。一方面，从华侨华人的桥梁作用角度看，美国华侨华人生存状况好，融入美国社会程度高，既可以参与公共外交，也可以更好地影响美国舆论，促进中美关系的友好发展。另一方面，中美关系友好往来，依赖程度加深，经济、科教等领域互动频繁，美国对华实施"接触"政策，舆论环境良好，有利于美国华侨华人的生存和发展。反之，中美关系波动，或者断绝往来，或者限制交往，或者两国相互猜忌，美国反华舆论甚嚣尘上，这自然不利于美国华侨华人的生存和发展。

中美关系变动对美国华侨华人生存和发展的影响体现在政治、经济和人文交流三个维度（见图 5-1）。从政治维度看，中美政治互信带来宽松的政治环境，有利于美国华侨华人的自由发展；反之，如果中美在政治上互不信任，相互猜忌，出现类似麦卡锡主义的反华狂潮，美国华侨华人被怀疑不忠诚，甚至被妖魔化为"黄祸""间谍"，自然严重影响美国华侨华人的生存和发展。在经贸方面，

---

① 陈奕平：《美国特朗普政府的东南亚政策：继承的遗产及走势展望》，《东南亚研究》2017 年第 1 期；陈奕平，王琛：《中美关系周期变化与东南亚国家的外交选择》，《东南亚研究》2019 年第 1 期。
② President Joseph R. Biden. Interim National Security Strategic Guidance, https://www.whitehouse.gov/wp-content/uploads/2021/03/NSC-1v2.pdf, 2021-3.
③ United States Census Bureau. Asian American and Pacific Islander Heritage Month：May 2018, https://www.census.gov/newsroom/facts-for-features/2018/asian-american.html, 2018-05-01.
④ United States Census Bureau. Asian American and Pacific Islander Heritage Month：May 2021, https://www.census.gov/newsroom/facts-for-features/2021/asian-american-pacific-islander.html, 2021-04-19.

经济相互依赖的加深，作为桥梁和纽带的华侨华人能够积极交流与合作，自身也可以分享合作的成果；反之，如果出现贸易战，与中国经济密切的华商或华人企业难免受到冲击。在人文交流方面，中美关系友好，人文交流会得到鼓励，华人科学家和人文精英有更多施展才华的空间；反之，中美关系出现波动，华人科学家和人文精英往往被怀疑不忠诚，遭受调查，甚至被莫须有的罪名起诉，或导致坐牢，这自然严重影响了华侨华人参与人文交流。

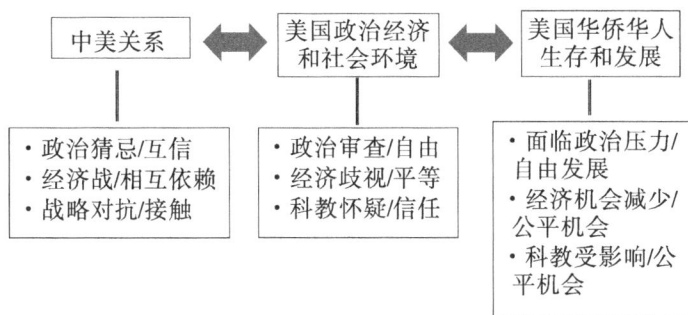

图 5-1　中美关系变动与华侨华人生存和发展的逻辑关系

## 二、　冷战时期中美对抗对美国华侨华人的影响　（1949—1969 年）

冷战使世界分裂为两个阵营，作为新兴的社会主义国家，新中国成立后宣布"一边倒"外交政策，支持苏联为首的社会主义阵营。而美国一跃成为西方世界的领袖与共产阵营壁垒相对。随着两极格局确立，美国国内对华立场逐渐倒向对华强硬派，再加上未经宣战的三年朝鲜战争，自 20 世纪 50 年代到 60 年代中美关系进入全面对抗时期。中美关系敌对的同时，1950 年 2 月，麦卡锡在演讲中宣称，他知道有 205 名共产党员为美国国务院工作①，美国国内以麦卡锡为首的反共人士利用"恐共症"掀起红色恐慌，大肆渲染所谓的共产主义威胁，宣称华侨华人充当着中共"颠覆"美国的"第五纵队"，成千上万的华侨华人生活在恐惧的阴影之中，华人社会风声鹤唳、草木皆兵，遭受无妄之灾。

### （一）中美对抗对美国华侨华人政治领域的影响

第一，被迫中止与祖籍国的联系。随着中西方冷战的升级，华人社会在政治

① Mary Wood. McCarthy Era Offers Cautionary Tale for Post - 9/11 American, Stone says, https://www. law. virginia. edu/news/2004_ spr/mccarthy. htm, 2018 - 08 - 25.

上的发展也相当曲折。在此之前，美国华侨华人大多自认为是中国人而非美国人，基于对祖籍国的忠诚，大多数华侨抱着"落叶归根"的心态想要回归中国。在 20 世纪 50—60 年代间，中美关系敌对，美国华侨华人若支持新中国就会被扣上"叛国"的罪名，越来越多的美国华侨华人害怕遭受政治迫害不得不放弃回归的念头。在朝鲜战争之前，许多美国华侨华人都参与中国的政治集会，有的华侨甚至在中国立法机构任职，然而到了 20 世纪 50 年代，多数华侨华人（尤其是在美国出生的华人）开始回避中国政治问题①，与祖籍国的政治联系被迫中止。

第二，华侨华人内部矛盾激化。19 世纪美国排华时期环境虽然恶劣，但华人内部团结一致，共同抵御外部压力。然而在国共内战和冷战时期，国民党在美国政府的支持下争夺华人社区，动员当地华侨华人支持蒋介石政权，类似的政治宣传激化华侨华人内部政治矛盾，亲北京还是亲台湾的斗争导致内部分化，这种特殊的冲突折磨着华人社区。② 虽然一部分华侨华人对国共之争没有兴趣，但在这种氛围下，只能被迫参与活动表达自己的忠诚，部分华侨华人的政治表达自由被内部势力斗争影响，对当时状况感到失望。

第三，华侨华人遭受政治审查。在麦卡锡主义浪潮影响下，对于美国政府和公众来说，华侨华人即使获得永久居留权甚至入籍，也是外国人。中美对抗时期，在调查共产党"颠覆"活动的幌子下，不仅新移民入境受阻，连那些已经获得了永久居留权或公民权的华人也成了美国政府的调查目标。③ 朝鲜战争时期，中美军队在朝鲜前线对垒，美国政府在后方则加紧监视一些进步华人，反共政客经常以调查共产党活动为借口，多次传召知名左翼华人。这些左翼华人被舆论攻击，声誉被损害，谋生的事业也被摧毁。"恐赤症"不仅扼杀了激进分子的言论，也扼杀了华人社区中的不满意见，国民党也仗着有美国政府撑腰，借机打击那些在华人社区中反对他们的华人。④ 政治审查不仅是对美国华人的攻击和限制，同时也有意或无意地传播不实舆论，使部分社会大众对华人社区形成认知偏差。

### （二）中美对抗对美国华侨华人经济领域的影响

第一，华人企业生存环境艰难。在反共气焰逐渐上升的美国社会里，华人企业陷于微妙的处境。1950 年美国国会通过《麦卡锡内部安全法案》，授权拘留涉

---

① Charlotte Brooks. Between Mao and McCarthy: Chinese American politics in the cold war years, Chicago: University of Chicago Press, 2015, p. 2.
② 陈依范著，韩有毅等译：《美国华人史》，北京：世界知识出版社，1987 年，第 290 页。
③ 赵小建：《重建家园：动荡中的美国华人社会（1940—1965）》，上海：复旦大学出版社，2006 年，第 175 页。
④ 陈依范著，韩有毅等译：《美国华人史》，北京：世界知识出版社，1987 年，第 262 页。

嫌从事间谍活动和破坏活动的人，几乎一夜之间，一些华人的客户开始取消订单，企业出现亏损。朝鲜战争时期，在洛杉矶的一家餐馆，一名酒保无意中听到顾客嘟囔着："我们快离开这个地方，这是中国人经营的。"① 中美对立时期，种族主义者排华故态复萌，不少华侨华人担忧自己会被打上"敌国侨民"的标签，重演第二次世界大战美国日裔被关入集中营的悲剧，一些商人为了要给社会一个好形象，不得不采取行动，纷纷发表效忠美国的宣言。② 那些在族裔集中地区开办企业的华人首当其冲，所创办的企业、商铺、杂货店成为偏激分子攻击的对象，华侨华人大多是无辜的，但他们遭到了不公正对待。大多数美国人光顾中餐馆的热情降低，有些人则完全避开中餐馆，在 2.5 万人口以下的城市，中餐馆已不复存在，而在较大的城市，中餐馆的数量也有所减少。③ 中餐馆在两次世界大战期间经历了繁荣，却因为朝鲜战争和"两个中国"的内部冲突而导致生意一落千丈。

第二，华侨华人向侨乡汇款中断。朝鲜战争爆发后，中美两国进入全面对抗时期，美方全面封锁中国，认定来自海外华侨华人的汇款有助于推动中国进行朝鲜战争，谴责华侨华人的侨汇都是非法资金，试图阻止华侨华人以人道主义为由援助中国，对华实施国际贸易禁运。④ 美国还认为侨汇对中共政权至关重要，美国财政部估计直至 1951 年底，共有大约 400 万~500 万美元的汇款邮至中国⑤，大量的侨汇为中国提供了发展工业所需的资本。美国政府怀疑华人如果变成中国的"第五纵队"，就会凭借其经济力量支持共产主义发展，对美国安全和外交利益产生威胁。⑥ 禁止侨汇在一定程度上影响了部分想用侨汇补助家乡的华侨华人。

### （三）中美对抗对美国华侨华人人文交流的影响

第一，华人学者遭受审查。麦卡锡主义的反共舆论导致华人知识分子生活在"红色恐怖"之中，华裔美国科学家作为美国少数族裔中的精英群体，他们在美国的生存环境直接受中美关系变动影响。以钱学森为例，这位"二战"前抵美

① Ellen D. Wu. The Color of Success: Asian Americans and the Origins of the Model Minority, Princeton: Princeton University Press, 2015, p. 111.
② 麦礼谦:《从华侨到华人——二十世纪美国华人社会发展史》，香港：三联书店香港有限公司，1992 年，第 345 页。
③ Rose Hum Lee. The Chinese in the United States of America, Hong Kong: Hong Kong University Press, 1960, p. 263.
④ Glen Peterson. Overseas Chinese in the People's Republic of China, London: Routledge Press, 2013, p. 35.
⑤ Yousun Lu. Programs of Communist China for overseas Chinese, Hong Kong: Union Research Institute, 1956, pp. 71－72.
⑥ 张焕萍:《再论冷战初期美国对东南亚华人的宣传战（1949—1964）》，《南洋问题研究》，2016 年第 1 期，第 74－85 页。

的空气动力学家于麦卡锡时期被卷入间谍争端案中。1949 年，钱学森申请了美国国籍，然而在美国国内反共的政治环境下，他没有得到基本的安全保障，美国政府对他的态度很快就从信任变成了怀疑，指控他是共产党员并充当中国间谍①，联邦调查局和移民局依据《麦卡锡内部安全法案》对他进行监视、跟踪和审讯②。在中国政府的积极争取下，经美中日内瓦会议的协商，钱学森和其他数百名华裔科学家和工程师才得以返回中国。

第二，文娱活动方面遭到钳制。20 世纪 50 年代中期后，联邦调查局开始调查文化渗透，将矛头指向唐人街，监视唐人街中的科教文娱活动，华人社区中许多带有政治色彩的活动被迫取消。只有华侨民主青年团（即"民青"）及绿源书店还在勉强维持，但在政府和反华群体的不断骚扰下，也不得不先后解散。③ 同时，华社自由言论遭到钳制，一些华人报刊例如《太平洋周报》《中西日报》等接连停刊。以《美洲华侨日报》为代表的华人媒体因公正报道中国国内新闻而遭到国民党及美国政府的攻击。美国财政部称该报因刊登向广东侨乡汇款的广告而违反《与敌国通商法》，借机打压《美洲华侨日报》。1963 年开始，报社决定改为每星期出版 2 期报纸，版面也暂时性缩为 4 个，直至 1977 年中美关系正常化后，才恢复至原有出版规模。④

## 三、 中美关系正常化对华侨华人的影响 （1969—1989 年）

一方面，20 世纪 70 年代初，基于抑制苏联扩张的共同战略利益下，美国对华政策转变，中美关系逐渐解冻。1971 年尼克松访华打开了双方紧闭长达 20 多年的国门，使中美关系回暖。1978 年底中美两国同时发布《中美建交公报》，宣布建立大使级外交关系，中美关系逐渐实现正常化。另一方面，20 世纪五六十年代在美国民权运动的推力与压力下，美国国会通过《移民与国籍法修订案》，亚裔数量激增，少数族裔的生活质量得到明显改善。这两件事深刻影响了美国华侨华人，许多人转变以往"落叶归根"的念头，想在美国"落地生根"，华侨华人加速融入美国社会的步伐，在美国的地位有了一定的提高。曾任美国总统的老布什在一次讲话中对美国华人评价甚高，他认为"正是华人生活上的优良传统和

① ［美］孔秉德、卢晓煌主编，余宁平等译：《美籍华人与中美关系》，北京：新华出版社，2004 年，第 244 页。
② 涂元季：《人民科学家钱学森》，上海：上海交通大学出版社，2002 年，第 23 - 25 页。
③ 麦礼谦：《从华侨到华人——二十世纪美国华人社会发展史》，香港：三联书店香港有限公司，1992 年，第 349 页。
④ 王土谷：《〈美洲华侨日报〉的创建和发展》，《新闻研究资料》，1991 年第 3 期，第 169 - 171 页。

价值观，使他们对工作有信念，富有自谦和自我牺牲的纪律性，这些品德也给美国社会添砖加瓦"①。这些都体现中美建交时期，美国华侨华人逐渐得到住在国的认可。

### （一）中美关系正常化对美国华侨华人的政治影响

第一，华人华侨参政热情升高。首先中美关系对立期间，许多左翼华侨华人不敢表达自己对新中国的真实情感，双边外交关系的恢复为华侨华人群体表达自己的政治立场提供了保障。其次，与早些年的情况相比，中美关系正常化后，大量受过高等教育的移民给美国华侨华人群体注入新的生机，到了 20 世纪 80 年代中后期，各种来源的新移民占美国华侨华人总人口比例已达 75%，显示了华人移民涌入美国的趋势。② 新老移民不断实现自身价值，设法融入当地社会，华侨华人逐渐意识到参政对华社的重要性。为打破族裔固化标签、维护自身权益、重塑华人形象，美国华人开始在政治中崭露头角，如 1984 年美籍华人吴仙标当选美国特拉华州副州长，并取得卓越的政绩，从而使得华人参政热情升高。

第二，华人社团在政治领域取得新突破。中美建交之前，美国华人社团建立的一些政治性组织主要是为了回应美国国内政策；中美建交后，美国华侨华人对美中关系有了新的期待与展望，开始关注美国对华的外交政策。在此背景下，由美国商界、政界、学界的杰出华人组成"百人会"，其目标有二：一是致力于促进华裔美国人充分参与美国社会，为华人社区提供公共政策资源；二是推动中美两国人民和领导人之间的建设性对话与关系。③ 这表明华人社团不仅积极参与国内政治，维护族裔的政治利益，同时也开始活跃于美国对华外交政策的舞台上。在签署《上海公报》的过程中，美国华侨华人中的青年领导阶层在促进两国关系上扮演了积极的角色，其中美国华裔民主人士主办的美中人民友好协会、华裔民主党协进会、中美邦交协进会等华人组织积极发声和行动④，华人社团的政治取向有了新的突破和定位。

### （二）中美关系正常化对美国华侨华人经济领域的影响

第一，华商来华投资逐渐增多。中美关系突然的转机在美国华侨华人社会内部激起千层浪，美国对华封锁禁区打开后，许多美籍华人立刻申请造访中国。与

---

① 李小兵、李晓等：《美国华人：从历史到现实》，成都：四川人民出版社，2003 年，第 124 页。

② 吴前进：《国家关系中的华侨华人和华族》，北京：新华出版社，2003 年，第 192 页。

③ The Committee of 100. Mission and History, https://www. committee100. org/mission – history/，2018 – 08 – 25。

④ 吴前进：《国家关系中的华侨华人和华族》，北京：新华出版社，2003 年，第 188 页。

此同时，随着改革开放及东亚经济奇迹的出现，华裔左翼人士和一些具备一定经济基础的华人很快被中国迅速扩大的市场所吸引，去中国投资项目，华人资本又再次涌向中国。特别是在中国改革开放之初的十年间，他们对中国现代化事业的推动和促进有目共睹。国内兴建大批合资企业，一些侨乡最先出现个体私营经济和小型集体经济，利用侨胞资金、信息和市场做大做强，为改革开放注入强大动力。①

第二，增加华人就业机会。中美关系正常化后双边经贸往来大幅度增加，许多美国公司进入中国市场，华侨华人凭借自身语言、资源、信息等优势在中美经贸交流中发挥重要作用。一些华人用自己的人脉为中美经贸往来牵线搭桥，还有一部分华侨华人进入与中国有业务往来的美国公司就职，或是作为美方代理进驻中国，即所谓新的"洋买办"。② 同时，唐人街的各项营生也从苦力劳动为主转向多元化发展。美国商务部依据 1987 年调查资料统计，华人经营企业共 89 717 家，经营情况较佳，在亚裔及少数族裔中占领先地位，尤其是食品、纺织加工业品、电子电器制品等。③ 这得益于两个原因，其一是因为美国实施新的移民法，其二是中美建交后新移民数量增加，新移民携带资金前往美国创业的现象越来越普遍。

### （三）中美正常化对美国华侨华人人文交流领域的影响

美籍华人学者在麦卡锡主义时期的遭遇令人同情，两国正常交往后，他们的处境大大改观。中美关系的正常化给华裔学者提供了一个发挥自身特殊身份的空间，鉴于他们对中美两国各方面的了解，华人科学家可以成为中美人文交流的使者，成为连接两国科技合作的桥梁。1972 年尼克松访华后，中美科学文化交流的大门终于打开了。④《上海公报》中科学交流占有突出比重，中国和美国都把科学交流看成是隔绝多年后通向相互理解的一条中性的、非意识形态的路线。⑤华裔科学家杨振宁、李政道、丁肇中等人都多次到中国访学，创办教育交流项目，培养了许多优秀科研人才。以杨振宁为例，作为第一个访问新中国的知名华裔美国科学家，在美国政府取消对华访问限制后，他便返华为新中国科学发展出谋献策。

---

① 严瑜：《侨这四十年，与国共奋进》，《人民日报（海外版）》，2018 年 12 月 14 日。
② 徐德清：《旅美学人——中美友好合作的桥梁》，徐德清、洪朝辉主编：《世纪之交的反思：中国旅美学人谈中美关系》，北京：八方文化企业公司，1998 年，第 248 页
③ 陈怀东：《美国华人经济现状与展望》，台北：世华经济出版社，1991 年，第 165 页。
④ ［美］基辛格：《白宫岁月》，北京：世界知识出版社，2003 年，705 页。
⑤ ［美］孔秉德、尹晓煌主编，余宁平等译：《美籍华人与中美关系》，北京：新华出版社，2004 年，第 246 页。

宏观上看，在中美对抗时期，美国政府一直对华人政治活动抱有戒心，不断在政治忠诚方面做文章。两国关系正常化后，由于政府对华舆论放缓，一直"默默无闻"的美国华人学者开始活跃起来，他们开始去新中国进行访学，用自己的力量改变一些美国人对新中国的刻板印象，也为改善中美关系作出了坚实的、富有成效的努力。

# 四、　后冷战时期中美竞合关系对美国华侨华人的影响
## （1989—2019 年）

冷战结束后，随着中国快速崛起，美国对华实行接触加遏制的政策，中美关系进入合作与竞争的新时期。在中美竞争与合作关系下，政治接触和经济相互依赖为美国华侨华人提供了重要的机遇，但当前美国决策层戴着"有色眼镜"看待崛起的中国，不断对华施压，甚至炒作中美"注定一战"[1]，美国挑起的紧张局势势必影响华侨华人的生存和发展。

## （一）"中国威胁论"对美国华侨华人的政治影响

20 世纪 90 年代起，美国政府在人权、新疆、西藏、台湾和香港等问题上不断制造话题，不断通过立法、外交等手段向中国施压，并不断炒作"中国威胁论"，美国华侨华人也因此受到波及。根据美国"百人会"2001 年全国公众调查结果显示，超过三分之一的美国公众认为"华裔美国人对中国比对美国更忠诚"，同时调查发现，近 40% 的公众认为"亚裔美国人在政府和高科技领域'过于'有影响力，并且这些人对祖籍国更加忠诚"[2]。

近年来，美国对中国的疑心和防范心理只增不减，相继出台了各种各样评估中国实力的战略报告，以冷战思维妖魔化中国，旨在塑造"遏制"中国崛起的国际舆论。这些新冷战思维和舆论充斥着美国朝野，打破了华人社区的平静，一些华侨华人清醒地发现，"中美关系一有风吹草动，美方还是会把他们当外国人"[3]。

---

① 格雷厄姆·艾利森著，陈定定、傅强译，《注定一战：中美能避免修昔底德陷阱吗？》，上海：上海人民出版社，2019 年。

② Jane Leung Larson. Still the "other"? Are Chinese and Asian Americans Still Seen as Perpetual Foreigners by the General Public?, https://committee100. typepad. com/committee _ of _ 100 _ newslett/ - 2009/04/still - the - other - are - chinese - and - asian - americans - still - seen - as - perpetual - foreigners - by - the - general - pu. html，2009 - 04.

③ 阮次山：《中美关系下的华人处境》，《国际观》，2001 年 7 月，第 7 - 19 页。

美国媒体和学者甚至对中国侨务政策与海外统战工作进行炒作、攻击。2017年10月23日，美国《外交》杂志刊发新美国安全中心（The Center for a New American Security，CNAS）两位学者克里亚莎（Harry Krejsa）和周云章（Anthony Cho）的文章《中国政府正在采用民族主义外交政策吗？》，指责"中国正展示一个令人警觉的征兆，就是民族主义力量的兴起。中国正积极号召庞大的海外侨民，以推进其外交政策"，并危言耸听地声称，这势必导致一些国家发生反华排华现象，波及华侨华人，影响中国在当地的投资，进而成为地区性冲突的导火索。①

2018年8月24日，美国美中经济与安全评估委员会发布名为"中国海外统战工作：背景和对美国的影响"的报告。该报告利用拼凑的报道及所谓安全渠道的材料，声称"中国利用其所谓的'统一战线'工作，拉拢或中立化（Neutralize）潜在反对执政党中国共产党的政策和权威的来源"，呼吁"美国政府必须更好地了解北京的统一战线战略，包括战略目标、负责的行为体，以及如何塑造有效和全面的效应"②。

美国联邦调查局局长克里斯托弗·雷（Christopher Wray）在2018年的一场国会听证会上公开宣称，在美国"几乎所有领域"中学习和工作的"华人教授、科研人员、学生"都可被视为"非传统的情报收集人员"，他们有可能秘密地在为中国政府收集情报。③"百人会"认为这种言论非常令人不安，认为这是利用标签化某一族群而煽动针对该族群恐惧心理的行为。④ 这种渲染华裔学者威胁论、间谍论的做法使华人社会不得不警惕，致使华侨华人与中国的正常交流活动大量减少。

美国媒体和学者对中国侨务政策和海外统战工作进行的炒作和攻击，借主权问题说事，实质是"中国威胁论"老调重弹。其实，克里亚莎和周云章所供职的新美国安全中心，一直关注中国经济、军事实力增长对美国的所谓"威胁"。在形形色色的"中国威胁论"中，有一种论调对准的就是几千万华侨华人，把

① Harry Krejsa，Anthony Cho. Is Beijing Adopting an Ethnonationalist Foreign Policy？，https：//www.foreignaffairs. com/articles/asia/2017－10－23/beijing－adopting－ethnonationalist－foreign－policy，2017－10－23.

② Alexander Bowe. China's Overseas United Front Work：Background and Implications for the United States，https：//www. uscc. gov/Research/－china％E2％80％99s－overseas－united－front－work－background－and－implications－united－states，2018－08－24。

③ 澎湃新闻：《美国"华人间谍"威胁论调查》，https：//www. thepaper. cn/newsDetail_forward_2036830，2018年3月23日。

④ Committee of 100. Committee of 100 Denounces Broad Brush Stereotyping and Targeting of Chinese Students and Academics，https：//www. committee100. org/press_release/committee－of－100－denounces－broad－brush－stereotyping－and－targeting－of－chinese－students－and－academics/，2018－04－05.

他们污蔑为"黄祸"和"第五纵队"。其实，即使是作为移民接收大国的美国也鼓励移民与祖籍国的联系，鼓励移民为祖籍国社会发展作出贡献。奥巴马政府甚至把居住在美国的国际移民纳入其对外战略总体布局之中，提出"国际侨民接触战略"，建立"国际侨民接触联盟"，支持居住在美国的他国侨民在美进行公共外交、志愿服务、创新联系、慈善捐助等，以配合美国"巧实力"外交的开展，达到争夺国际影响力的目的。①

当前在中美贸易战的背景下，有关"侨务干涉论""中国间谍威胁论"等换汤不换药的"中国威胁论"论调越发甚嚣尘上，美国华侨华人的处境备受关注，部分华人担心此类言论会污名化华人社区。值得注意的是，在中美关系竞争不断加剧的背景下，美国华人中存在的"切割派"声音也不断增加，他们选择与中国疏离甚至划清界限，极力消除身上的"中国痕迹"。

### （二）中美贸易战波及美国华侨华人企业的发展

从 2018 年 3 月开始，特朗普政府以"中美贸易逆差"为由打响贸易战，随着中美贸易战不断加码，美国舆论开始鼓吹中国在双方贸易间存在大量顺差。特朗普多次在他的推特中表示"美中的贸易逆差达 5 000 亿美元""还有 3 000 亿美元盗窃知识产权的损失"等言论，利用经济因素发动舆论攻势。中美经济联系紧密，贸易战必然对中美关系产生恶劣影响，华人无法置身事外。关税的上涨直接波及华人的日常民生，许多在唐人街生活的华人都直接或间接地从事与中美贸易有关的工作，不少从事中美贸易的华人商家感到压力，加增关税使得在华设厂的利润减少。同时，无论是大型企业还是小型家族企业，都已对中国出口商品产生依赖，贸然加税会对供应链产生严重负面影响。② 从小规模的商业到大厂房都受到中美贸易战的负面冲击。

中美贸易战之际，美国政府捕风捉影地炒作"华裔间谍"事件，势必挫伤华人为当地经济发展贡献心血和才华的热忱。③ 美国"百人会"主席吴华杨接受媒体采访时曾表示，贸易战还具有其他象征性，包括美国国内的政治变化、美国内部的分化与焦虑，中国近年来的快速发展让美国感到其地位受到威胁，同时迅速增长的华裔以及其他种族人群也让美国白人社会担忧。中美贸易关系持续恶化，首当其冲的可能是华裔群体。④ 特朗普政府对中美贸易的强硬观点会推动反

---

① 陈奕平：《美国"国际侨民接触"战略及其对我国侨务政策的启示》，《东南亚研究》，2012 年第 2 期，第 92 - 95 页。
② 吴乐珺：《加征关税将加重美国进口商和消费者负担》，《人民日报》，2018 年 8 月 24 日。
③ 李庆四：《美炒作华人间谍是双输之举》，《北京日报》，2015 年 5 月 28 日。
④ 吴华杨：《种族、身份与价值观：中美贸易战中的文化冲突》，http://www.ccg.org.cn/Effect/View. - aspx?Id = 9393，2018 年 7 月 16 日。

华情绪的升级，致使美国华侨华人受到两国之间紧张局势的冲击。

### （三）中美战略竞争波及美国华侨华人的科技和人文交流

近年来，美国特朗普政府和国防部出台了《国家安全战略报告》等一系列文件，称中国是美国最大的"战略竞争对手"。在科技和人才方面，美方的意图明显有针对性，从中兴到华为，美方剑指"中国制造2025"。此外，有言论指出，以美为首的西方国家更为关注参加中国"千人计划"的华人学者，并有针对性地采取起诉和开除等行动。为针对"千人计划"中的华人学者，美国众议院军事委员会在2018年通过了《国防授权法案》（National Defense Authorization Act）的一项修正案，该修正案将允许国防部终止向参与中国、伊朗、朝鲜或俄罗斯人才招募项目的个人提供资金的拨款和其他奖励。[①] 当前美国把中国视为"首要潜在敌人"，针对中国政府海外活动影响力扩散的指控和呼声越来越多，这些指控和呼声都会使美国华侨华人的忠诚度遭到质疑。近20年以来，被指控从事间谍活动的华裔美国人越来越多，其中许多案件早已被证实是无稽之谈。前往美国的留学生、专家学者获得签证的难度不断增加。即使获得签证，也要面对签证被取消，以及入境美国可能会出现的更为严格的盘查。

2017年"百人会"在白皮书《起诉中国间谍：经济间谍法的实证分析》中指出："根据《经济间谍法》进行诉讼的136起案件样本显示，从1997年到2008年，华人被告方占案件的17%，但在2009年至2015年间，该比例增加了3倍，达到52%（见图5-2）。"华人和其他亚裔被告被判处的平均刑期分别是25个月和22个月，是欧洲裔被告被判刑期的两倍；21%的华人和22%的其他亚洲裔被告从未被证明犯有间谍罪或其他罪行，这一比例是欧洲裔被告的两倍；而在被判有罪的华人和其他亚洲裔案件中，多数是对虚假陈述、隐瞒证据这样的小过错认罪，而换取撤销所有的重要指控。这些数据反映了美国华裔近年来正在被不断猜忌和怀疑。白皮书撰写者安德鲁·金指出："这是否是美国司法部把更多资源用于识别和起诉与中国有关的间谍活动？是否反映司法部资源的合理优先次序，或者这是一个不公平的种族定性案件，并开始新的'红色恐慌'。"[②]

---

① Mitch Ambrose. New US Visa Screening Measures Target Chinese Citizens Studying "Sensitive" Subjects, https://www.aip.org/fyi/2018/new - us - visa - screening - measures - target - chinese - citizens - studying - %E2%80%98sensitive%E2%80%99 - subjects, 2018 - 06 - 13.

② Andrew C. Kim. Prosecuting Chinese Spies: An Empirical Analysis of the Economic Espionage Act, https://committee100.org/wp - content/uploads/2017/05/2017 - Kim - White - Paper - online.pdf, 2017 - 05.

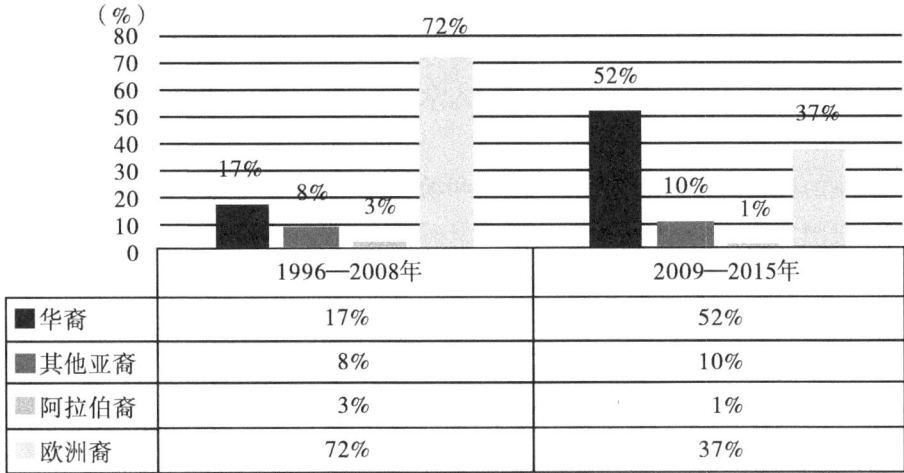

| （%） | 1996—2008年 | 2009—2015年 |
|---|---|---|
| ■华裔 | 17% | 52% |
| ■其他亚裔 | 8% | 10% |
| ▨阿拉伯裔 | 3% | 1% |
| ▢欧洲裔 | 72% | 37% |

图 5 - 2 《经济间谍法》被告的种族分布

数据来源："百人会"。

1999 年华裔科学家李文和因涉嫌窃取、泄露机密被美国政府逮捕，在"李文和案"发生后，《考克斯报告》又被炮制出来。这份由美国众议员考克斯领导、以调查中国盗窃美国国防秘密的报告发布后，在中美两国都引起轩然大波。两件案例均视中国为"威胁"，通过舆论影射华裔学者为间谍，让美国华侨华人蒙上阴影，其背后反映了美国华裔深受中美关系变化的影响。2000 年，李文和在被监禁 278 天后获释，主审联邦大法官詹姆斯·帕克（James Parker）向他道歉，法官承认法庭被美国政府误导，李文和接受美国全国广播公司（National Broadcasting Company）新闻专访时指出"如果我不是华人，我绝不会被控间谍罪，更不会被恐吓要处决"①。

无独有偶，近年来水利专家陈霞芬案、物理学家郗小星间谍案等冤案频发，2019 年春季美国国立卫生院的代表向美国医疗中心发出警告，以"外国有系统地窃取知识产权"为由，在美国各地引发了对华裔教职员工的大规模调查，其中包括搜查华裔学者的电子邮件、电话通信、视频监控，一些著名的华裔学者职位（包括终身职位）在没有经过正当程序的情况下被终止。② 中国外交部发言人华春莹在一次记者会上用"相由心生"来回应"间谍案"，说道："世界上到底是谁在对其他国家实施大范围监听、监控、窃密、渗透，无所不用其极地维持并施

① 任毓骏：《李文和新书面世》，《人民日报》，2002 年 1 月 17 日。
② The Committee of Concerned Scientists. CCS Sent a Letter to the President of the United States, the Attorney General and the leaders of Both Houses of Congress Requesting the Profiling of Ethnic Chinese Scientists to Cease, https://www.apajustice.org/community – responses.html? from = singlemessage&isappinstalled = 0, 2019 – 06 – 04.

加影响力，大家心里其实都很清楚。"① 针对华裔的负面评论和报道，加利福尼亚大学伯克利分校发出公告，认为这类评论会对华裔族裔造成伤害和信任危机，而加利福尼亚的黑暗排华历史早已警示大众，基于原籍国的怀疑，可能导致非常可怕的不公正。②

美国的种族偏见总是在特定的时期和场合，以特定的方式表现出来。在特殊时期，美国华侨华人确实会因为中国背景而被质疑其对美国的国家忠诚。不管华人融入美国社会的决心有多么的坚定，华裔美国人总是中美交恶的买单人和受害者。美国斯坦福大学弗朗西斯·福山教授在一次采访时说道："人们总是希望自己所属的身份标识以及自己怀有归属感的身份群体获得外界社会的认可，尤其是那些由于历史沿革而被边缘化的群体。"③ 我们认为，此观点也是对当前居住在美国的华侨华人的处境的描绘。美国政府从行动上限制家庭移民、高科技人才，从舆论上散布各种有关"中国威胁"的情报，这些举动都间接抹黑了华侨华人形象，造成部分美国民众对华人群体的认知偏差，对华人社会形成无形的压力。

中美关系经历了从冷战到缓和，从接触加遏制到战略竞争的阶段性变动，国家间关系的波动在政治、经济和科技文化等维度对美国华侨华人产生了重要的影响。中美关系友好，依赖程度加深，经济、科教等领域互动频繁，美国对华实施"接触"政策，舆论环境良好，有利于美国华侨华人的生存和发展；反之，中美关系波动，或断绝往来或限制交往或两国相互猜忌，美国反华舆论甚嚣尘上，这自然不利于美国华侨华人的生存和发展。

中华人民共和国成立后，中美两国进入对立时期，美国国内以麦卡锡为首的反共人士掀起红色恐慌，排华舆论盛行，亲国民党势力支配华人社区，阻碍华人社会的经济、政治领域正常发展，甚至连华裔进步学者也遭受无妄之灾。20世纪70年代，尼克松上台后开始改善两国关系，中美建交适逢中国改革开放，美国社会对华舆论逐渐缓和，华人群体积极融入美国社会，被誉为"模范少数族裔"。后冷战时期，中美关系时好时坏，而美国政府的一些举措，如监视"千人计划"的华裔科学家、渲染"侨务干涉论"、发动对华贸易战等行为严重影响华侨华人的生存发展。通过上述分析，我们得出以下结论：华人群体在美国的地位和待遇与中美关系变动直接相关，不同时期美国政府的对华政策、对华舆论均有所不同，不管华裔融入美国社会的决心有多坚定，一旦中美关系变化，美国华侨

---

① 闫子敏：《外交部回应美澳"中国间谍威胁论"》，《人民日报（海外版）》，2018年2月2日。

② University of California Berkeley. Reaffirming our support for Berkeley's international community, https://news. berkeley.edu/2019/02/21/reaffirming – our – support – for – berkeleys – international – community/？from = timeline&isappinstalled =0，2019 – 02 – 21.

③ 李佳佳：《对话弗朗西斯·福山：美国中期选举、身份政治及中美关系》，http://www.sohu.com/a/279410591_570253，2018年12月2日。

华人总是受到波及。

　　现如今，在美国全面对华施压、中美关系紧张的背景下，美国华侨华人难免受到冲击。但华人群体中那些简单割裂自身同中国、中华文化的联系，成为"切割派"的一员，最终是不利于自身发展的。华人群体要放弃"I don't care"的沉默态度，勇于表明立场，积极发声，发挥自身建设性作用。包括华侨华人在内的世界各国移民是祖籍国和住在国的"共享资源"（Shared Resources），他们和祖籍国的关系不在于往来和互动，关键是互动的目的和结果，即互动是否有利于两国关系的友好发展、合作与共赢。事实上，我国海外侨务工作一直坚定不移贯彻"三个有利于"政策，即"有利于海外侨胞的长期生存和发展，有利于发展我国同海外侨胞住在国的友好合作关系，有利于推进我国现代化建设、维护和促进祖国统一"[1]。"海外侨胞的长期生存和发展""发展我国同海外侨胞住在国的友好合作关系"排第一位和第二位，说明中国政府十分重视海外移民的生存和发展，重视发挥华侨华人作用以促进合作和共赢。

　　回顾历史，我们看到，华侨华人对美国的进步作出过巨大贡献。当前华侨华人已成为美国亚裔中人数最多的族群，各行各业都可以看见华侨华人的身影。美国华侨华人作为非官方角色，是连接中美的桥梁，他们在积极融入美国社会的过程中，也有助于打破有关"中国威胁论"的不实舆论，使美国大众更好地了解中国。华侨华人改善中美关系之努力，不仅为了个人和整个华人社会群体的利益，还为了两国和全球的和谐与安全。

## 第三节　解构澳大利亚"华人威胁论"：
## 基于媒体舆论的政治学分析

　　自 2017 年以来，澳大利亚舆论对华侨华人的态度渐趋负面，形成所谓"华人威胁论"，对当地华社形成较大的压力。本节通过澳大利亚政府报告、政府人士以及主流媒体报道，分析"华人威胁论"的内容、原因和影响。对于所谓"华人威胁论"，既要解构"华人威胁论"妖魔化中国形象的内核，介绍真实的

---

① 　万钢：《努力实现侨务工作的科学发展》，《人民日报》，2008 年 10 月 14 日。

中国，构建良好的中国形象，也要从共享利益和道义的视角讲述华侨华人对澳大利亚、中澳关系和国际治理的贡献。

# 一、 问题提出与分析框架

随着全球化的不断发展，移民现象已成为国际社会中最为常见的现象。移民相关研究成果也颇为丰硕。其中，移民与住在国的关系研究是学术界关注的重点之一。从 19 世纪 40 年代第一批华人踏上澳大利亚开始，华人积极参与政治、经济、文化等领域建设，是澳大利亚发展进程中不可忽视的重要力量。经过将近两个世纪的发展，华人占澳大利亚总人口的 5.6%，是澳大利亚最大的亚裔少数族群，也是澳大利亚多元社会的重要组成部分。[①]

## （一）澳大利亚华侨华人研究述评

中澳两国自 1972 年建交以来，双边关系持续、稳定发展。华侨华人与澳大利亚关系研究得到重视，研究内容包括华侨华人与澳大利亚的发展，在澳华侨华人的民族认同、国家认同和政治认同，澳大利亚华侨华人在传播中华文化中的作用，以及华侨华人在中澳两国交往中扮演何种角色。例如黄昆章教授的《澳大利亚华侨华人史》[②] 从史学描述角度出发，分四个阶段讲述 1823—1995 年 172 年间华人社会的不同特征。除描述不同阶段澳洲华人的生活状态外，张秋生教授在其著作《澳大利亚华侨华人史》[③] 中，还回顾了历史上中澳两国关系的发展，澳大利亚华工出现原因及其生活状况，澳大利亚对华移民政策的演变，澳华人社团的发展变化，以及战后华人在经济、政治与文化生活等方面的变迁。此外华人移民与澳大利亚移民政策之间的关系也是国内学者关注的重点，多聚焦在澳大利亚移民政策的制定、改革与转型和华人移民关系研究。如张秋生教授认为"白澳政策"的制定与早期排华密切相关；20 世纪 70 年代澳大利亚废除"白澳政策"的部分原因是为吸引高技术、高素质华人。国外学者较为关注华人群体在澳大利亚发展过程中的作用。澳大利亚学者 A. J. Grassby 在《华人移民对澳大利亚的贡

---

① Australian Bureau of Statistics. 2071. 0—Census of Population and Housing: Reflecting Australia—Stories from the Census, 2016, https://www. abs. gov. au/ausstats/abs @ . nsf/Lookup/by% 20Subject/2071. 0 ~ 2016 – ~ Main% 20Features ~ Cultural% 20Diversity% 20Data% 20Summary ~ 30, 2016 – 06 – 28.

② 黄昆章:《澳大利亚华侨华人史》，广州：广东高等教育出版社，1998 年

③ 张秋生:《澳大利亚华侨华人史》，北京：外语教学与研究出版社，1998 年。

献》① 中也论述了华人对澳大利亚经济、社会的贡献。另一位澳大利亚学者艾瑞克·罗斯（Eric Rolls）的《旅居者们》② 和《澳大利亚华人史（1888—1995）》③，不仅描绘了华人在澳洲土地上的发展状况，最为重要的是将中华文化与华人历史相结合进行分析。在华人传承中华文化方面，国内研究成果颇多。张秋生教授认为"华人在维护自身族群利益的同时，应精确把握各种文化关系，更多地参与到国家共同民族观念的建设中"，华人文化融入澳大利亚社会除了要求华人群体不断加强自身团结外，关键在于要"超越群体主义，与其他族裔深度融合，从'华人性'向现代意义的'民族性/国家性'转型"④。还有一些学者以澳大利亚华人文学、华人教育为研究对象，探究华人文学和教育对生活在澳大利亚的华人群体的影响。

随着信息技术的不断发展，学者们开始关注澳大利亚政府、政府人士、媒体、智库对中国相关言论、报告和新闻报道的研究。笔者曾以美国和澳大利亚的多家智库、报刊媒体为研究对象，论述西方国家炮制的新"中国威胁论"对中国海外统战工作的影响。⑤ 朱文博探究澳大利亚媒体涉华舆论的转变过程，认为中澳两国关系呈现"整体向好、曲折多变"的变化特征。⑥ 马妍则采用文本分析方法，将澳大利亚智库洛伊国际政策研究所发布的民意调查报告作为研究材料，从民众、学界以及官方三个层次来研究澳大利亚舆论对中国崛起的认知。⑦ 此外，吴前进以中国大陆新移民为研究对象，论证澳大利亚政界和媒体所担忧的"中国威胁论"以及由此衍生的"华人威胁"是澳大利亚社会想象的结果，威胁并不是真实存在的。⑧ 学者大都关注中澳两国关系下澳大利亚舆论对中国崛起的认知，但就近年澳大利亚舆论对华人的认知状况及其对华人影响的研究较少。本部分试图通过分析 2017—2019 年间的澳大利亚舆论对华人的认知状况，探究当前澳大利亚舆论对华人认知形成的原因，并对在澳华人所产生的影响进行分析。

---

① A. J. Grassby. Contribution of Chinese settlers to Australia, Office of Commissioner for Community Relation, 1976.

② Rolls E. Sojourners: The Epic Story of China's Centuries – old Relationship with Australia: Flowers and the Wide Sea, Queensland: University of Queensland Press, 1992.

③ ［澳］艾瑞克·罗斯著，张威译：《澳大利亚华人史（1888—1995）》，广州：中山大学出版社，2009 年。

④ 赵昌、张秋生：《论多元文化政策下澳大利亚民族认同建构的困境——兼论华人的文化融入问题》，《世界民族》，2017 年第 4 期，第 37 – 46 页。

⑤ 陈奕平、关亦佳、尹昭伊：《新"中国威胁论"对海外统战工作的影响及对策》，《统一战线学研究》，2020 年第 1 期，第 78 – 85 页。

⑥ 朱文博：《整体趋好、曲折多变——澳大利亚媒体涉华舆论走向评析》，《公共外交季刊》，2017 年第 2 期，第 118 – 125 + 180 – 181 页。

⑦ 马妍：《试析澳大利亚舆论对中国崛起的认知》，《国际研究参考》，2014 年第 10 期，第 1 – 7 页。

⑧ 吴前进：《中澳关系中的中国大陆新移民：国家安全的威胁?》，《八桂侨刊》，2019 年第 1 期，第 3 – 12 页。

### （二）住在国针对移民负面舆论的分析框架

舆论，又被称为民意，实质是指多数人的意见。20 世纪 80 年代初，德国社会学、传播学家伊丽莎白·诺埃尔·诺伊曼通过实证研究提出"沉默的螺旋"理论，认为人们通常会以为大众传播媒介上呈现的意见就代表了多数人的想法，进而支持该观点。[①] 因此，大众传播媒介所传播的观点，是狭义的、具体化的舆论。在大众传播中，政府和媒体由于对话语权的掌握而成为舆论的制造者、引导者和传播者。

移民社会面对的舆论，除了与选举政治、经济状况、文化因素等住在国国内因素关联，还受到国家间关系、国际政治等因素的影响。随着华人数量的不断增长，受中澳两国关系变动、澳大利亚政党竞争、澳社会"白澳主义"以及美国对华遏制等因素影响，澳大利亚舆论对华人认知的相关报道出现了新变化。自 2017 年以来，在澳大利亚有关华人的舆论报道中，不仅充斥着"中国威胁论""华人威胁论""华人间谍论"，还高频次地使用"渗透""代理人"或意思相近的词语来形容华商、华人政治精英以及中国留学生。自新冠疫情暴发以来，澳大利亚发行量最大的报纸——《澳大利亚人报》（The Australian）始终认为"新冠病毒源自中国"，主张中国要为病毒的暴发和蔓延"负责"。即使世界卫生组织发布研究报告，澳社会主流媒体依旧选择忽视。甚至包括莫里森在内的澳政府官员多次公开要求对中国独立开展病毒溯源调查。

当前澳大利亚舆论出现对华人的负面认知，会在很大程度上影响作为少数族群的华人在住在国的政治参与、经济发展以及文化保护与传承。以政府和媒体为主体的澳大利亚舆论对华人的影响，具体从政治方面来看，若舆论对华人表现出积极正面的认知，则说明住在国社会能够尊重华人群体的合法权益并能以平等的态度对待华人群体，从而有利于作为少数群体的华人进行政治参与和维护权益。对华人的正面认知，能够使得住在国在经济合作往来中增加对华商的信任度，进而有助于华商所参与的经济活动顺利开展。此外，正面舆论认知的出现能够表明住在国社会对华人群体的接受度高，且容易接受华人群体所特有的风俗习惯、价值观念，也能有利于华人群体对本民族文化的保护和传承。反之，当舆论认知是负面的甚至出现大量不实报道时，华人作为少数族群进行政治参与的难度会上升，不利于其表达政治诉求，也不利于维护群体的合法权益；在经济合作往来中，住在国对华商的信任度会降低，影响华商在住在国的投资经商等经济活动；

---

① Noelle - Neumann E. The Spiral of Silence a Theory of Public Opinion, Journal of communication, 1974, 24 (2), pp. 43 - 51.

同时，对华人的负面认知也将会使得住在国社会对华人群体印象变差，从而降低当地社会对华人群体的接受程度，甚至会对华人群体产生歧视甚至是排斥的情绪，不利于华人族群文化的传承与保护。

# 二、　当前澳大利亚"华人威胁论"的内容

在 2017 年之前，澳大利亚媒体报道较多聚焦在华人的财富方面，经常看到诸如"华人横扫各国奢侈品店""中国富翁海外买豪宅"等新闻。主流媒体观点多肯定华人经济对澳大利亚发展的积极作用，也有少量较为负面的新闻报道，例如华人的投资、购置房产将会使得澳大利亚经济缺乏独立性。但自 2017 年以来，《悉尼先驱晨报》《时代报》等澳大利亚主要媒体在有关华侨华人的报道中，出现大量具有明显选择性的负面语言，报道的内容也不再仅仅局限于经济方面。现在打开澳大利亚报纸、网页，不难看到以下新闻报道：中国政府通过华商进行"渗透"，中国留学生是"间谍"，华人政客与中国政府有着各种联系，中国政府通过华人威胁澳大利亚国家安全、干涉学术自由以及介入澳大利亚媒体报道等。报道竭力渲染"中国威胁"，一再炒作涉港、涉疆、涉藏、5G、孔子学院等话题。

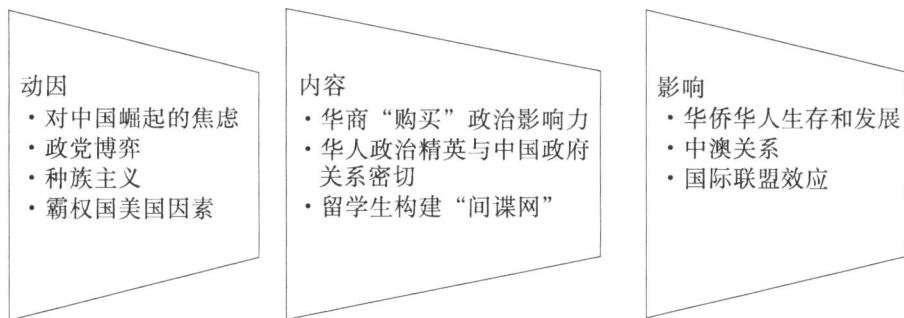

动因
· 对中国崛起的焦虑
· 政党博弈
· 种族主义
· 霸权国美国因素

内容
· 华商"购买"政治影响力
· 华人政治精英与中国政府关系密切
· 留学生构建"间谍网"

影响
· 华侨华人生存和发展
· 中澳关系
· 国际联盟效应

图 5 - 3　有关澳大利亚"华人威胁论"的分析框架

## （一）澳大利亚媒体渲染华商"购买"政治影响力

在澳大利亚主流媒体报道中，华商被称作"中国政府的代理人"，通过政治捐助的形式干预澳大利亚政治，帮助中国"购买"影响力，扩大中国在澳大利亚的"势力"。具体而言，澳媒体认为华商通过向澳大利亚主要政党进行政治捐助，将中国的势力逐步"渗透"到澳政党中，进而控制澳政府作出有损澳大利亚国家利益和安全的决策。2017—2018 年间，"'和中国有联系'的企业或个人

向澳政界输送'政治献金'"的报道随处可见，一些澳大利亚人甚至有了一个荒谬的认识：在澳华人但凡不对北京抱有敌意，都很可能是间谍。

黄向墨是澳大利亚中国商人，他向澳大利亚政党捐赠金额至少为200万美元。舆论认为澳大利亚工党参议员邓森关于"南海问题"的表态和辞职，都与黄向墨的政治"贿赂"有关。① 在2019年初，黄向墨被澳联邦政府取消其永久居留权，其理由是澳安全局认为"黄向墨可能与中国共产党建立联系"②。时任澳议会情报和安全联合委员会主席的自由党议员安德鲁·哈斯蒂在公开场合表态，"澳大利亚已经意识到威权主义国家构成的威胁及其影响和破坏我们民主制度的企图……我们正在转向保护我们的主权"③。澳大利亚主流媒体以及有重要影响力的政府官员始终强调黄向墨的政治捐助并不是"单纯的"政治行为，认为黄向墨通过捐助政治献金的形式，不断接近邓森，使其最终落入黄向墨所编织的金钱陷阱中，最终作出错误表态。面对舆论的指责，邓森本人在接受反腐败组织调查时，称"黄向墨是中国政府势力的代言人"④。这种表态使得澳主流媒体的报道更具煽动性，对华人的形象认知产生更加负面的影响。

面对新冠疫情，澳大利亚与中国等一道并肩作战才能取得完全胜利。但澳大利亚社会舆论出现不和谐的声音，将当时澳防疫物资紧缺归咎于华商、华企。《悉尼先驱晨报》曾发布报道，将矛头直指在澳大利亚的中国企业，将澳大利亚防疫物资紧缺、澳大利亚医务人员防护薄弱等问题甩锅给中国企业，认为中国企业为了驰援武汉，在澳大利亚大量抢购医用口罩、手套、消毒液等防疫物资才造成了澳大利亚防疫物资严重不足。⑤ 同时，澳大利亚国内关于病毒溯源"中国责任论"的言论，其国内的主流媒体是最早的炮制者。其中《澳大利亚人报》在报道中将可能是来自"五眼联盟"的情报作为病毒"源自"中国的证据。随后，这些报道又成为澳大利亚部分政客鼓吹"中国病毒论"的引用依据。

---

① 在澳大利亚媒体公布的一段录音中，邓森表示中国的边界完整是中国的事情，澳大利亚自身不应当涉足。舆论首先认为邓森的表态不符合澳大利亚在南海的利益；其次邓森的表态与其接受华商黄向墨的政治捐助有密切联系。

② Henry Belot. Chinese Billionaire Huang Xiangmo Wants Political Parties to Pay Back His Donations after Failing in Citizenship Bid, https://www.abc.net.au/news/2019-02-08/chinese-BilliOnaire-huang-xiangmo-wants-political-donations-back/10794726, 2019-02-08.

③ Damien. Cave, Australia Cancels Residency for Wealthy Chinese Donor Linked to Communist Party, https://www.nytimes.com/2019/02/05/world/australia/australia-china-huang-xiangmo.html, 2019-02-02.

④ The New Daily. Sam Dastyari Tells ICAC Huang Xiangmo was Chinese "Agent of Influence", https://thenewdaily.com.au/news/national/2019/08/30/dastyari-icac-huang-xiangmo/, 2019-08-30.

⑤ 王传军：《非议华人援华，看不见他们帮澳吗》，http://epaper.gmw.cn/gmrb/html/2020-04-/01/nw.D110000gmrb_20200401_2-12.htm，2020年4月1日。

## （二）澳大利亚媒体炒作华人政治精英与中国政府关系密切

澳大利亚媒体认为中国利用微信平台，对华人以及那些开通微信的澳大利亚政客们进行监督和控制，并通过操控政府选举来影响澳大利亚政治。在 2019 年联邦大选中，自由党籍华人政客廖婵娥当选为澳大利亚众议员。但媒体开始指责廖婵娥"所筹集到的 30 万澳元捐款来路不明"，"她与中共有关组织关系密切"①。在媒体宣传中，廖婵娥成为"中国共产党的海外宣传武器"②。

悉尼科技大学人文社科学院教授孙皖宁认为微信"已经变得比传统媒体重要得多了"③。澳大利亚许多政客开通微信向华人宣传自己的竞选理念，借此加强与华人的沟通、吸引华人的选票。但一些媒体舆论认为微信是中国政府控制的平台，即微信是中国政府用来鼓励海外华人支持某一政党或反对某一政党的平台。例如在 2016 年选举中，工党失掉在墨尔本华人区的议席，其认为失败的原因是由于自由党在微信上发动了大量舆论攻击。悉尼洛伊国际政策研究所的高级研究员麦克格里戈尔说："北京如果有明确喜好（澳洲的候选人），理论上可能干预选举，努力让他们喜欢的候选人获胜。"④ 2020 年 11 月，澳大利亚联邦政府首次以违反《反外国干预法》罪名起诉 65 岁的华人社团领袖杨怡生⑤（Duong Di Sanh），澳大利亚当局指控"其与一个外国情报机构有联系"。此次针对华人领袖的指控，在一定程度上影响了华人群体的形象，阻碍其政治参与步伐。

## （三）澳大利亚媒体诬陷中国利用留学生构建"间谍网"

越来越多的中国留学生选择前往消费水平低于欧美的澳大利亚留学。据澳大利亚国家教育部数据显示，澳大利亚有 20 多万名中国留学生，占国际留学生总数的 28%。⑥ 按照中国政府的规定，留学生不属于华侨华人。但在澳大利亚部分

---

① ABC NEWS. Gladys Liu's Liberal Party Branch Called to Relax Foreign Investment Laws Before She Became Federal MP, https：//www. abc. net. au/news/2019 – 09 – 14/gladys – liu – was – part – of – calls – to – ease – of – foreign – investment – laws/11511500，2019 – 09 – 14.

② Dan Oakes，Echo Hui，Sarah Curnow.《廖婵娥与中国神秘统战组织有关联》，https：//www. abc. net. au/chinese/2019 – 08 – 14/liberal – gladys – liu – linked – to – secretive – chinese – influence – network/11409668，2019 – 08 – 14.

③ 《德国之声，澳大利亚大选：华人选民成关键?》，https：//www. dw. com/zh/% E6% BE% B3% E5% – A4% A7% E5% 88% A9% E4% BA% 9A% E5% A4% A7% E9% 80% 89% E5% 8D% 8E% E4% BA% BA% E9% 80% 89% E6% B0% 91% E6% 88% 90% E5% 85% B3% E9% 94% AE/a – 48649650，2019 – 05 – 12.

④ BBC NEWS | 中文：《中国微信平台引起澳洲网络安全专家的担忧》，https：//www. bbc. com/zhongwen/si – mp/chinese – news – 47032659，2019 – 01 – 28.

⑤ 杨怡生为在越南的华人，是大洋洲越南柬埔寨老挝华人团体联合会主席，也是墨尔本澳华历史博物馆董事。

⑥ Australian Government Department of Education：Student Numbers，September 2019，https：//internationa – leducation. gov. au/research/DataVisualisations/Pages/Student – number. aspx

政客和媒体看来，留学生和华侨华人是一个阵营，是值得怀疑的对象。在面对澳大利亚反华分裂言行和行动时，中国留学生群体自发站出来捍卫中国主权和领土完整。澳媒体却将中国留学生的自发行为解读为受中国政府的操控，认为中国政府通过控制留学生将其势力渗透到澳大利亚大学并构建一张"间谍网"。据报道，澳大利亚纽卡斯尔大学一名教师在授课材料中将台湾和香港称为"独立国家"，甚至在考试中将"香港是独立国家"列为正确答案，遭到中国留学生集体抗议后仍拒绝改口。① 澳大利亚麦考瑞大学中国研究中心讲师凯文卡里科就此事在接受采访时表示，"有讲师在课堂上提到台湾、香港问题，或将台湾称为国家，没想到竟被中国留学生投诉，要求讲师'更正'台湾是中国的一部分"，这使得"大学教职员也受到压力"，在一定程度上干涉学术自由。② 应对"中国对澳高等教育领域的渗透干涉行为"，澳大利亚政府着手组建了"大学应对外国干预特别工作组"。③

除了主流媒体、政府官员外，澳大利亚学术界某些学者也在时刻鼓吹"中国威胁论"和"华人威胁论"，肆意渲染紧张的氛围。澳洲学者克莱夫·汉密尔顿的《无声入侵》声称"数以千计的中国情报人员，已经混入澳洲"④。克莱夫的《无声入侵》虽没有明确指出华人都是间谍，但其作品处处表达"澳大利亚有许多华人间谍"，使阅读完此书的读者感受到华人群体的威胁。澳大利亚部分智库专家的报告，成为学者和政客纷纷引用的论据。澳大利亚战略政策研究所（Australian Strategic Policy Institute，ASPI）编写了多份报告，建议澳大利亚联邦政府"提高（澳）政治家、大学教研人员、学者、媒体对中国共产党和中国统战工作的了解与认知"，"预防中国窃取澳国内高端科学技术和特殊领域研究成果，设立对政府负责的、独立的、值得信赖的研究机构"，"要加强同华人社区的联系，鼓励独立的华人媒体发展，尤其是同中国政府立场相左的华文媒体"，"加强立法和执法，加大对各领域人员背景审查力度，对具有风险的人员不给予

① 环球网：《澳高校袒护"辱华"印度裔教师，中国领馆：希望校方认真对待》，http://world. huanqiu. com/exclusive/2017 –08/11180119. html，2017 年 8 月 26 日。

② 自由时报：《中国打压无所不在！澳学者：在澳洲谈台湾也被举报台独》，https://news. ltn. com. tw/ news/world/breakingnews/2520898，2008 年 8 月 16 日。

③ Department of Education, Australian Government. Establishment of a University Foreign Interference Taskforce, https://www. education. gov. au/news/establishment – university – foreign – interference – taskforce, 2019 – 08 –29

④ Hamilton C, Joske A. Silent invasion: China's Influence in Australia, Melbourne, Hardie Grant Books, 2018.

或取消签证、驱逐",并"着重强调五眼联盟国家间的合作,加强信息交流"。①

总之,澳大利亚政界、媒体甚至学界的一些敌视中国的人在华人和中国留学生身上大做文章,持"怀疑"态度看待华商、华人政治精英及留学生,指责其与中国政府关系密切。这些言论报道不仅影响了华人群体的形象,也在无形中使得澳社会在对华人的认知过程蒙上阴影。

## 三、 当前澳大利亚"华人威胁论"的动因

根据澳大利亚统计局2016年的人口普查,过去的五年里,在澳大利亚的新移民中,来自中国的比来自世界其他任何国家的都多。华人努力适应澳大利亚生活,推动澳大利亚经济和社会文化多元化发展,但澳大利亚主流舆论出现大量有关华人的负面认知报道。就移民与祖籍国之间的关系而言,移民对祖籍国有天然的情感,在文化、经济乃至政治各方面保持不同程度的联系是无法隔断的。澳大利亚2021年开展新一轮的人口普查,但在出生地选择中,将"中国"选项抹去,这种强行割裂华人与祖(籍)国联系的行为引起华人群体的强烈不满。

同时,住在国和祖籍国之间的关系直接影响华侨华人的生存与发展,住在国与中国之间关系友好或交恶都会影响当地华侨华人的生存和发展。② 因此,笔者认为澳大利亚舆论对华人认知之所以出现大量负面报道,与中澳两国关系变动有密切联系。而中澳两国关系变动的根本原因在于澳大利亚对中国崛起的焦虑。此外,澳大利亚政党竞争、澳社会"白澳主义"、美国对华遏制等也是负面舆论出现的重要影响因素。

### (一) 澳大利亚对中国崛起的焦虑是负面舆论出现的根本原因

著名移民问题专家、国际移民组织官员瑞恩哈特·罗尔曼认为移民的文化身

① 参见:Alex Joske. Picking Flowers, Making Honey: The Chinese Military's Collaboration with Foreign Universities, ASPI, 2018;Marcus Hellyer. STRATEGY: Agenda for Change 2019 Strategic Choices for the Next Government, ASPI, 2019;Danielle Cave, Samantha Hoffman, Alex Joske, et al. Mapping China's Technology Giants, ASPI, 2019;Alex Joske. The China Defence Universities Tracker: Exploring the Military and Security Iinks of China's Universities, ASPI, 2019;Alex Joske. Foreign Interference and the Chinese Communist Party's United front System, ASPI, 2020;Alex Joske. Hunting the Phoenix: The Chinese Communist Party's Global Search for Technology and Talent, ASPI, 2020;Alex Joske, Lin Li, Alexandra Pascoe and Nathan Attrill. The influence Environment: A survey of Chinese – language Media in Australia, ASPI, 2020;John Fitzgerald. Taking the Low Road: China's Influence in Australian States and Territories, ASPI, 2022.
② 陈奕平,范如松:《华侨华人与中国软实力:作用、机制与政策思路》,《华侨华人历史研究》,2010年第2期,第14-21页。

份是一种社会结构，是政治层面利益冲突的表现。① 当政治利益相冲突时，不同于主流社会文化的移民群体会首当其冲成为冲突的载体和矛盾的爆发点。华人作为国际移民的重要组成部分，与祖籍国存在着无法隔断的关系，必然会受到中澳两国关系变动的影响。

面对中国的和平发展以及中国在地区和国际上的影响力不断上升，澳大利亚地缘政治压力不断上升。同时，随着中国在南海大规模岛礁建设不断取得成功，澳大利亚对中国的"战略不信任"使其产生更深的"恐惧"，"不安全感"也逐渐上升。中澳两国自 1972 年正式建交以来，双边关系发展顺利，交往程度不断加深。但在两国经贸关系不断加深的同时，澳情报局和国防部将中国视为其安全的威胁。根据澳大利亚《2017 年外交政策白皮书》关于印度洋地区的权力转移的描述："从某种程度上讲，中国经济已经是世界上最大的经济体，中国的军事现代化正在迅速提高其军队的能力，它现在拥有亚洲最大的海军和空军，以及世界上最大的海岸警卫队。"② 2016 年 2 月，时任澳大利亚总理的特恩布尔在堪培拉视察军队时表示，"为了应对中国在亚太地区的崛起，澳大利亚将在未来十年增加 300 亿澳元国防预算，中国和南沙岛礁主权争议的其他声索国要作出努力，不要再填海造地和推进该地区军事化的活动，如果中国在其国防政策方面更加透明，给邻国吃个定心丸，这对地区稳定来说很重要"③。面对中国在南海地区不断增强的军事实力，视南海为其重要通道的澳大利亚对中国的战略不信任感逐渐累积。

国家安全不仅是一种客观上不受威胁的状态，而且是一种主观上没有恐惧的"心态"。④ 澳大利亚联邦是南太平洋地区的重要国家，澳大利亚 GDP 占该地区GDP 的 94.5%，占国防和安全支出的 98%，贡献了总发展援助金额的 60%，部分学者称澳大利亚在太平洋地区拥有"天生的领导权"，实际上是一个"大国"或"地区霸主"。⑤ 澳大利亚联邦成立之时就怀有对安全的忧心以及建立地区霸权的野心。随着中国的崛起，澳大利亚将中国视为对其国家安全的重要威胁，更为积极主动推进同美国的同盟关系，积极配合美国遏制中国的战略决定，"维护

① Reinhard Lohrmann. Migrants Refugees and Insecurity – Current Threats to Peace?, Internastional Migration, 2000, 38 (4).
② Australian Government. 2017 Foreign Policy White Paper, https://www. globalsec – urity. org/military/library/re – port/2017/australia_2017_ foreign_ policy_ white_ paper. pdf, 2017 – 09.
③ BBC 中文网：《澳大利亚增拨国防预算应对中国军力扩张》，https://www. bbc. com/Zhong – wen/simp/world/2016/02/160225_ australia_ defence_ spending_ china, 2016 – 02 – 25.
④ 田源：《移民与国家安全：威胁的衍生及其条件研究》，北京：世界知识出版社，2010 年，第 16 – 17 页。
⑤ Joanne Wallis. Hollow Hegemon：Australia's Declining Influence in the Pacific, https://www. eastasiaforum. org/2016/09/21/hollow – hegemon – australias – declining – role – in – the – pacific/, 2016 – 09 – 21.

自身在全球权力体系中远超其力量的地位"①。澳大利亚将对中国崛起的恐惧视为中国对其国家安全的威胁。澳大利亚社会掌握话语权的势力出于恐惧、误解，抑或是出于政治需要，将华人与中国之间的关系建构成对澳大利亚的威胁。这是澳大利亚舆论对华人出现大量负面报道和认知的根本原因所在。

### （二）澳大利亚政党间博弈是负面舆论出现的加速器

在澳大利亚政治选举中，"中国牌"成为各个政党、政客拉选票的重要手段。在2013年澳大利亚联邦大选中，自由党赢得澳大利亚总理职位。众所周知，澳大利亚自由党与工党相比，对华关系较为强硬。2017年，澳大利亚总理特恩布尔推动澳大利亚政府制定《反外国干涉法》，法案立法时的舆论焦点聚集在"中国是否过分干预澳洲"。其中，"中国资金对澳洲政坛的影响"也被认为是澳政府快速推动《反外国干涉法》出台的肇因。② 为引起议员对立法的关注，以推动法案顺利通过，特恩布尔不断指责工党参议员邓森接受华商黄向墨的金钱，向黄向墨透露有关国家安全的信息，不断渲染"中国干涉澳大利亚"的话语。特恩布尔还借此向工党党魁比尔·肖顿发难，逼迫其开除邓森的参议员资格。最终，两党此次的斗争以邓森辞职、法案通过而告一段落。

但两党间的争斗并没有随着2019年澳大利亚联邦大选结束而落幕。澳大利亚自由党籍政治家廖婵娥被媒体爆出其所接受的资金捐款来路不明，也爆出廖婵娥曾是广东省海外交流协会成员，与中国政府关系密切。澳大利亚分析人士称，"若廖婵娥退出国会，将会使莫里森的多数席位减少一个"，这是廖婵娥议员资格受到质疑的关键。③ 由此可见，华人并不像澳大利亚两大政党所宣称的那样干涉澳大利亚政治，这与两大政党所追求的政治利益密切相关。

2022年5月，澳大利亚举行新一轮大选。不论是执政党还是在野党，纷纷滥用情报指责对方与"中国有瓜葛"，莫里森一再指控劳工党就是受北京摆布与行贿的对象，通过使用"中国干涉选举"来激发选民情绪，以此获得更多的支持。莫里森当选澳大利亚总统以来，始终对中国保持强硬态度，在公众场合将中国塑造成"胁迫"澳大利亚的强硬形象，并不断强调澳大利亚同美国和英国的盟友关系，激化同中国的对抗，不断试探中国的核心利益。

---

① 于锚：《澳美同盟下澳大利亚对冲策略的建构与影响——基于权力架构理论》，《统一战线学研究》，2020年第6期，第94-105页。
② BBC中文网：《澳洲通过"反外国干预法"：中澳关系何去何从》，https://www.bbc.com/zhongwen/simp-/chinese-news-44633401，2016年6月28日。
③ ABC中文：《ABC首席政治记者深入分析廖婵娥事件发酵的幕后》，https://www.abc.net.au/chinese/20-19-09-13/questions-raised-about-liberal-mp-gladys-liu/11512498，2019年9月13日。

### （三）澳大利亚社会中的"种族主义"是华人负面报道持续发酵的催化剂

澳大利亚社会主要特征是多元主义，但仍存在"以种族主义"为特征的"白澳"思想。澳大利亚历史上长期实行"白澳政策"，该政策的实施使得澳大利亚社会产生了带有明显种族主义色彩的"白人至上主义"。在面对工党对廖婵娥的质疑时，澳大利亚总理莫里森强调"仅仅因为某人出生在中国并不意味着他们的不忠，艾萨克斯选区议员正在对澳大利亚华裔进行诽谤"①。这也从侧面表现出华人在进行政治参与时，会因为华人移民身份而受到质疑，被他人怀疑其对国家的"忠诚度"。

澳大利亚政界对来自华人的政治捐助总是持有一种不信任的态度。根据澳大利亚《新日报》报道，澳大利亚外国政治捐款中的80%来自华人。② 但由于对华人的不信任，澳大利亚政界对来自华人的资金表示质疑，认为华人捐助者是在帮助中国政府"购买"影响力。此外，澳大利亚舆论同样以怀疑的态度看待中国留学生群体。澳大利亚昆士兰大学出现支持香港"反送中"集会，引起中国留学生的愤慨和抗议。但中国留学生的抗议行为被认为是"中国政府通过孔子学院等机构在澳洲的大学校园内扩展其影响力"，有些媒体甚至要求校方"解释中国是否通过孔子学院拓展在该校的影响力"。

而新冠疫情使澳大利亚华人群体受到更多歧视甚至遭受辱骂和暴力。澳大利亚人权委员会（Australian Human Rights Commission）数据显示，2020年2月和3月与新冠疫情有关的种族歧视投诉占总数的四分之一。③ 委员会报告称，澳大利亚出现确诊病例以来，"华人经常受到歧视，他们被歧视性地禁止进入餐馆、学校和其他公共生活领域"④。除遭受歧视外，辱骂和暴力也时常发生。例如两名塔斯马尼亚大学中国留学生在街头就遭遇涉新冠疫情歧视性辱骂，其中一名留学生还被殴打。根据对澳大利亚媒体报道的分析，华人一直是澳大利亚种族主义言

---

① ABC NEWS. Scott Morrison Says Questions about Gladys Liu Have "Grubby Undertones", https://www.abc.net.au/news/2019-09-12/pm-hits-back-at-labor-over-gladys-liu/11505504, 2019-09-15.

② Luke Henriques Gomes. Nearly 80 Percent of Foreign Political Donations Come From China, Data Shows, https://thenewdaily.com.au/news/national/2017/12/10/chinese-donations-australia/, 2017-12-10.

③ Jason Fang, Erwin Renaldi, Samuel Yang:《澳洲与新冠病毒相关的种族歧视增多 遇到该如何投诉?》, https://www.abc.net.au/chinese/2020-04-03/racism-covid-19-coronavirus-outbreak-commissioner-discrimination/12119832,2020-04-10.

④ Australian Human Rights Commission. Racism Undermines COVID-19 Response, https://www.human-rights.gov.au/about/news/racism-undermines-covid-19-response, 2020-04-08.

论文章的最高比例目标，55%的新闻评论是负面的。①

## （四）美国对中国遏制所带来的影响是不能忽视的重要因素

"二战"后，澳大利亚与美国在"维护澳大利亚盎格鲁—撒克逊人各方面利益和价值观的基石"的基础上结成同盟。② 随着中国的不断崛起，中美间的竞争加剧。澳大利亚保守派认为中国的崛起会影响美国所主导的世界秩序，澳大利亚要始终关注国际体系特别是亚太地区权力转移。面对中国的崛起，澳大利亚试图维护美国主导的国际秩序和地区秩序。③ 澳大利亚2017年《外交白皮书》认为，澳大利亚在美国主导的国际秩序下受益很大，"支持美国的全球领导地位高度符合澳大利亚的利益"。为此，澳大利亚某些政府官员认为澳大利亚要继续坚定地支持美国的国际领导，并与具有相似观念的国家合作；若美澳同盟被中国瓦解，澳大利亚的国家安全基石将会被侵蚀，澳大利亚的价值观将逐渐被抛弃。因此要时刻警惕与中国有关的事物，而华人不可避免地成为质疑的焦点。这印证了著名移民问题专家瑞恩哈特·罗尔曼所说的，真正的威胁是具有政治意义的不同文化的冲突。

随着以美国为首的西方国家对中国崛起焦虑的不断上升，新一轮"中国威胁论"愈演愈烈。④ "中国威胁论"已经经历了好几波。每一波"中国威胁论"浪潮轻则曲解和诬蔑中国，损害中国的国际形象；重则影响华侨华人住在国的对华政策，阻碍甚至围堵中国的崛起。⑤ 同时，美国作为世界上唯一的超级大国，掌握国际话语权，处在国际舆论的中心位置，使其全球舆论战略成为可能，即在美国形成的舆论都会变成一种对其他国家构成压力的世界性舆论。⑥ 自特朗普担任美国总统以来，美国政府不断打出"组合拳"来遏制中国。在舆论方面，美国利用其掌握的世界舆论话语权不断炮制"中国威胁论""华人威胁论""华人间

---

① 参见：Nicholas Biddle，Matthew Gray，Jieh Yung Lo. The Experience of Asian – Australians during the COVID – 19 Pandemic：Discrimination and Wellbeing，https://csr – m. cass. anu. edu. au/sites/default/files/docs/2020/11/The_experience_ of _ Asian – Australians _ during _ the _ COVID – 19 _ pandemic. pdf，2020 – 10 – 28；All Together Now，Social Commentary，Racism & Covid – 19. A Case Study on Opinion Pieces in Australian Mainstream Newspapers，https://alltogethernow. org. au/wp – content/uploads/2020/10/ATN – Media – Report – 2020_online. pdf，2020 – 10.
② 吴前进：《中澳关系中的中国大陆新移民：国家安全的威胁?》，《八桂侨刊》，2019 年第 1 期。
③ 周方银、王婉：《澳大利亚视角下的印太战略及中国的应对》，《现代国际关系》，2018 年第 1 期，第 29 – 36 +52 页。
④ 陈奕平、关亦佳、尹昭伊：《新"中国威胁论"对海外统战工作的影响及对策》，《统一战线学研究》，2020 年第 1 期，第 78 页。
⑤ 郑永年：《中美贸易战，"地缘政治又回来了"》，http://opinion. haiwai – net. cn/n/2018/0324/c456317 – 31285651. html?nojump =1，2018 年 3 月 24 日。
⑥ ［日］近藤诚一著，刘莉生译：《日美舆论战：一个日本外交官的驻美手记》，北京：新华出版社，2007 年，第 5 页。

谍论",不断渲染紧张的氛围。作为美国重要盟友之一的澳大利亚,为维护符合其利益的美国所主导的国际秩序,难免也会受到美国舆论的影响,抛出"黄祸论""新麦卡锡主义"等敌视中国或华人的观点和思想。

综上所述,澳大利亚舆论对华人认知出现大量负面报道主要原因是两国关系的变动,而造成两国关系变动的根源是澳大利亚对中国崛起的负面认知。此外,澳大利亚政党间权力的争斗在负面认知形成和报道中充当"加速器"。而澳大利亚社会所存在的"种族主义"思想,是负面认知增长、持续发酵的土壤和催化剂。同时,美国作为世界唯一的超级大国,是无法忽视的因素。随着中美两国竞争的不断加剧,澳大利亚作为美国重要的同盟伙伴,其媒体舆论不可避免地受到美国盟友所炮制的"华人威胁论"的影响。

# 四、 当前澳大利亚"华人威胁论"的影响

澳大利亚近年不断出现的负面舆论报道对当地华人的发展产生了巨大的影响,也成为中澳两国关系发展的障碍。同时,在国际社会中掀起一波"中国威胁论"的新高潮,不利于我国开展各项对外工作。

## (一) 对澳大利亚华人发展的影响

大量负面舆论认知的出现不可避免地对澳大利亚华侨华人产生负面影响。就报道中出现的个体华人来说,负面报道会使其名誉受损,进而影响其经济活动和政治参与。就华人群体而言,大量负面认知会增加华侨华人融入澳大利亚社会的难度。

2015 年,澳大利亚最大的报纸《悉尼先驱晨报》在没有事实依据支撑的情况下发布了一篇报道,宣称"联合国主席阿什贿赂案中的 CC－3 嫌疑人是周泽荣",并称"周博士通过向政府官员支付非法款项,在澳大利亚建立了自己的商业帝国"。周泽荣由此向澳联邦最高法院提出诉讼,起诉澳大利亚广播公司、九娱乐、《悉尼先驱晨报》和新世纪对其进行诽谤,并在 2019 年初赢得该诉讼。[1]周泽荣在公开接受采访时说:"这种经历对我的个人和职业声誉以及我的健康造成了重大损失,但最重要的是它影响了我的家人。"[2]

---

① Michaela Whitbourn. "Disappointed": ABC, Nine Lose Appeal over Chau Chak Wing Truth Defence, https://cn.theaustralian.com.au/2019/02/22/18451/, 2019－02－22.

② 澳大利亚人报中文网:《周泽荣胜诉捐 28 万赔偿金 Fairfax Media 称会上诉》, https://cn.theaustralian.c－om.au/2019/02/22/18467/, 2019 年 2 月 22 日。

有关华人的负面报道不仅损害知名华人行使言论自由的权利，也会成为华人参与政治的障碍。根据澳大利亚华裔作家、前工党成员罗介雍的说法，若有人表达自己作为华人的自豪感，就会被贴上"亲共"的标签。若政客表达其对华人的支持或认同，同样也会被贴上"亲共"的标签。若这种负面舆论长期存在，将会影响华人和其他族群间的相互信任，导致社会裂痕出现。

澳大利亚是一个以多元文化著称的移民国家，移民融入始终是其关注的焦点。在多元化的理论视角下，移民融入的重要标准是"不同族群在文化上保持平等，并在政治、经济等领域相互作用，相互适应，最终使得所有社会参与者都享有平等的权利"[①]。贝利（John W. Berry）认为移民若想在居住国承受的"适应压力最小"就必须"保持自身传统文化的同时能积极参与居住国的社会实践"[②]。就华人如何融入澳大利亚社会，有学者认为澳洲主流社会应该为促进新移民的社会融合创造更好、更加包容的外部环境。[③] 根据澳大利亚莫纳什大学教授安德鲁·马库斯（Andrew Markus）撰写的斯坎伦基金会调查报告，亚洲移民曾受过歧视的比例都较高。[④] 负面认知报道会激起澳大利亚社会原本就已存在的反华情绪，使华人受到更多歧视，影响华人社会实践参与热情。

但澳大利亚社会中仍有理性声音出现。澳大利亚著名工会活动家普瑞玛就"黄向墨事件"发表了一篇文章，称黄向墨的政治捐助是符合澳大利亚法律的，取消永久居留权是澳大利亚政府"统治阶层反'亲中'华人所发起的种族主义运动的一个方面"，是政府"试图剥夺大部分华人社会应该被赋予的政治权利"，其本质"都是白人至上主义的表现"[⑤]。普瑞玛也呼吁澳大利亚社会应该保护华人群体，抵制政府中所出现的"新麦卡锡主义"。在抗击新冠疫情这个特殊时期，澳大利亚总理莫里森在接受采访时，就澳舆论对华人的歧视与指责表示，相关言论是"错误"的，"澳大利亚的华人社区实际上保护了澳大利亚"[⑥]。

① 黄匡时、嘎日达：《社会融合理论研究综述》，《新视野》，2010年第6期，第86-88页。
② John W. Berry. Acculturation：Living Successfully in Two Cultures，International Journal of Intercultural Relations，2005，29（6）：pp. 697-712.
③ 李泽莹：《澳大利亚中国新移民的社会融合问题研究》，《八桂侨刊》，2019年第3期，第12-21页。
④ Andrew Markus. Mapping Social Cohesion：The Scanlon Foundation Surveys 2017，Monash University，2017.
⑤ Trotskyist Platform. From Labelling Chinese Students as Communist "Spies" to Persecuting a Socialist Political Prisoner：Cold War Witch-Hunting Returns … Mixed With White Australia Racism，https://www.trotskyistplatform.com/cold-war-witch-hunting-returns-mixed-with-white-australia-racism/，2019-02-25.
⑥ 观察者网：《澳总理称赞华人社区：他们保护了澳大利亚》，https://www.guancha.cn/-internation/2020_04_15_547002.shtml，2020年4月15日。

与此同时，澳大利亚华人也有进行反思，要明白澳大利亚一些媒体和政府保守派人士所掀起的负面舆论虽然夸大其词、有不真实的地方，但也不是空穴来风。向政党提供政治捐助，是华人积极参与政治、表达需求、维护合法权益的重要途径，但凡事讲究度，过犹不及。政治捐助或许是比较容易实现的政治参与形式，但如处理不当会授人以柄。华人还可以通过参与或创建政党、直接联系选区议员，或者通过写请愿书、参加游行来反映诉求，争取权利。不论选择何种方式，都要严格遵守澳大利亚相关法律，坚持公开、透明、合理、适度的原则去表达自身的诉求。

此外，在面对不实报道时，华人群体要团结起来予以反击。在黄向墨签证被拒事件中，澳大利亚128家华人社区团体在澳大利亚三大中文报纸《星岛日报》《澳洲新报》和《澳洲日报》联合发表了一份声明，对黄向墨表示支持。同时，华侨华人在表达自身立场和观点时，应避免使用带有"民族主义"色彩的语言，不做虚假报道、不开展虚假活动。

### （二）对中澳两国关系交往的影响

移民与祖籍国之间的联系是在移民行为发生时就已经产生的，是正常存在的联系，华人与中国之间的联系亦是如此。澳大利亚舆论认为华人与中国之间的联系对澳大利亚产生威胁，靠想象而进行的无端指责会伤害华人和中国的情感。华人向澳大利亚政党提供政治捐助的行为，是澳大利亚华人参与政治的方式之一。但只是因为捐助者的华人身份，正常的政治捐助被视为中国向澳大利亚"渗透"势力。

值得关注的是，受澳大利亚政界对中国不信任感增加的影响，澳大利亚国内对中国形象认知也出现负面倾向。根据澳大利亚智库洛伊国际政策研究所公布的一份报告显示，在2018年的报告中有关"外国对澳大利亚政治干涉"的题目中，有63%的民众认为中国对澳大利亚的政治进程产生了影响。[1] 在认为"中国是一个军事威胁"的题目中，连续8年大部分民众将中国视为澳大利亚所要面对的潜在的军事威胁。最新报告中，46%的澳大利亚人认为可能在未来20年，中国将成为澳大利亚的军事威胁。[2] 由此可看出，澳大利亚政治领袖在处理中国问题时还是多从"残酷的现实主义"视角出发。[3]

---

① Alex Oliver. The Lowy Institute Poll 2018, Lowy Institute for International Policy, 2018, p. 9.

② Alex Oliver. The Lowy Institute Poll 2018, Lowy Institute for International Policy, 2018, p. 11.

③ 马必胜、许少民：《澳大利亚如何应对中国崛起?》，《外交评论（外交学院学报）》，2014年第1期，第56-69页。

### （三）国际联盟效应

作为亚太地区重要的国家、美国的重要盟友，澳大利亚竭力维护美国所主导的国际秩序，借机炒作"华人威胁论""侨务干涉论"，配合美国掀起"中国威胁论"新高潮，形成联盟效应，冲击中国和平发展的国际舆论环境。

"中国威胁论"始终是以美国为主导的西方国家对华遏制的组合拳之一。冷战结束之后，"中国威胁论"发酵，借意识形态曲解和诬蔑中国。近年来随着中国的快速发展和国际影响力的上升，新一波"中国威胁论"再度泛滥，妖魔化中国，意在延续和加强意识形态联盟，构建阻碍甚至围堵中国的国际舆论环境。新一波的"中国威胁论"覆盖面广，包括美国，欧洲的德国，亚太地区的澳大利亚、日本和印度等国。就国际关系而言，美国和西方世界普遍认为，西方主导的"自由国际秩序"所面临的严峻挑战，中国和俄罗斯是最大的挑战者。[1] 随着中国的不断崛起，美国从各个方面采取措施遏制中国发展。在话语权方面，美国不断炮制"中国威胁论""华人威胁论""华人间谍论"，不断渲染紧张的氛围。同时，在需要国际合作、共同应对疫情的时候，一些西方国家出现针对中国或华人的种族歧视言论。由此可见，澳大利亚舆论中所出现的对华人的负面认知，其本质是西方国家为妖魔化中国形象、鼓吹"中国威胁论"，利用传媒中介所传播的不实观点，其特点具有明显的工具性和政治性，而非舆论报道所具有的真实性和道德性。

西方意识形态联盟一波又一波的舆论攻击，极大影响中国创造和平稳定的外部环境，既不利于中国的外交工作，也阻碍中国为维护海外公民和侨胞利益所开展的侨务工作与统战工作。美国伍德罗·威尔逊国际学者中心发表名为"魔幻武器"的文章，文章称"中国政府利用统战工作干涉他国内政，正在加强对海外华人社区的管理和引导，把海外华人作为中国外交政策的代理人"[2]。随后，澳大利亚《星期六报》的记者马丁·麦肯齐—默里发表文章称该文是国外学界和媒体开始讨论中国统战工作与对外影响力活动的"试金石"。[3]

综上所述，移民与祖籍国间的关系是天然的、无法切断的，华侨华人与中国之间的关系亦是如此。随着中国国际地位的不断提升，澳大利亚将中国视为现有国际秩序的挑战者和破坏者，而部分政客对中国崛起的焦虑和担忧延伸到华侨华

① 郑永年：《美国（西方）外交中的种族主义情结》，http://www.zaobao.com/forum/expert/ - zheng - yong - nian/story20200211 - 1027971，2020 年 2 月 11 日。
② Brady Anne Marie. Magic Weapons：China's Political Influence Activities under Xi Jinping, https://www. wilsoncenter. org/article/magic - weapons - chinas - political - influence - activities - under - xi - jinping, 2017 - 09 - 18.
③ Martin McKenzie - Murray. Inside China's "United Front", https://www. thesaturdaypaper. com. au/news -/ politics/2018/03/03/inside - chinas - united - front/15199956005888#hrd，2018 - 03 - 09.

人身上，形成所谓的"华人威胁论"。同时，澳大利亚两大政党为争夺权力，以扭曲的华人话题吸引在社会中占多数的白人群体的选票。"华人牌"之所以能吸引白人选民，又与澳大利亚社会中长期存在的"白澳主义"有着千丝万缕的关系。澳大利亚国内政治因素和美国对华战略竞争因素的叠加，使以政府和媒体为主体的澳大利亚舆论对华人的认知呈现负面倾向。

澳大利亚对华侨华人不利的舆论认知环境，不仅对华侨华人发展和中澳关系产生不利影响，也带来了一些负面的国际效应。对负面报道中出现的知名华人而言，报道会使其名誉受损，进而影响其经济活动和政治参与。就华人群体而言，大量负面认知会增加华人融入澳大利亚社会的难度，也会削弱华人在中澳两国交往中所发挥的桥梁作用。

若要驳斥所谓"华人威胁论"，一方面要从共享的利益和道义视角讲述华侨华人对澳大利亚、中澳关系和区域治理的贡献。澳大利亚华人面对不利的舆论环境，依然努力为中澳两国抗击疫情贡献着力量。澳大利亚华人不仅为中国抗击疫情捐资捐物，也在澳大利亚疫情防控过程中扮演着越来越重要的角色、发挥着越来越重要的作用。正如莫里森总理所言，华人在应对疫情方面起了带头作用，作为沟通中国与住在国桥梁和纽带的华侨华人，将会在中澳两国关系发展中继续发挥独特的作用。另一方面，要解构"华人威胁论"妖魔化中国形象的内核，介绍真实的中国，构建良好的中国形象。中国官方和学者不断反驳西方官方和媒体的"甩锅"话语，批判其险恶用心，这也是话语建构的必要举措。同时，要用国际社会听得懂的话语介绍中国的和平发展道路，尤其是党的十八大以来不断推进以合作共赢为核心的新型国际关系的发展，坚持和维护现有国际秩序。新冠疫情下中国在国内积极抗疫的同时，也积极支持世界各国的疫情防控战，推动全球卫生治理。中国的行动和话语不仅有益于中国国家形象的改善和提升，更是中国在推动和践行人类命运共同体理念，为构建一个更美好的世界作出贡献。

# 第四节　世纪疫情下的种族歧视对华侨华人的影响

2019 年底到 2020 年初，突如其来的新冠疫情在全球蔓延，给全世界带来了巨大灾难。疫情之下各国本应通力合作，共同应对疫情，但西方国家无端指责中国，渲染"中国病毒""中国威胁论"，推动意识形态"冷战"和所谓科技"脱钩"。作为连接中国和世界的桥梁与纽带，华侨华人在全球抗击疫情中发挥了独特作用，但是也受到疫情期间的污名化舆论和本已存在的种族歧视影响。海外华侨华人不仅承受疫情对其经济收入的冲击，还要默默忍受不同国家当地社会由种族主义歧视和仇外心理所引发的伤害性言语与暴力行为，面临着经济、政治、社会和文化等不同领域层面的困难和挑战。

## 一、 百年变局和世纪疫情下华侨华人发展面临的挑战

华侨华人在抗击新冠疫情中发挥了独特作用，作出了重要贡献。然而，面临复杂和严峻的疫情形势，身处世界各地的华侨华人也面临着经济、政治、社会和文化等不同领域的困难和挑战。

第一，疫情严重影响华侨华人经济状况。疫情对世界各地的华侨华人经济带来严重冲击。从整体来看，华侨华人所从事的职业仍以餐饮、零售、旅游等服务行业为主。疫情阻碍人员出行流动，而上述传统服务行业因客流量大减遭受严重损失。浙江省青田县侨联于 2020 年 5 月 29 日至 7 月 6 日对海外青田人进行网络问卷调查，4 325 名参与者普遍反映受疫情影响严重，旅游、餐饮等行业所受影响最大，其次是百货、贸易和制造业，受损严重的比例分别达到 69.57%、59.17%、48.46%、38.05% 和 32.29%。

第二，疫情政治化和对中国的污名化对华侨华人的不利影响。以美国为首的一些国家，通过媒体舆论指责中国防疫工作，不断煽动国内民众反华情绪，将疫情问题政治化。中国外交部部长王毅表示，"除新冠病毒的肆虐，还有一种政治病毒也正在扩散，这种政治病毒无视最基本的事实，利用一切机会对中国进行攻击抹黑"。[①] 疫情在美国蔓延后，时任美国总统特朗普多次称新冠病毒为"中国病毒（Chinese Virus）""武汉病毒（Wuhan Virus）"，不断在中方的防疫工作上做文章。不少地方的华侨华人被认为是病毒的携带者，遭受歧视、辱骂、暴力。有些媒体甚至诬称，华侨华人支援中国致使一些国家医疗体系无法高效运转；中国方面和华侨华人向其他国家支援抗疫物资是在"赎罪"和"道歉"，"华人赎罪论"甚嚣尘上。

第三，疫情防控期间种族主义抬头带来的冲击。疫情蔓延期间，不少国家出现种族主义的抬头，部分华侨华人被污名化为"病毒传播者"而成为被攻击的

---

① 新华网：《王毅：攻击抹黑中国的政治病毒正在美国扩散》，http://usa.people.com.cn/n1/2020/0525/c-241376-31722674.html，2020 年 5 月 25 日。

对象。据美国"停止仇恨亚太裔"中心网站统计显示,从 2020 年 3 月 19 日至 2021 年 2 月 28 日,美国亚裔就遭受到 3 795 起歧视事件,包括口头骚扰、人身攻击和在线骚扰等形式;在 2021 年 4 月至 2021 年 6 月期间,美国亚裔仇恨事件从 6 603 起增加到 9 081 起。美国社会部分公众人物和媒体创造了"中国病毒"或"功夫流感"等术语,渲染将华侨华人同病毒联系起来的具有明显歧视性的种族主义言论,激发民众的仇外心理。①

第四,文化差异带来的困境。在全球抗击疫情过程中,不同文化对疫情防控方式有着不同的理解,一定程度上影响华侨华人参与抗击疫情。中国的疫情防护经验证明,佩戴口罩是必要和有效的防护措施,但在部分国家的文化认知中,只有生病的人才戴口罩。再加上有些国家政府官员和媒体不提倡戴口罩,因此,在疫情初期阶段,不少华侨华人戴口罩的行为引起了当地民众的误会和恐慌,"戴或者不戴口罩"也成了华侨华人的两难选择,这种因文化差异导致的冲突让不少华侨华人承受了巨大的心理压力,也影响了他们参与当地疫情防控的积极性。随着疫情在多国的蔓延,越来越多的国家认识到佩戴口罩是必要的防护措施,提倡甚至要求民众必须佩戴口罩,仍有一些国家和个人拒绝和排斥佩戴口罩,将是否佩戴口罩与是否尊重个人权利与自由等同起来,最终使佩戴口罩也从文化差异演变为一种"政治标签"。华人佩戴口罩是防范病毒传播、保护自身安全的重要手段之一,却被当地社会视为"传播病毒"。"戴口罩等于生病了"这一观念在西方社会是一种"常识"。

## 二、 种族歧视现象对美国华侨华人的影响

美国是由多民族构成的移民国家,族群关系一直是美国社会最敏感的问题之一,美国亚裔遭受歧视这一现象由来已久,比如早期的排华运动和《排华法案》就是美国社会对华人群体的社会性歧视与排斥,并以法案这一法律形式获得其合法性。长期以来,民权运动只是部分缓和而非消除了白人群体与其他族裔之间的矛盾,美国族群不平等问题仍然存在,尤其是在亚裔群体身上。

后民权运动时期,过度尊重族裔多元化强调了少数族裔与白人群体之间的差异性,强化了族群身份认同。在肯定性行动(Affirmative Action)的推动下,美国部分学校基于隐性"种族配额"因素造成了对亚裔学生的"逆向歧视",即一

---

① Ha S, Nguyen A T, Sales C, et al. Increased Self – reported Discrimination and Concern for Physical Assault Due to the COVID – 19 Pandemic in Chinese, Vietnamese, Korean, Japanese, and Filipino Americans, Journal of Asian Health, 2021(1): pp. 1 – 9.

些分数高的亚裔学生失去了本属于自己的教育机会。近两年来，随着新冠疫情的蔓延，逆全球化思潮和国家间的政治博弈使得亚裔移民再次成为被针对的对象。结合美国亚裔的群体现状和历史因素，现对该群体频频遭受歧视问题的现象进行分析，在此基础上探究其对美国华人的影响及华人对歧视事件的态度。

### （一）美国亚裔的群体现状及被歧视程度

自 1965 年《移民和国籍法》确立以来，美国的亚裔移民人数迅速增加。截至 2019 年，居住在美国的亚裔移民有 1 410 万，比 1960 年增长了 29 倍。[①] 2019 年美国人口普查局的数据显示，亚裔美国人（Asian Alone）有 1 979 万人，约占美国总人口的 6.1%。[②] 随着人口规模的扩大，美国亚裔的合格选民从 2000 年的 460 万增长至 2020 年的 1 110 万，成为美国增长最快的合格选民群体。[③]

在过去的 15 年中，美国亚裔的家庭收入增长幅度接近 8%，根据 2015—2019 年的美国社区调查结果，美国亚裔的家庭收入中位数为 88 204 美元，在各族裔中处于最高水平。[④] 仅美国亚裔族群中的华裔群体来看，全美有大约 16 万名华裔掌控或拥有企业，其每年的营收超过 2 400 亿美元，支撑了 130 万个就业机会。华人在 2019 年为美国的 GDP 贡献了 3 000 亿美元，支撑了 300 万个就业机会。[⑤] 2015—2019 年的美国社区调查结果也显示，超过 54% 的美国亚裔拥有本科学历，是美国受教育程度最高的族裔，但是其中存在较大的差异性。[⑥] 较高的教育水平也为美国亚裔的就业提供了一定的便利。就美国亚裔的职业分布而言，从事专业管理及专业化相关工作（Management, Professional, and Related Occupations）的人数最多，占比 54.3%；其次为从事专业技术工作（Professional and Related）的人，占比 36.3%；再次为从事商业和金融管理工作

① Mary Hanna, Jeanne Batalova. Immigrants from Asia in the United States, https://www. migrationpolicy. org/article/immigrants－asia－united－states－2020, 2021－03－10.

② United States Census Bureau. The Asian Alone Population in the United States：2019, https://www. cen-sus. gov/data/tables/2019/demo/race/ppl－aa19. html, 2021－10－08.

③ Shuran Huang, Eric Lee. How 12 Asian Americans Are Voting in 1 Swing State, https://www. theat－lantic. com/politics/archive/2020/11/asian－american－swing－state－vote/616874/, 2020－11－03.

④ Mike Schneider. Location, Education Propel Asian Income Growth in US, https://apnews. com/article/－race－and－ethnicity－census－2020－hispanics－education－united－states－f46817bb88d45bd220104822bbdcc6ec, 2020－12－10.

⑤ 中国侨网：《百人会发报告　详述华人在美国的历史、现状、挑战》，https://www. chinaqw. com/－hqhr/2021/02－09/285806. shtml, 2021 年 2 月 9 日。

⑥ Mike Schneider. Location, Education Propel Asian Income Growth in US, https://apnews. com/article－/race－and－ethnicity－census－2020－hispanics－education－united－states－f46817bb88d45bd220104822bbdcc6ec, 2020－12－10.

（Management，Business，and Financial）的人，占比18%。① 总体来看，美国亚裔群体以其良好的经济状况、教育水平与社会地位被誉为"模范少数族裔"。但是其内部也存在较大的族群分支差异性，就人数规模而言，华裔和印度裔美国人的数量要多于其他亚裔分支，且经济程度和教育水平也处于领先地位。

在新冠疫情的冲击下，美国亚裔群体的政治和社会处境急剧恶化，甚至成为主流社会的攻击对象。截至2020年，反亚裔情绪引起的仇恨犯罪率在纽约市提高了1 900%。② 非裔美国人乔治·弗洛伊德（George Perry Floyd）因警察暴力执法致死这一事件引发了美国社会对种族主义和民权运动的高度关注，但是亚裔歧视事件发生的频率不减反增。与2020年相比，2021年美国亚裔歧视事件的表现行为方面发生了一定的变化（见表5-1），尽管言语骚扰与回避的比例有所下降，但是人身攻击、故意伤害与在线仇恨的比例均呈上升趋势，与此同时，亚裔歧视事件发生在公共街道、公共交通和私人住宅等场所的频率也在变大，越来越多的亚裔老年人受到影响，这表明美国社会对亚裔群体的歧视与仇恨程度更深且其行为更具伤害性。③

表5-1　美国亚裔歧视事件的表现行为变化（2020—2021年）

（单位:%）

| 年份 | 言语骚扰 | 回避 | 人身攻击 | 故意伤害 | 在线仇恨 |
|---|---|---|---|---|---|
| 2020 | 69.5 | 20.6 | 10.8 | 2.6 | 6.1 |
| 2021 | 58.0 | 12.4 | 16.6 | 4.9 | 10.6 |

由于新冠肺炎疫情"最早"④ 在中国武汉暴发，使得美国亚裔尤其是华裔成为攻击的目标，并受到更高频次的歧视事件。在美国，使用"中国病毒"等污名化词语来指代新冠肺炎病毒加剧了针对华裔的歧视言论和行为的迅速蔓延。美国调查数据显示，在不同的亚裔群体中，华裔人口在2019—2020年期间所遭遇

---

① United States Census Bureau. The Asian Alone Population in the United States：2019，https://www.census.gov/data/tables/2019/demo/race/ppl-aa19.html，2021-10-08.
② Cady Lang. Hate Crimes Against Asian Americans are on the Rise. Many Say More Policing Isn't the Answer，https://time.com/5938482/asian-american-attacks/，2021-02-18.
③ Stop AAPI Hate. Stop AAPI Hate National Report（3/19/20-6/30/21），https://stopaapihate.org/wp-content/uploads/2021/08/Stop-AAPI-Hate-National-Report-Final.pdf.
④ 中国政府最早发布新冠肺炎病毒的相关信息，但这并不意味着中国武汉是最先出现病毒的地方。后续研究报告表明，病毒在多个国家出现，这些时间都早于中国武汉疫情发生时间。例如意大利高等卫生研究院此前发布的一项研究结果显示，研究人员在意大利北部两座城市米兰和都灵2019年12月的废水样本中检测出新冠肺炎病毒的核糖核酸。此外，西班牙巴塞罗那大学发布公告称，该校领导的一个研究小组在2019年3月采集的巴塞罗那废水样本中检测出新冠肺炎病毒。

歧视的增幅最大。① 根据哥伦比亚大学一份报告显示，五分之一的纽约华裔居民遭受过威胁或骚扰，三分之一在餐厅或商店受到不公正对待，近一半感觉与他人相比，自己没有受到足够的尊重或人们好像表现出对自己的害怕。总体而言，约有58%的纽约华裔居民受过某种形式的歧视。值得关注的是，纽约华裔群体中，有物质困难的纽约华裔居民比没有物质困难的纽约华裔居民更容易遭受种族歧视，例如，那些因为无法负担其他交通方式而不得不乘坐地铁的人们，以及必须在高暴露风险环境中工作的人们，都可能更容易成为种族歧视或攻击的目标。②

## （二）美国亚裔遭受歧视的原因

根据美国人口普查局的预测，非西班牙裔白人以外的少数族群数量将在2044年占美国总人口的半数，非西班牙裔白人将变成"少数群体"。③ 这种人口结构变化也在一定程度上刺激了美国白人群体的排异心理。尽管亚裔族群内部分支繁多，但是由于各分支难以规模化且来源地同属亚洲，美国一直将亚裔视为一个单独的族裔概念。且由于亚裔群体在肤色、发色等生理特征上的相似性，自新冠疫情发生以来，尽管美国政客将中国视为"病毒来源国"，但亚裔群体也难以置身事外。美国歧视、仇恨亚裔事件的增长非常之快，已经严重威胁到该群体的生存与发展。目前看来，亚裔歧视现象的原因主要有以下几点：

首先，从历史背景看，亚裔群体往往是美国经济萧条和社会矛盾的"替罪羊"。在1873年的经济危机中，由于经济不景气和劳工时薪等问题，勤劳能干的美国华工被视为攻击和排斥的目标群体。1882年，美国通过了《排华法案》（Chinese Exclusion Act），给美国华人的生存带来了严重影响。华人不仅在法律上被歧视，在生活中也常常遭受到排华暴动的影响。在1888年这一年的时间内，涉及华人的法律诉讼共3 297件，占北加州联邦法院审理案件总数的47%。④ 当前，面对长期疲软的经济发展和严峻的新冠疫情，美国正面临着极端分化的社会危机，此时有"模范少数族裔"之称的亚裔群体又一次成为白人群体和非裔群

① Ha S, Nguyen A T, Sales C, et al. Increased Self – Reported Discrimination and Concern for Physical Assault Due to the COVID – 19 Pandemic in Chinese, Vietnamese, Korean, Japanese, and Filipino Americans, *Journal of Asian Health*, 2021 (1): pp. 1 – 9.
② 高琴、刘晓芳：《双重疫情的挑战：纽约华裔居民在 COVID – 19 期间所遭受的种族歧视》，https:// chinacenter. socialwork. columbia. edu/sites/default/ – files/content/Discimination – Experiences – of – New – Yorkers – of – Chinese – Descent – October – 2021 – (Chinese – language). pdf, 2021 年10月。
③ Sandra L. Colby, Jennifer M. Ortman: Projections of the Size and Composition of the U. S. Population: 2014 to 2060, https://www. census. gov/library/publications/2015/demo/p25 – 114 – 3. html, 2015 – 03 – 03.
④ ［美］张哲瑞联合律师事务所编著：《百年沧桑——移民美国史画》，北京：中央编译出版社，2004 年，第61页。

体针对的对象。事实上，"模范少数族裔"这一光环不仅未能给亚裔族群带来实际利益，反而加剧了其被排斥的生存处境，这一刻板印象也使其难以真正融入美国社会。

其次，美国选举政治、政党政治渲染族群差异，种族歧视问题根深蒂固，亚裔群体在美国社会撕裂中受到牵连。在选举政治体制下，政党和政客的首要任务是获取选票并赢得选举，因此，依靠中下层白人群体支持的特朗普在任期间一直致力于恢复美国实体经济，并通过贸易战和关税战等手段强推美国制造业回流。随着中美关系竞争态势的不断显现，美国华人被污蔑为"间谍"。美国华裔乃至于亚裔本就处于被歧视的边缘，而特朗普对新冠疫情的不当言论无疑助长了美国的仇恨情绪。有关新冠病毒的所有讨论都被反亚裔言论所笼罩，保守派评论员欣然接受了特朗普渲染的所谓"中国病毒"，而保守派政客则指责中国的"文化"和饮食问题。[1] 在媒体报道的渲染下，华人被污名化为"病毒传播者"，亚裔群体深受其累。据数据显示，48.1%的仇恨事件都与反华或反移民的仇恨言论相关，中美关系的变化将对美国亚裔的处境产生更大的影响。[2]

最后，亚裔群体内部存在一定差异性，作为集体团结发声的行动较少，在美国社会中的声量不够。与其他少数族裔不同，美国亚裔内部分支繁多，且存在较大的发展差异性，这就导致了该群体很难就某一特定议题达成共识。再加上亚洲文化的影响，亚裔群体的参政积极性普遍不高，并常被称为"哑裔"，面对歧视的时候往往选择隐忍，这都不利于亚裔权益的维护。同时，美国司法制度层面在判决亚裔相关案件时，尤其是在判决所谓间谍案时，也往往带有一定倾向性和思维定式，使得亚裔面临制度性的隐性歧视。

### （三）美国亚裔歧视事件对华人的影响

美国社会的种族歧视现象由来已久，但是新冠疫情暴发和中美关系恶化成为此次亚裔仇恨事件的催化剂，甚至催生出反移民本土主义和反共主义情绪。由于亚裔美国人历来处于主流社会之外，人们相对容易将华裔或亚裔美国人视为外来者和"病毒来源者"，种种迹象表明美国社会对亚裔美国人存在普遍负面的认知印象。[3] 如果对歧视事件及相关仇恨行为所涉及的亚裔族群进行内部划分的话，美国华人遭受的歧视与人身攻击远大于其他族裔群体，正如下图所示，由中国因

---

① Andrew Lanham. American Racism in the Time of Plagues, https://bostonreview. net - /race/andrew - lanham - american - racism - time - plagues, 2020 - 03 - 30.

② Stop AAPI Hate. Stop AAPI Hate National Report (3/19/20 - 6/30/21), https://stopaapihate. org/ - wp - content/uploads/2021/08/Stop - AAPI - Hate - National - Report - Final. pdf

③ Hannah Tessler, Meera Choi, Grace Kao. The Anxiety of Being Asian American: Hate Crimes and Negative Biases During the COVID - 19 Pandemic, American Journal of Criminal Justice, 2020 (45): pp. 636 - 637.

素所引发的歧视事件成为美国亚裔歧视事件的主要构成部分。[①]

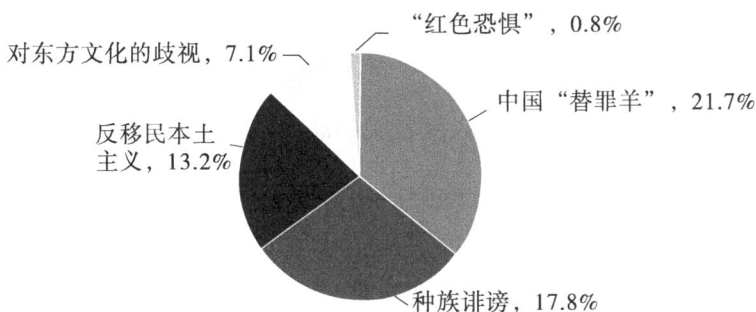

图 5 - 4　仇恨言论的类型

　　首先，美国亚裔歧视事件对华人群体最大的影响就在于人身安全难以得到有效保障，甚至为此不得不隐藏自己的种族身份。尽管将病毒来源和社会危机与外国行为体相联系是一种常见的政治手段，但是这也滋生出仇外、反华和更广泛的反亚裔美国人的仇恨情绪，并通过种族歧视、仇外政策和大众行为等方式传播。[②] 尽管新冠疫情威胁到每一位美国人的生存与发展，但亚裔美国人还要承受额外的压力，即感到不安全并且容易受到他人的攻击。[③] 从前文的数据来看，美国亚裔仇恨事件的发生频率和破坏性都在增加，从言语歧视到人身攻击，美国华人群体正面临严峻的社会安全挑战，而美国政府在病毒溯源上的反华态度也加剧了美国社会对该群体的仇恨程度。其次，美国华人群体的经济收入遭遇停滞甚至破产风险，在美国华人被视为病毒来源者和携带者的同时，美国社会对中餐馆和唐人街怀着强烈的抵触与不满情绪，拒绝在华人聚集的地方停留或消费，甚至打砸华人商店，这将对该群体的经济生活产生不利影响。最后，美国亚裔歧视事件还降低了美国华人的归属感，加剧了美国华人的政治参与困境。从历史上看，美国的亚裔群体与非裔或拉丁裔人所遭受的种族歧视不同，他们从未被标记为真正的"美国人"，华人群体还被视为肮脏的急性疾病传播者。[④] 而这次新冠疫情的暴发再次凸显了这一现实，即美国华人群体始终没有被美国主流社会所接纳，在遭遇重大威胁时仍会被视为外来者，该群体的归属感大幅弱化。与此同时，美国政治精

---

① Stop AAPI Hate. Stop AAPI Hate National Report （3/19/20 - 6/30/21）, https：//stopaapihate. org/wp - content/uploads/2021/08/Stop - AAPI - Hate - National - Report - Final. pdf.

② Tyler T. Reny, Matt A. Barreto. Xenophobia in the Time of Pandemic：Othering, Anti - Asian Attitudes, and COVID - 19, Politics, Groups, and Identities, p. 2.

③ Hannah Tessler, Meera Choi, Grace Kao. The Anxiety of Being Asian American：Hate Crimes and Negative Biases During the COVID - 19 Pandemic, American Journal of Criminal Justice, 2020 （45）：p. 641.

④ Tyler T. Reny, Matt A. Barreto. Xenophobia in the Time of Pandemic：Othering, Anti - Asian Attitudes, and COVID - 19, Politics, Groups, and Identitie, pp. 5 - 6.

英一直试图将政治问题与群体态度联系起来以塑造公众舆论①，而后续的美国对华战略竞争态势进一步激化了本就高涨的反华情绪，美国华人群体自身归属感的弱化和外界对该群体的仇视印象也会对其政治参与造成重大影响。

### （四）美国华人对亚裔及华人受歧视的态度和行动

研究表明亚裔美国人举报仇恨犯罪的可能性是最低的，因此"在每一个被报道的事件的背后，还有更多我们没有听到的事件"②。尽管美国华人在政治上的积极性有所提高，但是在应对亚裔仇恨事件时仍多抱有息事宁人的态度，正如前文所提到的，该群体会尽量隐藏其种族身份以躲开仇恨行为。但是令人庆幸的是，停止 AAPI 仇恨不仅仅是一个流行的标签或反亚洲事件的聚合器，还得到了许多亚裔群体的支持，并鼓励亚裔群体保障自身权利。③总体来看，美国华人群体在面对威胁时所表现出的政治保护意识正在增强，尤其是年轻华人一代。

美国华人群体在应对歧视事件时，主要会采取以下行动来寻求解决方案：一方面，凝聚黑人群体的反歧视力量，构建反歧视联盟。有研究表明，对反亚裔歧视的认知（即类似的经历）导致亚裔群体与其他少数族裔群体形成共同的内群体身份，从而采取更积极的态度和行为。④早在 2019 年 11 月，美国雪城大学就发生数起恶性种族歧视事件，包括华人留学生在内的少数族裔自发组织静坐抗议活动⑤，年轻一代的华人成为美国亚裔反歧视的主力军。随着亚裔反歧视意识提高和"黑人的命也是命"运动的开展，越来越多的学者和研究机构关注美国社会中的歧视问题，这也增强了美国华人反对歧视的力量。另一方面，社交媒体发声也是应对亚裔歧视的重要手段。尽管一些政客和亚裔歧视人士借用社交媒体散布关于种族歧视的不实言论，但是美国华人群体也在运用这一传播工具反对歧视，为自身正名。Twitter 和 Facebook 等社交媒体公司都已采取行动以支持那些遭受歧视的人，包括"#I Am Not A Virus"标签在内的话题已在其网站得到推广。⑥

---

① Tyler T. Reny, Matt A. Barreto. Xenophobia in the Time of Pandemic: Othering, Anti - Asian Attitudes, and COVID - 19, Politics, Groups, and Identitie, p18.

② NBC. The Story Behind the Group Tracking Anti - Asian Hate Incidents, https://www.nbcnews.com/news/ - asian - america/story - group - tracking - anti - asian - hate - incidents - rcna662, 2021 - 05 - 04.

③ NBC The Story Behind the Group Tracking Anti - Asian Hate Incidents, https://www.nbcnews.com/news/ - asian - america/story - group - tracking - anti - asian - hate - incidents - rcna662, 2021 - 05 - 04.

④ Cheng, S. Co - Conspirators in the Fight for Racial Justice: Understanding How Asian Americans Respond to Anti - Black Discrimination at Work, Houston: Rice University, 2021.

⑤ 北美留学生日报：《雪城大学两周内发生十多起种族歧视恶性事件，中国留学生也成攻击对象》，https://mp.weixin.qq.com/s/fb6eaWEUo5QJB_yWq - SZ9g，2019 年 11 月 22 日。

⑥ Stephen M. Croucher, Thao Nguyen, Diyako Rahmani. Prejudice Toward Asian Americans in the Covid - 19 Pandemic: The Effects of Social Media Use in the United States, https://www.frontiersin.org/articles/ - 10.3389/fcomm.2020.00039/full, 2020 - 06 - 12.

面对越发频繁的亚裔歧视事件，美国华人群体遭受的排斥压力越来越大，因此不得不考虑这样一种极端情况，即该群体回避甚至否认自身的族裔身份，并用极端反华的方式融入美国主流社会，我们要对这种极端情况予以高度重视。

# 三、　种族歧视现象对澳大利亚华侨华人的影响

目前，华侨华人占澳大利亚总人口的 5.6%，是澳大利亚最大的亚裔少数族群。但在中澳关系变动、新冠肺炎疫情的影响下，澳大利亚华侨华人遭受到更为严重的歧视，甚至出现"华人威胁论"的论调。了解种族歧视对澳大利亚华侨华人的影响、华人群体的态度以及对此作出的反应是十分重要的。本部分在梳理澳大利亚社会对华人认知内容基础上，就帮助改善华人群体所面临的尴尬境地提出一些建议。

## （一）澳大利亚华人所受种族歧视的具体表现和动因

澳大利亚虽是移民国家，但也是以白人为主体的社会，对华人的歧视是长期存在的。从 2017 年开始，中澳两国关系出现变动并逐渐疏离甚至对抗，这些都使得华人面临更严重的种族歧视。在以美国为首的西方国家将新冠疫情政治化报道的影响下，包括华人在内的亚裔所遭受的歧视不断加重，主流媒体出现有关华人的负面报道，具体表现包含以下方面：

第一，怀疑华人的忠诚度，澳大利亚媒体渲染华商"购买"政治影响力，华人同中国政府存在"威胁澳国家安全"的密切联系。2017—2019 年，澳大利亚主流媒体在报道中将华商称作"中国政府的代理人"，"他们通过政治捐助的形式帮助中国购买（在澳）影响力，扩大中国对澳政治的干预"。典型案例是黄向墨通过政治献金"贿赂"澳大利亚政客，促使后者做出"不符合澳大利亚利益的行为"。随着澳大利亚选举结束、澳大利亚《反外国干涉法》的颁布和实施，媒体报道的内容逐渐转变为华人与澳国家安全的影响。2020 年澳大利亚警方首次动用《反外国干预法》，起诉 65 岁的华人社团领袖杨怡生，指控他与一个外国情报机构有联系。但在主流媒体的报道中，有意无意凸显杨怡生的华人身份及其同中国的关系，不禁让读者产生"中国政府通过华人窃取信息，威胁澳大利亚的国家安全"的想法。

第二，诬陷中国利用留学生建构"间谍网"。越来越多的中国留学生选择前往消费水平低于欧美的澳大利亚留学。据澳大利亚国家教育部数据显示，澳大利亚有 20 多万名中国留学生，占国际留学生总数的 28%。在澳大利亚部分政客和

媒体看来，留学生和华侨华人是一个阵营，是值得怀疑的对象。在面对澳大利亚反华分裂言行和行动时，中国留学生群体自发站出来捍卫中国主权和领土完整。澳媒体却将中国留学生的自发行为解读为受中国政府的操控，认为中国政府通过控制留学生将其势力渗透到澳大利亚的大学并构建一张"间谍网"。澳大利亚政府甚至着手组建"大学应对外国干预特别工作组"，应对"中国对澳高等教育领域的渗透干涉行为"。澳媒体甚至还指出来自中国的学者和专家在同澳大利亚高校机构的合作中，不断窃取澳大利亚技术，尤其是国防军事武器类技术。[①]

第三，指责华人支援中国导致澳医疗体系无法高效应对疫情。截至2022年3月11日，澳大利亚新冠肺炎累计确诊人数为356万人，死亡5 571人，疫情防护形势依然严峻。在新冠疫情暴发初期，澳大利亚社会舆论指责华人和中资企业将澳大利亚口罩、防护服等医疗物资运往中国，导致澳大利亚防疫物资严重不足。随着中国疫情得到控制，美澳等国家却主张开展"新冠溯源"工作，将新冠病毒问题政治化。这种论调也使华人遭受更加严峻的歧视，甚至出现针对华人的暴力行为。澳大利亚亚裔联盟发布的《2021年新冠肺炎疫情种族主义事件》报告显示，1/3的亚裔受访者曾遭受歧视性语言，超过一半的受访者（52%）有中国背景，12%的受访者是留学生，其中95%来自中国大陆。在这份新的报告中，1/3的受访者表示，他们曾被冠以种族主义或侮辱性的称谓，包括被告知"滚回中国""停止吃蝙蝠"以及被称为"Ching Chong"。

第四，澳大利亚政府试图"淡化"对华人的歧视，并将歧视加剧的原因归结于中国政府的"政治化"行动。面对澳大利亚社会频发的种族歧视，包括澳大利亚总理莫里森在内的众多政府官员多次呼吁停止种族歧视的行为，宣传澳大利亚是极具包容性的社会。但这些说法的最终落脚点是强调，中国对澳大利亚所采取的一系列"政治行为"所导致的中澳关系恶化是华人遭受歧视的重要原因，认为中国政府的行为使得华人处于两难境地。通过所掌握的话语地位，澳大利亚政府和主流媒体运用语言术语，淡化种族间的矛盾并将关注点转移到中国政府上。但这种做法不仅没有消除澳社会对华人的歧视，还加剧了对华人忠诚度的疑虑，最终使得华人所面临的种族歧视环境进一步恶化。

澳大利亚舆论对华人之所以出现大量负面认知报道，与澳大利亚的国内政治、对中国崛起的焦虑有密切联系，也和美国对华战略竞争有关。随着中国国际地位的不断提升，澳大利亚将中国视为现有国际秩序的挑战者和破坏者，而部分政客将对中国崛起的焦虑和担忧延伸到华侨华人身上，澳大利亚社会愈发怀疑华

---

① 参见：Alex Joske. The China Defence Universities Tracker：Exploring the Military and Security Links of China's Universities，ASPI，2019；Fergus Ryan，Audrey Fritz，Daria Impiombato. Mapping China's Tech Giants：Reining in China's Technology Giants，ASPI，2021.

人的忠诚度，甚至形成所谓的"华人威胁论"。同时，为获得在社会中占多数的白人群体的支持，尤其在澳大利亚大选期间，政党争相打出"华人牌"。而"华人牌"之所以能吸引白人选民，又与澳大利亚社会中长期存在的"白澳主义"有着千丝万缕的关系。受美国"黑人的命也是命"运动的影响，澳大利亚国内反歧视呼声也日益高涨，澳政府和主流媒体开始公开呼吁社会民众停止歧视行为，但最终目的是将关注度引到中澳关系上。而作为美国重要盟友之一的澳大利亚，为维护符合其利益的美国所主导的国际秩序，难免也会受到美国舆论的影响，抛出"黄祸论""新麦卡锡主义"等敌视中国或华人的观点和思想。澳大利亚国内政治因素和美国对华战略竞争因素的叠加，使以政府和媒体为主体的澳大利亚舆论对华人的认知呈现负面倾向，进一步推动针对华人的种族歧视言论和行为。

### （二）华人对澳大利亚种族歧视的态度及应对措施

近些年，澳大利亚社会出现的种族歧视行为和一些负面舆论报道对当地华人的发展产生巨大的影响，也成为中澳两国关系发展的障碍。了解华人群体对澳大利亚社会种族歧视的态度和反应，对维护华人群体利益和开展海外统战工作具有重要作用。

第一，澳大利亚华人反对种族歧视行为，在华人群体内部反对态度有所差异。面对歧视和侮辱华人的符号标志或言行，华侨华人予以坚决反击、表明自己的态度。2021 年 9 月，一条标题为"向种族主义说不"的短视频风靡澳大利亚社交媒体。视频显示，在墨尔本东部 Glen Waverley 郊区，一位华裔男子用锤子拆除了一块写着"中国制造—新冠肺炎病毒"的标牌。视频中华裔男子的行为得到许多华人的支持，也鼓舞很多华人积极发声，维护自己的合法权益。当然，也有部分华人虽然对种族歧视行为持反对态度，却选择不表明自己的态度与立场，而是选择沉默，害怕"显得偏向中国"而遭受进一步伤害。

第二，澳大利亚华人加强同其他亚裔族群的联系，采取形式多样的措施消除歧视和不同族裔间的误会。最主要的是华人同其他亚裔族群加强联系，共同发声、参加游行活动，向政府表达自身对种族歧视的反对态度，呼吁社会平等对待华人群体。具体提出三项诉求：①要求政府发表声明，解决包括华人在内的亚裔群体所面临的种族主义问题；②加强反种族主义的法律和保护措施；③在所有公共和私营机构定期开展强制性的反种族主义教育或培训。

### （三）种族歧视产生的影响

澳大利亚社会中的种族歧视现象不仅阻碍当地华人的发展，也对中澳关系的发展产生巨大的影响。同时，澳大利亚种族歧视促使"华人威胁论"的扩散，加强以美国为首的反华国际联盟效应。

第一，对澳大利亚华人发展的影响。就歧视产生的直接影响来看，遭受言语侮辱的华人在心理上受到伤害，遭受暴力的华人还必须承受身体上的伤害。同时，一些华人所开的餐厅和超市遭到抢劫，影响正常的营业活动和收入。从华人群体出发，澳大利亚社会的种族歧视现象使不同族群间的差异变得更为明显，不同种族和文化中的"他者"与"自身"的界限更为明显对立，种族歧视会加剧社会对华人忠诚度的怀疑，增加华人融入澳大利亚社会的难度。如在 2019 年联邦大选中，自由党籍华人政客廖婵娥当选为澳大利亚众议员。但媒体开始指责廖婵娥"所筹集到的 30 万澳元捐款来路不明"，"她与中共有关组织关系密切"。在媒体宣传中，廖婵娥成为"中国共产党的海外宣传武器"。参与政治的华人尚且要面对来自社会精英的歧视和质疑，更不论普通华人所遭受的来自周围"他者"的歧视。

第二，对中澳两国关系的影响。澳大利亚部分政客和主流媒体将其国内出现的对华人的种族歧视原因归结为中国政府所采取的一系列针对澳大利亚的"政治化"行为，将自身塑造为受中国"压制"的形象，淡化不同族群间的矛盾，将关注的目光转移到中国政府上。受澳大利亚政界对中国不信任感增加的影响，澳大利亚国内对中国形象认知也出现负面倾向。根据澳大利亚智库洛伊国际政策研究所 2021 年公布的报告显示，澳大利亚民众对中国的信任达到历史最低值，只有 16％的民众对中国政府持信任态度，只有 1/5 的民众认为中国投资会带来积极的影响。[1] 在 2018 年的报告中有关"外国对澳大利亚政治干涉"的问题中，有 63％的民众认为中国对澳大利亚的政治进程产生了影响。[2] 在认为"中国是一个军事威胁"的问题中，连续 8 年大部分民众将中国视为澳大利亚所要面对的潜在的军事威胁。在全球抗击疫情期间，澳大利亚社会舆论出现分裂中澳两国合作的声音。澳外长玛丽斯·佩恩在采访中称希望通过"独立调查"向中国了解病毒的源头、中国的处理方式、有没有充分公开信息，以及与世卫组织和世界各国的互动等问题，"所有这些问题都需要摆到台面上来"。

第三，种族歧视在一定程度上加剧"华人威胁论"的扩散，加强以美国为首的反华国际联盟效应。作为亚太地区重要的国家、美国的重要盟友，澳大利亚竭力维护美国所主导的国际秩序，借机炒作"华人威胁论""侨务干涉论"，配

---

① Natasha Kassam. Lowy Institute Poll 2021, Lowy Institute for International Policy, https://poll. lowyinstitute. org/files/lowy – insitutepoll – 2021. pdf, 2021 – 06.

② Alex Oliver. Lowy Institute Poll 2018, Lowy Institute for International Policy, https://poll. lowyinstitute. org/files/lowy – insitutepoll – 2018. pdf, 2018 – 06.

合美国掀起"中国威胁论"新高潮，形成联盟效应，冲击中国和平发展的国际舆论环境，既不利于中国的外交工作，也阻碍中国为维护海外公民和侨胞利益所开展的侨务工作与统战工作。美国伍德罗·威尔逊国际学者中心发表名为"魔幻武器"的文章，文章称"中国政府利用统战工作干涉他国内政，正在加强对海外华人社区的管理和引导，把海外华人作为中国外交政策的代理人"。随后，澳大利亚《星期六报》的记者马丁·麦肯齐—默里发表文章称该文是国外学界和媒体开始讨论中国统战工作与对外影响力活动的"试金石"。

# 第五节　新时代统一战线工作与海外侨胞民族共同体意识建构的思考

海外统一战线工作是中国共产党统一战线工作的拓展和延伸，在中国革命、建设和改革进程中发挥了独特的作用，在百年大变局和新冠疫情叠加的新形势下，越来越凸显其重要性。然而，大国竞争、"逆全球化"潮流及新冠疫情的全球蔓延等现象，都使海外统一战线工作面临复杂的形势。同时，我国治理体系和治理能力现代化的战略部署，也需要统一战线系统进行相应的调整。为此，本部分结合修订后的《中国共产党统一战线工作条例》（以下简称《条例》），分析新形势下海外统一战线和侨务工作的机遇、挑战，并提出五个方面的思考和工作思路。

2020年12月31日，中共中央印发了修订后的《条例》。《条例》是中共中央根据国内外新形势、统一战线新任务和新要求，以习近平新时代中国特色社会主义思想尤其是习近平关于加强和改进统一战线工作的重要思想作为指导，对2015年《中国共产党统一战线工作条例（试行）》的修订。我们注意到，这次修订的一个重要方面是增加了"海外统一战线工作和侨务工作"一章，明确了海外统一战线的主要任务，由此可见海外统一战线工作和侨务工作的重要性。有必要分析新形势下海外侨务工作的机遇、挑战，并提出针对性的工作思路，其中海外侨胞民族共同体意识建构是工作重点和主线。

# 一、 侨务工作在海外统一战线建构中的重要性

海外统一战线工作是中国共产党统一战线工作的拓展和延伸，其主要服务对象是海外同胞，包括侨胞、留学生、企业家和务工人员等。海外侨胞在中国革命、建设和改革进程中发挥了独特的作用，也是中国与世界联系的重要桥梁和纽带。在百年大变局和新冠疫情叠加的新形势下，海外统一战线工作越来越凸显其重要性，亟须发挥海外侨胞的独特作用，与国际社会一道，"找到最大公约数，画出最大同心圆"，服务中国现代化强国建设和人类命运共同体建设。

## （一）中共中央高度重视新时代统一战线的重要性和海外侨胞的作用

党的十九大报告提出，新时代坚持和发展中国特色社会主义，需要就统一战线等各方面问题作出理论分析和政策指导。"十八大以来，国内外形势变化和我国各项事业发展都给我们提出了一个重大时代课题……回答新时代坚持和发展什么样的中国特色社会主义、怎样坚持和发展中国特色社会主义，包括新时代坚持和发展中国特色社会主义的总目标、总任务、总体布局、战略布局和发展方向、发展方式、发展动力、战略步骤、外部条件、政治保证等基本问题，并且要根据新的实践对……'一国两制'和祖国统一、统一战线、外交、党的建设等各方面作出理论分析和政策指导，以利于更好坚持和发展中国特色社会主义。"[1]《条例》的修订反映了中共中央对新时代统一战线重要性的高度重视，旨在"巩固和发展最广泛的爱国统一战线，为全面建设社会主义现代化国家、实现中华民族伟大复兴的中国梦凝心聚力"，具有重要意义。[2]

海外侨胞是促进中国和平统一和现代化建设事业发展的独特力量。党的十八大以来，习近平总书记、李克强总理等党和国家领导人多次强调海外侨胞与归侨侨眷是我国现代化建设、和平统一、中外人文交流的独特优势及宝贵资源，在实现"两个一百年"奋斗目标、实现中华民族伟大复兴的伟大进程中"能够发挥不可替代的重要作用"。2017年2月，在全国侨务工作会议上，习近平对侨务工作作出重要指示："实现中华民族伟大复兴，需要海内外中华儿女共同努力。把

---

[1] 习近平：《决胜全面建成小康社会夺取新时代中国特色社会主义伟大胜利——在中国共产党第十九次全国代表大会上的报告》，http://news. cnr. cn/native/gd/20171027/t20171027_524003098. shtml，2017年10月27日。

[2] 中央统战部：《六问〈中国共产党统一战线工作条例〉》，http://www. zytzb. gov. cn/tzxy/349776. j－html，2021年1月6日。

广大海外侨胞和归侨侨眷紧密团结起来，发挥他们在中华民族伟大复兴中的积极作用，是党和国家的一项重要工作。"习近平指出："希望侨务战线的同志们坚持胸怀全局、坚持为侨服务、坚持改革创新，以凝聚侨心侨力同圆共享中国梦为主题，当好海外侨胞和归侨侨眷的贴心人，成为侨务工作的实干家，最大限度把海外侨胞和归侨侨眷中蕴藏的巨大能量凝聚起来、发挥出来，为实现'两个一百年'奋斗目标、实现中华民族伟大复兴的中国梦不断作出新的更大的贡献。"①而十九大报告明确指出："统一战线是党的事业取得胜利的重要法宝，必须长期坚持。要高举爱国主义、社会主义旗帜，牢牢把握大团结大联合的主题，坚持一致性和多样性统一，找到最大公约数，画出最大同心圆。……广泛团结联系海外侨胞和归侨侨眷，共同致力于中华民族伟大复兴。"②

充分挖掘和利用海外统一战线中蕴含的政治与外交资源、资本和产业资源、智力资源、文化资源，发挥其沟通中外的桥梁和纽带作用，破解中国创新发展和扩大国际影响力所遭遇的相关困难与障碍，这既是当前党和国家的重大需求，也是亟待解决的迫切任务。《条例》明确了海外统一战线工作和侨务工作的五大任务：一是加强思想政治引领；二是传承和弘扬中华优秀文化；三是鼓励华侨参与我国的现代化建设；四是遏制"台独"等分裂势力；五是促进中外友好交流，营造良好国际环境。其中，"加强思想政治引领，增进华侨和出国留学人员等对祖国的热爱和对中国共产党、中国特色社会主义的理解认同"为《条例》新增内容。《条例》第三十八条规定了侨务工作的主要任务，增加了"围绕凝心聚力同圆共享中国梦的主题""加强华侨、归侨、侨眷代表人士工作""统筹国内侨务和国外侨务工作，着力涵养侨务资源""推动构建人类命运共同体"等内容。值得注意的是，《条例》还增加了"推动和谐侨社建设，教育引导华侨遵守住在国法律，尊重当地文化习俗，更好融入主流社会，为住在国经济社会发展贡献智慧和力量"③。这体现了党和国家长期以来对海外统一战线工作和侨务工作的重视。

### （二）中国改革开放和现代化建设的机遇

新时期中国的快速发展，为侨务工作大发展、服务海外侨胞和归侨侨眷、服务国家发展和对外战略提供了重要的机遇期。

---

① 新华网：《习近平对侨务工作作出重要指示李克强作出批示》，http://www.xinhuanet.com/politics/2017-02/17/c_1120486778.htm，2017年2月17日。
② 新华网：《习近平对侨务工作作出重要指示李克强作出批示》，http://www.xinhuanet.com/politics/2017-02/17/c_1120486778.htm，2017年2月17日。
③ 新华网：《中共中央印发〈中国共产党统一战线工作条例〉》，http://www.zytzb.gov.cn/tzyw/34-9746.jhtml，2020年1月5日。

第一，中国实力和地位的提升。随着改革开放的推进，中国经济快速腾飞，GDP 从 1978 年的 3 679 亿元增加至 2010 年的 40 万亿元，超过日本成为世界第二大经济体。2020 年面对新冠疫情的冲击，我国依然实现经济增长由负转正，GDP 首次突破 100 万亿元。"这意味着我国经济实力、科技实力、综合国力又跃上了新的大台阶。"[①] 随着中国综合实力的上升和海外利益的拓展，海外侨务工作迎来了大有作为的战略机遇期。

第二，国际社会了解、接触中国的需要。中国的发展，尤其是中国市场的吸引力带来"中国机会"。经济合作与发展组织中国政策研究室主任玛吉特·莫尔纳指出："随着中国经济持续复苏，中国不仅将继续向其他国家提供所需产品，其对外国原材料和消费品的需求也逐步复苏，这对世界具有重要意义。"[②] 区域全面经济伙伴关系协定、中欧投资协定的正式签署以及中国构建的服贸会、进博会、东博会等平台为多边合作提供了难得的机遇。中国机会也引发"中国热""中文热"和"中华文化热"，世界了解中国、研究中国、学习中国的需求空前高涨。据估计，海外学习中文的人数已达到 1 亿，60 多个国家通过法令、政令等方式将汉语教学纳入国民教育体系，170 多个国家开设汉语课程或汉语专业，美国、日本、韩国、泰国、印度尼西亚、蒙古、澳大利亚、新西兰等国的汉语教学均由第三外语上升为第二外语。其中，中国在"一带一路"沿线 51 个国家设立 135 所孔子学院和 130 个中小学孔子课堂，2016 年注册学员 46 万人，文化活动受众 270 万人。[③]

### （三）海外侨胞的变化及与中国互动的增加

目前海外 6 000 多万侨胞中，既有老华侨华人，又有 20 世纪中后期从中国（包括港澳台）走出去并在当地定居的新移民，还有土生华人或华裔新生代。华裔新生代是指长期定居海外的老一代华侨华人和新华侨华人的后代。从数量上来看，老华侨华人只占 15%，大部分为新华侨华人和华裔新生代，其中新华侨华人人数估计近千万。总体上看，海外侨胞经济实力强，政治影响力在逐渐上升，融入当地社会的进程在加快，族群自豪感和中华文化认同感也在不断增强。虽然华裔新生代对祖（籍）国和家乡的意识及对中华文化的认同相对淡薄，甚至面临"失根之忧"，但在国内外一系列因素影响下，其寻根意识在慢慢增强，出现

---

[①] 新华网：《里程碑！中国经济总量跃上百万亿元》，http://www.xinhuanet.com/2021 - 01/18/c_112 - 6995425.htm，2021 年 1 月 18 日。

[②] 傅云威：《中国的 100 万亿 世界的发展机会》，http://www.jjckb.cn/2021 - 01/19/c_13967 - 9001.htm，2021 年 1 月 19 日。

[③] 新华网：《汉语有多火？全球学习使用汉语人数已超 1 亿》，http://m.xinhuanet.com/edu/2017 - 10 -/28/c_129728266.htm，2017 年 10 月 28 日。

一定程度的"再华化"。同时，随着中国改革开放的推进，海外侨胞与中国的互动也在增加，不但成为中外交流与合作的桥梁和纽带，也是参与者和受益者。[①]据统计，改革开放以来，侨商投资占中国引进外资的 60% 以上，侨商投资企业占外商在华投资企业的 70%。[②] 伴随改革开放程度的不断加深，华人从最初的投资领头羊变成改革成果的共享者，同祖（籍）国共发展。乘着中国经济发展的东风，华人企业家不断调整自身产业结构，促进自身企业转型。例如获得深圳市 0001 号中外合资企业营业执照的正大集团，除深耕农副产品等传统行业外，还将业务拓展到高铁建设和生物制药行业。无论处于什么时代，全世界华侨华人命运始终与祖（籍）国的命运连在一起，始终与祖国同步发展，始终是祖（籍）国革命、建设的重要力量。[③]

## 二、　海外统一战线工作面临的复杂形势和严峻挑战

广大海外侨胞是统一战线的重要组成部分，在中国和平发展和人类命运共同体建设中可以发挥重要作用。但当前侨务工作和海外统一战线工作面临百年变局和疫情叠加的复杂形势，遭遇大国竞争、"逆全球化"潮流等挑战。同时，中国治理体系和治理能力现代化的战略部署，也需要统一战线系统进行相应的调整。

### （一）美国对华竞争战略主基调下的意识形态之争

特朗普上台以来，美国对华推行战略竞争政策，多维度实施对中国的遏制围堵，组建遏制中国的多边联盟，开展意识形态竞争，妖魔化中国形象，对中国海外统一战线工作构成严峻挑战。根据美国盖洛普民调显示，美国人对中国持积极评价的比例已从 2018 年的 53% 降低为 2020 年的 33%。[④]

正是基于"全政府"、多维度、跨国协调的对华竞争战略，美国近年掀起一波又一波的"侨务干涉论""统战干涉论"，一些所谓研究中国问题的西方智库、学者相继发表关于"中国在海外政治影响力"的文章，攻击中国政府海外统一

---

① 刘泽彭、陈奕平主编：《华侨华人在国家软实力建设中的作用研究》，广州：暨南大学出版社，2018 年。

② 杨宁、徐莹莹：《华商与改革开放同频共振 40 年（侨界关注）》，http://paper. peo － ple. com. cn/ rmrbhwb/html/2019 －01/09/content_1903127. htm，2019 年 1 月 9 日。

③ 张春旺：《习近平总书记关于侨务工作的重要论述之实践与理论渊源探析》，《华侨华人历史研究》，2019 年第 3 期，第 1 － 7 页。

④ US Public's Opinion of China Hits 20 － Yar Low，Gallup Poll Says，https://sg. news. yahoo. com/us － public － opinion － china － hits －062050308. html，2021 － 01 － 15.

战线工作和侨务工作。比如，2017 年 9 月，美国伍德罗·威尔逊国际学者中心刊登一篇来自新西兰学者安妮—玛丽布拉迪（Anne‐Marie Brady）的文章《魔幻武器》；同年 10 月，来自新美国安全中心两位学者克里亚莎和周云章在《外交》杂志发表文章《中国政府正在采用民族主义外交政策吗？》；2018 年 8 月 24 日，美国美中经济与安全评估委员会发布《中国海外统一战线工作：背景和对美国的影响》报告；而美国詹姆斯敦基金会（The Jamestown Foundation）近年来在其《中国简报》（*China Brief*）中发布多特森（John Dotson）的《中国通过联合阵线实体向美国进行经济外联活动》、马丁（Miguel Martin）的《全球宗教与统一战线——以蒙古为例》、美国外交政策研究所亚洲项目高级研究员德雷耶尔（June Teufel Dreyer）的《没有硝烟的战争：中国的统一战线》、全球台湾研究所的执行长萧良其（Russell Hsiao）的《初探中国共产党在日本的影响》和《初探中国共产党在新加坡的影响》等多篇报告，鼓吹中国"侨务干涉论""统战干涉论"，认为统一战线是中共寻求对其他国家的公共话语和对政府政策施加影响的手段，手段途径又可具体分为经济、宗教以及华人组织三大类。

　　同时，自 2017 年以来，澳大利亚舆论对华侨华人的态度渐趋负面，形成所谓"华人威胁论"，指责中国政府通过华商"购买"政治影响力、澳大利亚华人政治精英与中国政府关系密切、中国政府通过华社团体和留学生建构"间谍网络"。[①] 上述美国、澳大利亚等智库、媒体对中国统一战线和侨务政策疑神疑鬼，不断造谣中方实施"侨务干涉""统战干涉"，并在国际舆论场散布，形成所谓"中国威胁论"的舆论环境。澳大利亚洛伊国际政策研究所公布的问卷报告显示，2021 年 63% 的澳大利亚人认为"对澳大利亚而言，中国更是一个安全威胁"，这一比例比 2020 年增加了 22 个百分点，有超过一半的澳大利亚人认为"（在中澳关系恶化中）中国应该受到更多的指责"。[②]

　　拜登政府期间美国对华政策有一定的微调，主张在环保、地区问题等领域与中国进行合作，但对华政策的核心依然强调战略竞争。2021 年 2 月 4 日，拜登在其就职以来的首次外交政策演讲中表示，在符合美国利益的情况下准备与中国合作，但将中国定位为"美国最严峻的竞争对手"。[③] 事实上，自拜登上台以来，美国政府不但在中美阿拉斯加会谈上搞小动作，在所谓的民主、人权问题上进行咄咄逼人的指责，而且陆续在涉疆藏台和香港等问题上采取对抗措施。4 月 8

---

① 陈奕平、关亦佳：《澳大利亚"华人威胁论"解构：基于媒体舆论的政治学分析》，《统一战线学研究》，2020 年第 3 期，第 82～90 页。

② Natasha Kassam. Lowy Institute Poll 2021, Lowy Institute for International Policy, https://poll. lowyinstitute. org/files/lowyinsitu‐tepoll‐2021. pdf, 2021‐06.

③ 中国新闻网：《拜登称中国是最严峻竞争对手中方回应》，https://www. chinanews. com/gn/2021/02‐05/‐9405674. shtml, 2021 年 2 月 5 日。

日，美国参议院外交关系委员会梅嫩德斯等人抛出"2021 年战略竞争法"（"Strategic Competition Act of 2021"）的法案草案，要求拜登政府采取与中国进行全面战略竞争政策，通过促进人权、提供安全援助和打击虚假信息，提升美国遏制中国不断扩大的全球影响力的能力。① 这反映了美国国会民主党和共和党在对华事务上少有地持一致的强硬态度。2021 年 3 月，新上台的拜登政府发布有关国家安全的《临时国家安全战略指南》，也明确将中国定位为竞争对手。② 我们注意到，拜登政府的对华政策在关键领域实际上重回，甚至强化特朗普时代的全面对抗政策，在意识形态领域、涉疆藏台和香港等问题上的举措越来越多，手法更加"毒辣"。

### （二）中国接近世界舞台中心过程中出现的"四期叠加"问题

随着改革开放的推进，中国融入世界的步伐在加速，但也出现海外利益的快速拓展期、崛起大国的实习期、国际身份的转换期和国际社会的适应期"四期叠加"问题。具体而言：第一，作为一个崛起中的大国，面临如何理解和适应国际规范与国际制度的问题，可以说类似"驾驶员"的实习期；第二，中国经济的高速增长推动中国企业和公民大量走出去，同时带来中国海外利益的迅速拓展和利益维护问题；第三，中国从发展中大国逐渐迈向世界性强国，面临国际身份的转换问题；第四，国际社会对中国的快速崛起和"走出去"明显不适应，周边部分国家对中国的疑虑增加，西方国家甚至掀起了新一轮的"中国威胁论"③，国际社会如何适应中国崛起是一个需要重视的问题。

中国融入世界过程中出现的"四期叠加"问题，也会影响海外统一战线工作的开展，比如如何适应国际规范，广交朋友，甚至结成道义联盟；如何维护海外统一战线对象，尤其是海外公民和侨胞的权益；海外统一战线工作如何适应中国崛起后的身份转换；海外统一战线工作如何应对国际社会的错误认知乃至"中国威胁论"。

### （三）大统战视野下涉侨机构调整与治理体系和治理能力现代化问题

鉴于统一战线空前的广泛性、巨大的包容性、鲜明的多样性和显著的社会性，以习近平同志为核心的党中央站在治国理政的战略高度，对构建大统战工作

---

① 新华网：《美参院提 280 页战略竞争法案鼓动用三招打压中国》，http：//www. xinhuanet. com/mil/2021 - 04 - /09/c_1211104218. htm，2021 年 4 月 9 日。

② President Joseph R. Biden. Interim National Security Strategic Guidance，https：//www. whitehouse. gov/wp - content/uploads/2021/03/NSC - 1v2. pdf，2021 - 03.

③ 陈奕平、关亦佳、尹昭伊：《新"中国威胁论"对海外统战工作的影响及对策》，《统一战线学研究》，2020 年 1 期，第 78 - 85 页。

格局高度重视。而海外统一战线工作和国内的统战工作既有很大的相似性，也有明显的差异性，海外统一战线对象本身也存在不同的党派、团体、民族、宗教和社会阶层等差异，这就需要有新的思路理念。

中国大部制改革推动涉侨系统的机构调整，侨务部门并入统一战线系统。总体上，这符合大侨务、大统战的思路。但机构调整和人员适应有一个过程，具体来说，就是侨务干部队伍如何适应统一战线系统的工作模式和要求；如何更快地与统一战线系统干部队伍进行磨合，适应大统战形势；如何增强海外侨社对统一战线工作的了解和认同，打消海外侨社的顾虑；如何引导侨务工作的研究队伍加强对统一战线的研究；如何将华侨华人研究与统一战线研究结合起来。可以说，如何解决侨干、侨社、侨研"三个不适应"，是当前需要重视的问题；而如何构建大统战体系和协作机制，是解决治理体系和治理能力现代化问题的长期任务。

《条例》明确"将服务坚持和完善中国特色社会主义制度、推进国家治理体系和治理能力现代化纳入统一战线工作的主要任务"[1]，这一方面是对统一战线在国家治理中的作用的高度重视，另一方面也对统一战线治理体系和治理能力的现代化具有重要的指导意义。

## 三、 新形势下加强海外统一战线工作和侨务工作的思路

海外统一战线工作的主要对象是海外侨胞，他们在中国革命、建设和改革进程中发挥了独特的作用，包括在抗击新冠疫情中作出了重要贡献。[2] 然而，面临依然复杂和严峻的疫情形势，身处世界各地的侨胞也遭遇经济、政治、社会和文化等不同领域的困难和挑战。如何应对新形势下海外统一战线工作和侨务工作面临的挑战？我们认为，既要了解侨情、国情和世情，也要善于发挥侨胞的作用。

### （一） 明确海外统一战线在新时代中国式现代化建设中的地位和作用

习近平总书记在中国共产党第二十次全国代表大会上所做的报告（以下简称"二十大报告"）中首次提出"中国式现代化"，并阐述了其内涵、特色、本质要求。习近平指出，"从现在起，中国共产党的中心任务就是团结带领全国各族人

---

① 中央统战部站：《六问〈中国共产党统一战线工作条例〉》，http://www.zytzb.gov.cn/tzxy/349776.jhtml，2021 年 1 月 6 日。

② 陈奕平、尹昭伊、关亦佳：《华侨华人与全球新冠肺炎疫情防控：贡献、挑战与政策建议》，《华侨华人历史研究》，2020 年第 3 期，第 1—9 页。

民全面建成社会主义现代化强国、实现第二个百年奋斗目标，以中国式现代化全面推进中华民族伟大复兴。"二十报告要求"完善大统战工作格局，坚持大团结大联合，动员全体中华儿女围绕实现中华民族伟大复兴中国梦一起来想、一起来干"，特别要求以铸牢中华民族共同体意识为主线，加强和改进民族工作和侨务工作，"形成共同致力民族复兴的强大力量"。① 这既为包括广大侨胞在内的统一战线成员施展才能、发挥专业优势和社会影响创造了更大舞台，也提出了新的要求，包括围绕新时期中国式现代化进程中的创新性发展、科教兴国、人才强国、治理体系和能力现代化等重大战略部署献计出力等。

同时，随着中国逐渐接近世界舞台的中央，中国越来越积极地参与全球治理和人类命运共同体的构建，新时代海外统一战线工作也越来越凸显其重要性。从这个意义上说，统一战线工作应该跳出中国传统的大陆思维，将工作范围延伸到港澳台和国际社会，致力于建立中华民族伟大复兴统一战线，为我国参与全球开放合作、改善全球治理体系、促进全球共同发展繁荣建构广泛的朋友圈、凝聚磅礴力量。

《条例》明确了新时代海外统一战线工作和侨务工作的任务："引导华侨、归侨、侨眷致力于祖国现代化建设，维护和促进中国统一，实现中华民族伟大复兴，致力于增进中国人民与世界人民的友好合作交流，推动构建人类命运共同体。"② 这实际指明了统一战线的战略目标，也是对统一战线工作提出的新要求，即凝聚海内外统一战线的力量，致力于实现中华民族伟大复兴，推进构建人类命运共同体。

### （二）增强中华民族共同体意识，加强海外侨胞的民族认同和文化认同

"中华民族共同体"内涵不断丰富，铸牢中华民族共同体意识包括但不仅限于民族工作领域，也是巩固和发展爱国统一战线、"广泛团结和联系海外侨胞和归侨侨眷，共同致力于中华民族伟大复兴"的重要思想基础与有机统一。2017年10月，习近平在党的十九大报告中就把关于"中华民族共同体"的论述放在了"巩固和发展爱国统一战线"一节中，提出："铸牢中华民族共同体意识，加强各民族交往交流交融……广泛团结联系海外侨胞和归侨侨眷，共同致力于中华民族伟大复兴。""铸牢中华民族共同体意识"在十九大中被正式写入党章。

海外统一战线工作的基石在于包括海外侨胞在内的统一战线对象的认同。侨

---

① 新华网：《习近平：高举中国特色社会主义伟大旗帜 为全面建设社会主义现代化国家而团结奋斗——在中国共产党第二十次全国代表大会上的报告》，http://www.news.cn/politics/cpc20/2022 – 10/25/c_1129079429.htm，2022 年 10 月 25 日。

② 中共中央统一战线工作部：《中共中央印发〈中国共产党统一战线工作条例〉》，http://www.zytzb.gov.cn/tzyw/349746.jhtml，2020 年 1 月 5 日。

胞长期在海外生存和发展，与统一战线在中国大陆的工作对象有共性，也有差异性。海外侨胞在政治认同方面会有一定的差异性，但在族群认同和文化认同上趋向一致。费孝通认为中国乡土社会的几层结构是一种"差序格局"，是一个"一根根私人联系所构成的网络"，这个网络的每一个结附着一种道德要素。聚居在不同国家的华人有着区别于当地社会的生活和行事方式，道德文化的评价和认知有着鲜明的中华文明的特征。从全球角度来看，海外华人社会所体现传承的文化同华夏大地的文明共同构成中华文明，这个文明共同体分布呈现"差序"特点。海外华人同中国、侨乡在经济、文化、政治等多维度有着密切联系。[①] 中华文明是一个统一的整体，超越中华大地这一地理疆域概念。杨光斌提出"中华文明基体"，认为中国是由文明基因构成的一个共同体。"中华文明基体"的主体疆域是中国，但边界并不仅仅局限于华夏大地，而是具有世界特征。换言之，那些居住在华夏大地之外的华裔族群依旧按照中华文明基体中的文明信念和生活方式而存续。[②] 代代相传、内化于华夏民族血液中的"基因"构成了延绵几千年的独特的"中华文明共同体"。但这并不是主张中国特殊论，而是强调中国的发展要基于中国自身的基体来实现，突出中华民族的文化属性。习近平总书记曾提到"博大精深的中华文化是海内外中华儿女共同的魂"[③]，"中华文化不断地模塑华侨华人的精神世界，是链接他们与国内人民心意相通、灵魂共鸣的精神桥梁"[④]，这都表明中华文化是团结海外华人的重要黏合剂。

海外统一战线工作要尊重外籍侨胞对住在国的政治认同和效忠，引导海外侨胞立足本地，努力促进当地社会经济的发展，增强自身在住在国的社会地位，充分融入当地社会并为住在国民众接纳。在这样的前提下，我们才能基于中华民族共同体意识和对中华文化的认同，鼓励海外侨胞更好地为中国和平发展贡献力量。《条例》规定，海外统一战线工作要"增进华侨和出国留学人员等对祖国的热爱和对中国共产党、中国特色社会主义的理解认同""传承和弘扬中华优秀文化，促进中外文化交流"[⑤]，这实际是强调人文交流和文化认同以及对中国了解、理解和热爱的重要性。

---

① 费孝通：《乡土中国》，北京：北京出版社，2005 年，第 29 – 50 页。

② 杨光斌：《习近平的国家治理现代化思想——中国文明基体论的延续》，北京：中国社会科学出版社，2015 年版，第 6 – 7 页。

③ 习近平：《习近平谈治国理政（第一卷）》，北京：外文出版社，2018 年版，第 63 页。

④ 潮龙起：《当代中国民族复兴话语与中华民族共同体的构建——以近年中国政府涉侨言论为中心的考察》，《暨南学报（哲学社会科学版）》，2020 年第 12 期，第 1 – 11 页。

⑤ 中共中央统一战线工作部：《中共中央印发〈中国共产党统一战线工作条例〉》，http://www. zytz – b. gov. cn/tzyw/349746. jhtml，2020 年 1 月 5 日。

### （三）找到海外统一战线的最大公约数，强调合作共赢

海外统一战线工作要注重海外侨胞、祖籍国、住在国和国际社会的合作共赢，从共同体视角发挥海外侨胞的作用。在此次疫情防控战的第一阶段，海外侨胞积极行动，出钱出力，采购医疗物资，提供志愿服务，为中国疫情防控作出了重要贡献。而随着海外疫情的扩散，海外侨胞又积极投身第二阶段的疫情防控，从自身防护做起，并为当地购买物资，提供志愿服务，分享经验。中国政府涉侨部门也及时调整措施，从鼓励侨胞为中国抗疫贡献力量，到关心和维护侨胞的安全与合法权益，引导侨胞配合、支持当地疫情防控。中国政府的措施和侨胞在当地参与疫情防控，为中国和海外侨胞群体塑造了良好形象，有利于促进侨胞与当地社会的进一步融合，得到住在国的大力赞赏。

我们也要注意到，疫情蔓延期间，以美国为首的一些国家，通过媒体舆论指责中国防疫工作，不断煽动国内民众反华情绪，将疫情问题政治化。疫情政治化和对中国的污名化对当地侨胞的生存发展造成了不利的影响。不少地方的侨胞被污蔑为病毒的携带者，遭受歧视、辱骂或暴力。有些媒体甚至诬称，侨胞支援中国致使一些国家医疗体系无法高效运转；中国方面和侨胞向其他国家支援抗疫物资是在"赎罪"和"道歉"，华人"赎罪论"甚嚣尘上。为驳斥这样的诬蔑，消除海外侨胞住在国政府和民间的顾虑，我们应当强调海外侨胞资源的"共赢性"，即对侨社、住在国和中国等多方的贡献。同时，海外统一战线应该从中国视角转向世界视角，找到共有历史和观念、共享的利益和愿景这一最大公约数，强调海外统一战线工作的最高目标是构建人类命运共同体，建设持久和平、普遍安全、共同繁荣、开放包容、清洁美丽的世界。

《条例》提出"坚持尊重、维护和照顾同盟者利益"的原则，要求"保护华侨正当权利和利益，关心华侨的生存和发展"，"推动和谐侨社建设，教育引导华侨遵守住在国法律，尊重当地文化习俗，更好融入主流社会，为住在国经济社会发展贡献智慧和力量"。《条例》还要求"发挥促进中外友好的桥梁纽带作用"，"促进中外文化交流"，"致力于增进中国人民与世界人民的友好合作交流，推动构建人类命运共同体"。[①] 这些规定和要求实际都体现了广交朋友、合作共赢的思想。

十九届六中全会提出，把海内外中华儿女团结起来，必须正确处理一致性和多样性的关系，坚持一致性和多样性统一。一致性是共同思想政治基础的一致，多样性是利益多元、思想多样的反映。正确处理一致性和多样性关系，关键是坚

---

① 中共中央统一战线工作部：《中共中央印发〈中国共产党统一战线工作条例〉》，http://www.zytz-b.gov.cn/tzyw/349746.jhtml，2020 年 1 月 5 日。

持求同存异、聚同化异。新的征程上，需要不断巩固共同思想政治基础，包括巩固已有共识、推动形成新的共识，这是基础和前提。还应通过充分发扬民主、尊重包容差异，做到增进一致而不强求一律、尊重差异而不扩大分歧、包容多样而不弱化主导，找到最大公约数，画出最大同心圆。①

### （四）进一步完善涉侨部门的协调机制，完善海外大统战、大侨务体系

涉侨工作一直有侨办、侨联、人大、政协和致公党参加的"五侨"联席会议机制，但实际运作过程中仍然面临一些困难，比如沟通不够、政策把握程度不一。针对涉侨系统的协调，习近平早在1995年就发表署名文章《"大侨务"观念的确立》，首提打破部门条块分割格局的"大侨务"概念，并进行深入的论述，这些论述成为此后侨务工作的重要指引。《条例》明确规定，"加强党对统一战线工作的集中统一领导，确保党在统一战线工作中总揽全局、协调各方，保证统一战线工作始终沿着正确政治方向前进。构建党委统一领导、统战部门牵头协调、有关方面各负其责的大统战工作格局"②。这是新时代海外统一战线工作和侨务工作的重要指引。

在这次疫情抗击战中，浙江、广东、湖南等地涉侨部门的做法值得借鉴。为了做好相关联络对接工作，湖南省委统战部第一时间成立了省委统战部（省侨办）、省侨联联合工作组，安排专人对接海外侨团和侨界爱心人士，汇总抗疫一线物资需求，并联合省工信厅、省卫健委、省红十字会等部门，为境外慈善捐赠物资开通绿色通道，畅通捐赠渠道。统一战线工作要进一步落实习近平关于加强和改进统一战线工作的重要思想，构建大统战工作格局和高效运转的工作机制。

### （五）推进四个"讲清楚"，为海外统一战线和铸牢中华民族共同体意识"正名"

海外统战工作和铸牢中华民族共同体意识面临的重大挑战是被误解、歪曲甚至妖魔化。这就涉及为海外统一战线和铸牢中华民族共同体意识正名的问题，其中关键在于讲清楚为何统战和如何统战的问题，即"名正""言顺"问题。"名正"在于讲清楚海外统一战线的历史逻辑、目标、方式和领导者四个方面的内容，"言顺"在于讲好统一战线和铸牢中华民族共同体意识的故事。一是讲清统一战线的历史逻辑，应该从共有历史角度，讲清建立统一战线、追求民族独立和实现国家富强是广大发展中国家独立和发展的必然选择与共同路径，可以说是中

---

① 光明网：《团结一切可以团结的力量（学习贯彻党的十九届六中全会精神）》，https://m.gmw.cn/baijia/2021-12/06/35360662.html，2021年12月6日。
② 中共中央统一战线工作部：《中共中央印发〈中国共产党统一战线工作条例〉》，http://www.zytz-b.gov.cn/tzyw/349746.jhtml，2020年1月5日。

外对话和文明交流的基础。二是讲清统一战线的利己和利他问题，《条例》提出"坚持尊重、维护和照顾同盟者利益"，"致力于增进中国人民与世界人民的友好合作交流，推动构建人类命运共同体"，这一重要原则如何进一步细化并予以落实？建议从共享的利益与道义视角讲述华侨华人对美国、加拿大、新西兰等国家发展、双边关系和区域治理的贡献。三是讲清统一战线从革命斗争到全方位合作的思想转变问题。自改革开放以来，中国统一战线的重点在于现代化建设和中华民族伟大复兴，新时代的统一战线不是为了打败敌人，更多的是合作应对各种挑战，实现全球治理。四是讲清中国共产党领导的问题，这是近代以来"中国历史和中国人民历经反复检验、比较后的历史选择"。近代中国面临着求得民族独立、人民解放和实现国家繁荣富强、人民共同富裕两大历史任务，"只有能够把两大历史任务担当起来并带领人民进行胜利斗争的政治力量，才能成为中国各族人民的领导核心"。

#### （六）鼓励侨界和留学生巧妙发声，驳斥涉侨污名化言论，维护侨胞权益

针对长期敌视中国的政客和媒体，建议鼓励对华友好的知名侨领、参政人士、华文媒体等积极发声，强调移民对住在国的融入和重要贡献、在居住国和祖籍国之间的桥梁纽带作用以及与祖籍国的天然情感和联系，驳斥"中国威胁论""统战干涉论""华人切割论"等涉侨负面言论。

比如，对于所谓"华人切割论"，纽约市立大学亚裔研究所所长梅邓妙兰就公开发表了客观意见："作为学者，必须尊重证据导出的结论：美国对中国的指责很多并没有充分的证据。"她还认为："美国与中国交恶让美国华人受到牵连，这些政策的受害人最终还是包括华人在内的美国普通百姓。"美中政策基金会主席、美国国会图书馆中国服务处前主任王冀（Chi Wang）在香港英文媒体《南华早报》撰文指出，与冷战年代麦卡锡主义相似的氛围正在美国社会中形成，表达对美国社会怀疑华人忠诚的不满。

而澳大利亚华商、澳中企业家俱乐部主席袁祖文先生通过司法诉讼成功"逼"英国老牌报刊《每日邮报》以及美国著名媒体《纽约时报》正式道歉，对侨胞依法维护自身权益有很好的示范作用，值得推荐。美国华人还同其他亚裔群体共同发起亚裔反歧视游行活动，反对针对亚裔的歧视活动，争取自身权益。

针对萧良其在其报告中称"新加坡华文媒体依赖中国市场，可能因此自我审查"，新加坡最大华文媒体《联合早报》总编辑吴新迪予以坚决的驳斥："中国大陆的市场固然对早报网很重要，是早报海外读者的主要来源。但该报道什么，该怎么报道，我们编辑部都是根据专业的新闻判断。实际上，准确、客观和中立

的报道和评论，才是我们的价值。"①

　　同时，注意发挥留学生群体和组织的作用。2020 年 5 月初，在亚洲协会南加州分会主办的"新冠时代反歧视"网络论坛上，纽约高校学生组织"东海岸反歧视促包容联盟"负责人毛彬丞提出与加州国会议员刘云平不同的观点，反对与中国划清界限。毛彬丞在 2019 年底创办了高校学生组织"东海岸反歧视促包容联盟"，集结美国多所大学多元的学生力量，推进对少数族裔的平等和包容理念，推出了帮助少数族裔获取信息的项目，受到广泛关注，并得到了克林顿基金会全球大学生抗疫基金的资助。

---

① 　沈泽玮：《美国智库称中国统战新加坡华人靠"四招" 红蚂蚁：我们没那么笨》，https://www. zaobao. com/wencui/politic/story20190719 – 973931，2019 年 7 月 19 日。

# 参考文献

## 一、中文著作

1. ［澳］艾瑞克·罗斯著，张威译：《澳大利亚华人史（1888—1995）》，广州：中山大学出版社，2009 年。

2. ［美］彼得·科恩、［美］尹晓煌主编，余宁平等译：《美籍华人与中美关系》，北京：新华出版社，2004 年。

3. ［美］杜维明：《东亚价值与多元现代性》，北京：中国社会科学出版社，2001 年。

4. ［美］格雷厄姆·艾利森著，陈定定、傅强译，《注定一战：中美能避免修昔底德陷阱吗?》，上海：上海人民出版社，2019 年。

5. ［美］基辛格：《白宫岁月》，北京：世界知识出版社，2003 年。

6. ［美］理查德·韦斯特、［美］林恩·H. 特纳著，刘海龙译：《传播理论导引：分析与应用（第二版）》，北京：中国人民大学出版社，2007 年。

7. ［美］玛莎·费丽莫：《国际社会中的国家利益》，杭州：浙江人民出版社，2001 年。

8. ［美］张哲瑞联合律师事务所编著：《百年沧桑：移民美国史画》，北京：中央编译出版社，2004 年。

9. ［美］周敏著，郭南译：《美国华人社会的变迁》，上海：三联书店，2006 年。

10. ［日］近藤诚一：《日美舆论战》，北京：新华出版社，2007 年。

11. ［瑞典］英瓦尔·卡尔松、［圭］什里达特·兰法尔主编：《天涯成比邻：全球治理委员会报告》，北京：中国对外翻译出版公司，1995 年。

12. 中共中央文献研究室编：《建国以来重要文献选编（第 5 册）》，北京：中央文献出版社，2011 年。

13. 潮龙起：《美国华人史》，济南：山东画报出版社，2010 年。

14. 潮龙起主编：《华侨华人与中华民族伟大复兴》，广州：暨南大学出版社，2018 年。

15. 陈怀东：《美国华人经济现状与展望》，台北：世华经济出版社，1991 年。

16. 陈依范著，韩有毅等译：《美国华人史》，北京：世界知识出版社，1987 年。

17. 陈奕平：《人口变迁与当代美国社会》，北京：世界知识出版社，2006 年。

18. 陈奕平主编：《和谐与共赢：海外侨胞与中国软实力》，广州：暨南大学出版社，2012 年。

19. 费孝通：《乡土中国》，北京：北京出版社，2005 年。

20. 费孝通：《中华民族多元一体格局》，北京：中央民族大学出版社，2018 年。

21. 高伟浓、石沧金：《中国的华侨华人研究：1979—2000》，北京：中国华侨出版社，2002 年。

22. 高伟浓：《软实力视野下的海外华人资源》，吉隆坡：学林书局，2010 年。

23. 国家民族事务委员会编：《中央民族工作会议精神学习辅导读本》，北京：民族出版社，2015 年。

24. 国家民族事务委员会政策研究室编：《中国共产党主要领导人论民族问题》，北京：民族出版社，1994 年。

25. 郝时远：《中国共产党怎样解决民族问题》，南昌：江西人民出版社，2018 年。

26. 洪玉华：《华人移民：施振民教授纪念文集》，马尼拉：菲律宾华裔青年联合会联合拉刹大学中国研究出版社，1987 年。

27. 黄纪凯：《华侨华人与共和国》，北京：中华全国归国华侨联合会，2009 年。

28. 黄昆章、吴金平：《加拿大华侨华人史》，广州：广东高等教育出版社，2001 年。

29. 黄昆章：《澳大利亚华侨华人史》，广州：广东高等教育出版社，1998 年。

30. 贾海涛、石沧金：《海外印度人与海外华人国际影响力比较研究》，济南：山东人民出版社，2007 年。

31. 孔秉德主编：《美籍华人与中美关系》，北京：新华出版社，2004 年。

32. 李安山：《非洲华侨华人史》，北京：中国华侨出版社，2000 年。

33. 李明欢：《当代海外华人社团研究》，厦门：厦门大学出版社，1995 年。

34. 李明欢：《国际移民政策研究》，厦门：厦门大学出版社，2011 年。

35. 李明欢：《欧洲华侨华人史》，北京：中国华侨出版社，2002 年。

36. 李未醉：《中外文化交流与华侨华人研究》，北京：华龄出版社，2006 年。

37. 李小兵、孙漪、李晓晓：《美国华人：从历史到现实》，成都：四川人民出版社，2003 年。

38. 梁茂信：《现代欧美移民与民族多元化研究》，北京：商务印书馆，2011 年。

39. 梁英明主编：《华侨华人百科全书》，北京：中国华侨出版社，2000 年。

40. 林金枝主编：《华侨华人与中国革命和建设》，福州：福建人民出版社，1993 年。

41. 刘继南、何辉等：《中国形象：中国国家形象的国际传播现状与对策》，北京：中国传媒大学出版社，2003 年。

42. 刘康：《国家形象与政治传播（第一辑）》，上海：上海交通大学出版社，2010 年。

43. 刘泽彭、陈奕平主编：《华侨华人在国家软实力建设中的作用研究》，广州：暨南大学出版社，2018 年。

44. 麦礼谦：《从华侨到华人：二十世纪美国华人社会发展史》，香港：三联书店香港有限公司，1992 年。

45. 毛起雄：《当代国内外侨情与中国侨务法制建设》，北京：中国民主法制出版社，2008 年。

46. 毛泽东：《毛泽东选集（第二卷)》，北京：人民出版社，1991 年。

47. 毛泽东：《致蔡和森等：毛泽东书信选集》，北京：人民出版社，1983 年。

48. 欧阳世昌：《顺德华侨华人》，北京：人民出版社，2005 年。

49. 任贵祥主编：《海外华侨华人与中国改革开放》，北京：中共党史出版社，2009 年。

50. 石沧金：《马来西亚华人社团研究》，北京：中国华侨出版社，2005 年。

51. 石汉荣：《探解中国侨务》，北京：中国评论学术出版社，2004 年。

52. 孙锐等：《海外华商与中国经济发展》，北京：社会科学文献出版社，2018 年。

53. 田源：《移民与国家安全：威胁的衍生及其条件研究》，北京：世界知识出版社，2010 年。

54. 涂元季：《人民科学家钱学森》，上海：上海交通大学出版社，2002 年。

55. 王赓武：《东南亚与华人：王赓武教授论文选集》，北京：中国友谊出版公司，1986 年。

56. 王赓武：《华人与中国：王赓武自选集》，上海：上海人民出版社，2013 年。

57. 王辉耀、康荣平：《世界华商发展报告》，北京：中国华侨出版社，2020 年。

58. 王辉耀、苗绿：《中国国际移民报告（2020)》，北京：社会科学文献出版社，2021 年。

59. 吴前进：《国家关系中的华侨华人和华族》，北京：新华出版社，2003 年。

60. 吴友富：《中国国家形象的塑造与传播》，上海：复旦大学出版社，2009 年。

61. 习近平：《习近平谈治国理政（第三卷)》，北京：外文出版社，2020 年。

62. 谢剑、陈美萍：《族群认同与文化适应：以马国雪隆地区客家社团的发展为例》，张存武，汤熙勇编：《海外华族研究论集》，华侨协会总会，2002 年。

63. 徐德清、洪朝辉主编：《世纪之交的反思：中国旅美学人谈中美关系》，新北：八方文化企业公司，1998 年。

64. 许倬云：《万古江河：中国历史文化的转折与开展》，上海：上海文艺出版社，2006 年。

65. 杨光斌：《习近平的国家治理现代化思想——中国文明基体论的延续》，北京：中国社会科学出版社，2015 年。

66. 杨群熙、陈骅：《海外潮人的慈善业绩》，广州：花城出版社，1999 年。

67. 杨万秀、罗晃潮：《中华文化与海外华侨华人》，广州：广州出版社，1998 年。

68. 杨学潾主编：《改革开放与福建华侨华人》，厦门：厦门大学出版社，1999 年。

69. 张建成：《华文教育与中华语言文化传播》，北京：中国社会科学出版社，2016 年。

70. 张昆：《国家形象传播》，上海：复旦大学出版社，2005 年。

71. 张秋生：《澳大利亚华侨华人史》，北京：外语教学与研究出版社，1998 年。

72. 张旭东：《东南亚的中国形象》，北京：人民出版社，2010 年

73. 赵和曼：《少数民族华侨华人研究》，北京：中国华侨出版社，2004 年。

74. 赵小建：《重建家园：动荡中的美国华人社会：1940—1965》，上海：复旦大学出版社，2006 年。

75. 中共中央马克思恩格斯列宁斯大林著作编译局编：《列宁选集（第二卷）》，北京：人民出版社，1972 年。

76. 中共中央文献研究室、国家宗教事务局编：《新时期宗教工作文献选编》，北京：宗教文化出版社，2014 年。

77. 中共中央文献研究室编：《建国以来重要文献选编（第一册）》，北京：中央文献出版社，2011 年。

78. 中共中央文献研究室编：《习近平关于社会主义政治建设论述摘编》，北京：中央文献出版社，2017 年。

79. 中央档案馆、中共中央文献研究室编：《中共中央文件选集（1949 年 10 月—1966 年 5 月）（第三册）》，北京：人民出版社，2013 年。

80. 中央档案馆：《中共中央文件选集（第十一册）》，北京：中共中央党校出版社，1991 年。

81. 周南京、方雄普、冯子平主编：《华侨华人百科全书》，北京：中国华侨出版社，2001 年。

82. 周南京主编：《华侨华人百科全书·新闻卷》，中国华侨出版社，1998 年。

83. 周聿峨：《东南亚华文教育》，广州：暨南大学出版社，1995 年。

84. 朱慧玲：《中日关系正常化以来日本华侨华人社会的变迁》，厦门：厦门大学出版社，2003 年。

85. 朱杰勤：《东南亚华侨史》，北京：高等教育出版社，1990 年。

86. 朱小雪：《外国人眼中的中国形象及华人形象研究》，北京：旅游教育出版社，2011 年。

87. 庄国土：《华侨华人与中国的关系》，广州：广东高等教育出版社，2001 年。

## 二、中文期刊论文

88. 曹云华：《关键是民心相通：关于中国—东南亚人文交流的若干问题》，《对外传播》，2016 第 5 期。

89. 曾少聪、李善龙：《华侨华人与构建人类命运共同体：作用和制约因素》，《云南民族大学学报（哲学社会科学版）》，2021 年第 5 期。

90. 曾少聪：《中国海外移民与中华民族认同》，《民族研究》，2021 年第 4 期。

91. 潮龙起：《当代中国民族复兴话语与中华民族共同体的构建：以近年中国政府涉侨言论为中心的考察》，《暨南学报（哲学社会科学版）》，2020 年第 12 期。

92. 潮龙起：《跨国华人研究的理论和实践：对海外跨国主义华人研究的评述》，《史学理论研究》，2009 年第 1 期。

93. 潮龙起：《移民史研究中的跨国主义理论》，《史学理论研究》，2007 年第 3 期。

94. 陈建樾：《建设一个中华民族的新社会和新国家：中华人民共和国民族政策话语体系形成的历史脉络》，《中南民族大学学报（人文社科版）》，2020 年第 4 期。

95. 陈庆德：《民族同化与认同对移民经济体的影响：海外华人经济的实例分析》，《云南民族学院学报（哲学社会科学版）》，1995 年第 3 期。

96. 陈奕平、范如松：《华侨华人与中国软实力：作用、机制与政策思路》，《华侨华人历史研究》，2010 年第 2 期。

97. 陈奕平、关亦佳、尹昭伊：《新"中国威胁论"对海外统战工作的影响及对策》，《统一战线学研究》，2020 年第 1 期。

98. 陈奕平、王琛：《中美关系周期变化与东南亚国家的外交选择》，《东南亚研究》，2019 年第 1 期。

99. 陈奕平、许彤辉：《海外公民利益维护的"中国方案"初探》，《中国与国际关系学刊》，2019 年第 2 期。

100. 陈奕平：《华侨华人与"一带一路"软实力建设》，《统一战线学研究》，

2018 年第 5 期。

101. 陈奕平：《美国"国际侨民接触"战略及其对我国侨务政策的启示》，《东南亚研究》，2012 年第 2 期。

102. 陈奕平：《美国特朗普政府的东南亚政策：继承的遗产及走势展望》，《东南亚研究》，2017 年第 1 期。

103. 陈奕平：《侨民战略视野下我国侨务法制建设的几点思考》，《暨南学报（哲学社会科学版）》，2015 年第 7 期。

104. 陈奕平：《新时代侨务工作和海外统一战线工作的挑战与应对》，《中央社会主义学院学报》，2021 年第 3 期。

105. 陈志明：《华裔族群：语言、国籍与认同》，《广西民族学院学报》，1999 年第 4 期。

106. 陈志明、罗左毅：《族群认同与国家认同：以马来西亚为例（上）》，《广西民族学院学报（哲学社会科学版）》，2002 年第 5 期。

107. 陈志明、罗左毅：《族群认同与国家认同：以马来西亚为例（下）》，《广西民族学学报（哲学社会科学版）》，2002 年第 6 期。

108. 丹珠昂奔：《中华民族共同体意识的概念构成、内涵特质及铸牢举措》，《民族学刊》，2021 年第 1 期。

109. 董慧、王晓珍：《中华民族共同体意识的基本内涵、现实挑战及铸牢路径》，《中南民族大学学报（人文社会科学版）》，2021 年第 4 期。

110. 杜宪兵：《恋旧与洋化——纽约唐人街美国华人的民俗生活与文化认同》，《民俗研究》，2009 年第 1 期。

111. 方长平：《中美软实力比较及其对中国的启示》，《世界经济与政治》，2007 年第 7 期。

112. 费孝通：《中华民族的多元一体格局》，《北京大学学报（哲学社会科学版）》，1989 年第 4 期。

113. 高承海：《中华民族共同体意识：内涵、意义与铸牢策略》，《西南民族大学学报（人文社会科学版）》，2019 年第 12 期。

114. 高哲、朱宇、林胜：《从自防、协防到联防：安哥拉中国新移民的社会安全空间营造》，《华侨华人历史研究》，2021 年第 3 期。

115. 管文虎：《关于研究中国国际形象问题的几点思考》，《国际论坛》，2007 年第 5 期。

116. 国侨办政研司：《关于建立侨务工作协调机制的研究》，《侨务工作研究》，2007 年第 3 期。

117. 韩震：《全球化时代的华侨华人文化认同问题研究》，《华侨大学学报（哲社版)》，2007 年第 3 期。

118. 郝鹏飞：《百年党史视角下中华民族共同体建设的探索历程、内在逻辑和当代启示》，《山东省社会主义学院学报》，2021 年第 5 期。

119. 黄匡时、嘎日达：《社会融合理论研究综述》，《新视野》，2010 年第 6 期。

120. 孔亭、毛大龙：《论中华民族共同体的基本内涵》，《社会主义研究》，2019 年第 6 期。

121. 李爱慧：《美华协会与美国华人和亚裔的权益维护》，《东南亚研究》，2011 年第 6 期。

122. 李明欢：《国际移民与人类命运共同体构建：以华侨华人为视角的思考》，《华侨华人历史研究》，2018 年第 1 期。

123. 李其荣：《寻求生存方式的同一性：美加新华侨华人的文化认同分析》，《东南亚研究》，2008 年第 5 期。

124. 李群锋：《1970 年代以来美国华人慈善事业发展初探》，《八桂侨刊》，2011 年第 2 期。

125. 李胜生：《海外华人的民族关系与种族关系》，《西安交通大学学报（社会科学版）》，2010 年第 3 期。

126. 李泽莹：《澳大利亚中国新移民的社会融合问题研究》，《八桂侨刊》，2019 年第 3 期。

127. 梁茂春：《远距离民族主义：离散族群的跨国政治认同与实践》，《世界民族》，2020 年第 1 期。

128. 梁秀晶：《祖国在哪里？谁是老乡？欧洲华侨华人的身份分布》，《暨南大学第一届海外华人国际学术研讨会论文集提要》，2000 年 12 月。

129. 廖小健、黄剑洪：《新时代开展华侨华人工作的路径探析》，《中央社会主义学院学报》，2019 年第 4 期。

130. 令狐萍：《美国华人研究的新视角：文化社区理论》，《华侨华人历史研究》，2007 年第 1 期。

131. 刘宏：《海外华人社团的国际化：动力·作用·前景》，《华侨华人历史研究》，1998 年第 1 期。

132. 刘以榕：《马来西亚华族的文化适应与华文教育》，《西南民族大学学报》，2004 年第 12 期。

133. 骆家辉：《利用多渠道传播中国传统的文化》，《华人世界》，2009 年第 2 期。

134. 骆家辉：《我以我的中国血统自豪》，《华人世界》，2009 年第 2 期。

135. 骆莉：《国族塑造与政群认同：二战后东南亚民族国家建构中的华族身份认

同变化》，《东南亚研究》，2010 年第 4 期。

136. 马必胜：《澳大利亚如何应对中国崛起?》，《外交评论（外交学院学报）》，2014 年第 1 期。

137. 马戎：《"差序格局"：中国传统社会结构和中国人行为的解读》，《北京大学学报（哲学社会科学版)》，2007 年第 2 期。

138. 马戎：《中华文明共同体的结构及演变》，《思想战线》，2019 年第 2 期。

139. 马妍：《试析澳大利亚舆论对中国崛起的认知》，《国际研究参考》，2014 年第 10 期。

140. 潘乃谷：《费先生讲"武陵行"的研究思路》，《北京大学学报（哲学社会科学版）》，2008 年第 5 期，

141. 乔岩：《"海外惠侨工程"惠及广大侨民》，《侨务工作研究》，2014 年第 5 期。

142. 裘援平：《华侨华人与中国梦》，《求是》，2014 年第 6 期。

143. 谭天星：《华侨华人与中国社会经济发展》，《八桂侨史》，1994 年第 4 期。

144. 唐翀：《马来西亚如何看待中国：以〈新海峡时报〉2002—2003 年对中国的报道为分析视角》，《东南亚研究》，2005 年第 4 期。

145. 唐翀：《与龙共舞：评东盟眼中的中国威胁论》，《太平洋学报》，2004 年第 1 期。

146. 汪海鹰、王磊：《港澳台海外统战工作中的多元认同问题研究》，《中央社会主义学院学报》，2007 年第 3 期。

147. 王赓武：《东南亚华人认同问题的研究》，《南洋资料译丛》，1986 年第 4 期。

148. 王鉴：《中华民族共同体意识的内涵及其构建路径》，《中国民族教育》，2018 年第 4 期。

149. 王土谷：《美洲华侨日报的创建和发展》，《新闻研究资料》，1991 年第 3 期。

150. 王延中、周辉：《中国共产党解决民族问题正确道路的百年探索与基本经验》，《中央民族大学学报（哲学社会科学版）》，2021 年第 5 期。

151. 王毅：《探索中国特色大国外交之路》，《国际问题研究》，2013 年第 4 期。

152. 王瑜、刘妍：《论双语教育的内涵与功能》，《教育评论》，2006 年第 1 期。

153. 文峰、朱凌峰、林涛：《欧华联会的欧盟治理参与：路径、实践与趋势》，《东南亚研究》，2013 年第 3 期。

154. 吴红波：《吴红波在侨务工作与改开放 30 周年座谈会上的讲话》，《侨务工作研究》，2008 年第 5 期。

155. 吴洪芹：《海外华人的民族认同与国家观念辨析》，《华侨华人历史研究》，1996 年第 1 期。

156. 吴金平：《对美、加华裔新生代特点的社会调查及分析》，《世界民族》，2004 年第 6 期。

157. 吴前进：《跨国主义的移民研究：欧美学者的观点和贡献》，《华侨华人历史研究》，2007 年第 4 期。

158. 吴前进：《中澳关系中的中国大陆新移民：国家安全的威胁？》，《八桂侨刊》，2019 年第 1 期。

159. 吴心伯：《特朗普对中美关系的冲击与美国对华政策剖析》，《复旦学报（社会科学版）》，2021 年第 5 期。

160. 吴友富：《战略视域下的中国国家形象传播》，《国际观察》，2012 第 4 期。

161. 伍慧萍、郑朗：《欧洲各国移民融入政策之比较》，《上海商学院学报》，2011 年第 1 期。

162. 习近平：《"大侨务"观念的确立》，《战略与管理》，1995 年第 2 期。

163. 许梅：《海外华人与侨乡关系研究的路径探索》，《东南亚研究》，2008 年第 4 期。

164. 许晓东：《中华民族共同体意识的历史、问题与铸牢路径》，《华中科技大学（社会科学版）》，2021 年第 3 期。

165. ［美］亚历山大·德拉诺、［新西兰］艾伦·加姆伦著，罗发龙译，陈奕平校：《祖籍国与离散族裔的关系：比较与理论的视角》，《东南亚研究》，2015 年第 4 期。

166. 叶虎：《海外华文传媒与中国国家形象塑造》，《当代亚太》，2010 年第 2 期。

167. 叶丽萍：《华侨华人在改革开放中的角色与作用》，《侨务工作研究》，2021 年第 5 期。

168. 于镭：《澳美同盟下澳大利亚对冲策略的建构与影响：基于权力架构理论》，《统一战线学研究》，2020 年第 6 期。

169. 俞祖华、江洋：《百年来中共中华民族共同体观念的演进》，《东岳论丛》，2021 年第 7 期。

170. 约瑟夫·奈、王缉思：《中国软实力的兴起及其对美国的影响》，《世界经济与政治》，2009 年第 6 期。

171. 张春旺：《习近平总书记关于侨务工作的重要论述之实践与理论渊源探析》，《华侨华人历史研究》，2019 年第 3 期。

172. 张丹丹、孙德刚：《中国领事保护的整体思想与机制建设：以利比亚撤侨行动为例》，《国际论坛》，2020 年第 3 期。

173. 张焕萍：《再论冷战初期美国对东南亚华人的宣传战（1949—1964）》，《南洋问题研究》，2016 年第 1 期。

174. 张会龙、朱碧波：《中华国家范式：民族国家理论的省思与突破》，《政治学研究》，2021 年第 2 期。

175. 张继焦：《人类学民族学研究范式的转变：从"差序格局"到"社会结构转型"》，《西北师大学报（社会科学版）》2016 年第 3 期。

176. 张小军：《"中华民族共同体"的差序格局及其文化实践》，《广西民族大学学报（哲学社会科学版）》，2020 年第 1 期。

177. 张秀明：《21 世纪以来海外华侨华人社会的变迁与特点探析》，《华侨华人历史研究》，2021 年第 1 期。

178. 张秀明：《改革开放以来侨务政策的演变及华侨华人与中国的互动》，《华侨华人历史研究》，2008 年第 3 期。

179. 张秀明：《移民与祖籍国的关系——美国华裔和印度裔的个案分析》，《八桂侨刊》，2005 年第 4 期。

180. 赵昌、张秋生：《论多元文化政策下澳大利亚民族认同建构的困境：兼论华人的文化融入问题》，《世界民族》，2017 年第 4 期。

181. 赵和曼：《华侨华人经济与中国对外开放》，《八桂侨史》，1994 年第 1 期。

182. 郑言：《列席全国两会海外侨胞共谋新发展，建言新时代》，《侨务工作研究》，2019 年第 2 期。

183. 周方银、王婉：《澳大利亚视角下的印太战略及中国的应对》，《现代国际关系》，2018 年第 1 期。

184. 周健、通侨：《叩开中非"丝绸之路"》，《华人时刊》，2010 年第 2 期。

185. 周敏：《族裔特性、社会资本与美国华人中文学校》，《世界民族》，2005 年第 4 期。

186. 周聿峨：《东南亚华人地域认同的历史和未来》，《暨南学报（哲学社会科学版）》，2009 年第 2 期。

187. 朱靖江、高冬娟：《虚拟社区中自我认同的反身性重构：基于移动短视频应用"快手"的人类学研究》，《民族学刊》，2019 年第 4 期。

188. 朱文博：《整体趋好、曲折多变：澳大利亚媒体涉华舆论走向评析》，《公共外交季刊》，2017 年第 2 期。

189. 庄国土：《东南亚华侨华人数量的新估算》，《厦门大学学报（哲学社会科学版）》，2009 年第 3 期。

190. 庄国土：《中国价值体系的重建与华侨华人》，《南洋问题研究》，2011 年第 4 期。

191. 庄礼伟:《中国式"人文交流"能否有效实现"民心相通"?》,《东南亚研究》,2017 年第 6 期。

## 三、英文参考文献

1. Abdelal R, Herrera Y M, Johnston A I, Martin T. Treating Identity as A Variable: Measuring the Content, Intensity, and Contestation of Identity, American Political Science Association, 2001, 33 (1 – 33).

2. Barmé, Geremie. In the Red: On Contemporary Chinese Culture, New York: Columbia University Press, 1999.

3. Bell, Daniel A. China's New Confucianism: Politics and Everyday Life in a Changing Society, Princeton: Princeton University Press, 2010.

4. Berry, John W, Phinney, Jean S, et al. Immigrant Youth in Cultural Transition, Acculturation, Identity, and Adaptation Across National Contexts, New York: Psychology Press, 2014.

5. Brooks, Charlotte. Between Mao and McCarthy: Chinese American Politics in the Cold War Years, Chicago: University of Chicago Press, 2015.

6. Cassel, Susie Lan. The Chinese in America: A History from Gold Mountain to the New Millennium, Walnut Creek, California: AltaMira Press, 2002.

7. Yang, Fenggang. Religion, Conversion, and Identity Construction: A Study of a Chinese Christian Church in the United States, Ann Arbor, Mich: UMI, 1997.

8. Fitzgerald, Stephen. China and the Overseas Chinese: A Study of Peking's Changing Policy, 1949 – 1970, Cambridge: Cambridge University Press, 1972.

9. Gill, Bates, Huang Yanzhong. Sources and Limits of Chinese "Soft Power", London: The International Institute for Strategic Studies, 2006.

10. Guéhenno, Jean – Marie. The End of the Nation – State, Minnesota: University of Minnesota Press, 1995.

11. Hsu, Madeline. Dreaming of Gold, Dream of Home: Transnationalism and Migration Between the United States and South China, 1882 – 1942, Stanford: Stanford University Press, 2000.

12. Kibria, Nazli. Becoming Asian American: Second Generation Chinese and Korean American Identities, Baltimore: The John Hopkins University Press, 2002.

13. Lai, Him Mark. Becoming Chinese American: A History of Communities and Institutions, Walnut Creek, California: AltaMira Press, 2004.

14. Lee, Rose Hum. The Chinese in the United States of America, Hong Kong: Hong Kong University Press, 1960.

15. Levenson, Joseph Richmond. Confucian China and Its Modern Fate: A Trilogy, Berkeley: University of California Press, 1969.

16. Li, Minghuan. Seeing Transnationally: How Chinese Migrants Make Their Dreams Come True, Leuven University Press, Zhejiang University Press, 2013.

17. Louie, Andrea. Chineseness across Borders: Renegotiating Chinese Identities in China and the United States, Durham: Duke University Press, 2004.

18. Lu, Yousun. Programs of Communist China for Overseas Chinese, Union Research Institute, 1956.

19. Markus, Andrew. Mapping Social Cohesion: The Scanlon Foundation Surveys 2017, Melbourne: Monash University, 2017.

20. Ng, Franklin. Adaptation, Acculturation, and Transnational Ties Among Asian Americans, New York: Garland Publishers, 1998.

21. Ōmae, Ken'ichi, Ohmae Kenichi. The End of the Nation State: The Rise of Regional Economies, New York: Simon and Schuster Press, 1995.

22. Ong, Aihwa, Donald Nonini. Ungrounded Empires: The Cultural Politics of Modern Chinese Transnationalism, New York: Routledge, 1997.

23. Ong, Aihwa. Flexible Citizenship: The Cultural Logics of Transnationality, Durham: Duke University Press, 1999.

24. Østergaard-Nielsen, Eva. International Migration and Sending Countries: Perceptions, Policies and Transnational Relations, Hampshire and New York: Palgrave Macmillan, 2003.

25. Pan, Lynn. The Encyclopedia of the Chinese Overseas, Cambridge, Massachusetts: Harvard University Press, 1999.

26. Peterson, Glen. Overseas Chinese in the People's Republic of China, New York: Routledge Press, 2013.

27. Pieke, Frank N, ThunØ, et al. Transnational Chinese: Fujianese Migrants in Europe, Stanford: Stanford University Press, 2004.

28. Rolls E. Sojourners: The Epic Story of China's Centuries – Old Relationship with Australia: Flowers and the Wide Sea, Queensland: University of Queensland Press, 1992.

29. Smith M P, Guarnizo L E. Transnationalism from Below, London: Transaction Publishers, 1998.

30. Suryadinata, Leo. Ethnic Chinese as Southeast Asians, Singapore: Institute of Southeast Asian Studies, 1997.

31. Suryadinata, Leo. Southeast Asian Chinese and China: The Politico – Economic Dimension, Singapore: Times Academic, 1995.

32. Tan, Chee-Beng. Chinese Overseas: Migration, Research and Documentation, Hong Kong: The Chinese University Press, 2007.

33. Trepper T S, Tung M. Chinese Americans and Their Immigrant Parents Conflict, Identity, and Values, New York: Routledge Press, 2000.

34. Wong, Bernard P. Chinatown: Economic Adaptation and Ethnic Identity of the Chinese, New York: Holt, Rinehart and Winston Inc, 1982.

35. Wong, Bernard P. The Chinese in Silicon Valley: Globalization, Social Networks, and Ethnic Identity, Lanham: Rowman & Littlefield Publishing Inc, 2005.

36. Wu, Ellen D. The Color of Success: Asian Americans and the Origins of the Model Minority, Princeton: Princeton University Press, 2015.

37. Yang, Fenggang. Chinese Christians in America: Conversion, Assimilation, and Adhesive Identitie, Austin: Penn State University Press, 2010.

38. Ancien, Delphine, Mark Boyle, et al. Exploring Diaspora Strategies: An International Comparison, NUI Maynooth, Workshop report, 2009.

39. Berry, John W. Acculturation: Living successfully in Two Cultures, International Journal of Intercultural Relations, 2005, 29 (6).

40. Boyle, Mark, Rob Kitchin, et al. The NIRSA Diaspora Strategy Wheel & Ten Principles of Good Practice, National University of Ireland Maynooth, http://diasporamatters.com/wp – content/uploads/2011/05/Diaspora – Toolkit – Booklet – 5. pdf, 2009.

41. Cheng, Albert, Him Mark Lai. The " In Search of Roots " Program: Constructing Identity through Family History Research and a Journey to the Ancestral Land, Susie Lan Cassel. The Chinese in America: A History from Gold Mountain to the New Millennium, Rowan & Little Field Publisher Inc, 2002.

42. Fitzgerald, Stephen. Overseas Chinese Affairs and the Cultural Revolution, The China Quarterly, 1969, 40.

43. Gamlen A. The Emigration State and the Modern Geopolitical Imagination, Political Geography, 2008, 27 (8).

44. Guo, Shibao. From International Migration to Transnational Diaspora: Theorizing

"Double Diaspora" from the Experience of Chinese Canadians in Beijing, Journal of International Migration and Integration, 2016, 17 (1).

45. Ha S K, Nguyen A T, Sales C, et al. Increased Self – Reported Discrimination and Concern for Physical Assault due to the COVID – 19 pandemic in Chinese, Vietnamese, Korean, Japanese, and Filipino Americans, Journal of Asian Health, 2021 (1).

46. Hugo, Graeme. What We Know About Circular Migration and Enhanced Mobility, Policy Brief, 2013.

47. Itzigsohn J. Immigration and the Boundaries of Citizenship: The Institutions of Immigrants' Political Transnationalism, International Migration Review, 2000, 34 (4).

48. Krejsa, Harry, Cho, Anthony. Is Beijing Adopting an Ethnonationalist Foreign Policy, Foreign Affairs, 2017.

49. Levitt P, De la Dehesa R. Transnational Migration and the Redefinition of the State: Variations and Explanations, Ethnic and Racial Studies, 2003, 26 (4).

50. Lohrmann, Reinhard. Migrants Refugees and Insecurity-Current Threats to Peace, International Migration, 2000, 38 (4).

51. Maloof V M, Rubin D L, et al. Cultural Competence and Identity in Cross-cultural Adaptation: The Role of a Vietnamese Heritage Language School, International Journal of Bilingual Education and Bilingualism, 2006, 9 (2).

52. McVey, Ruth. The Materialization of the South East Asian Entrepreneur, McVey Ruth. South east Asian Capitalists, Ithaca: Cornell University South East Asian Program, 1992.

53. Noelle – Neumann E. The Spiral of Silence a Theory of Public Opinion, Journal of Communication, 1974, 24 (2).

54. Portes, Alejando. Theoretical Convergences and Empirical Evidence in the Study of Immigration Transnationalism, International Migration Review, 2004, 38 (3).

55. Reny, Tyler T, Barreto, Matt A. Xenophobia in the Time of Pandemic: Othering, Anti-Asian Attitudes, and COVID – 19, Politics, Groups, and Identitie, 2022, 10 (2).

56. Koopmans R, Statham P. Challenging the Liberal Nation-State? Postnationalism, Multiculturalism and the Collective Claims Making of Migrants and Ethnic Minorities in Britain and Germany, American Journal of Sociology, 1999, 105 (3).

57. Suryadinata, Leo. Ethnic Chinese in Southeast Asia: Overseas Chinese, Chinese Overseas or Southeast Asians, Suryadinata, Leo. Ethnic Chinese as Southeast Asians, Singapore: Institute of Southeast Asian Studies, 1997.

58. Tessler H, Choi M, Kao G. The Anxiety of Being Asian American: Hate Crimes and Negative Biases During the COVID – 19 Pandemic, American Journal of Criminal Justice, 2020 (45).

59. Trocki, Carl. Boundaries and Transgressions: Chinese Enterprise in Eighteenth and Nineteenth – Century South east Asia, in Ong Aihwa and Nonini Donald, Ungrounded Empires: The Cultural Politics of Modern Chinese Trans-nationalism, New York: Rout ledge, 1997.

60. Wang, Ling – chi. Roots and Changing Identity of the Chinese in the United States, Franklin Ng. Adaptation Acculturation, and Transnational Ties Among Asian Americans, New York: Garland Publishers, 1998.

61. Zhang, Juyan. Exploring Rhetorie of Public Diplomacy in the Mixed – Motive Situation: Using the Case of President Obama's Nuclear – Free World's Speech in Prague, Place Branding and Public Diplomacy, 2010 (6).

# 后　记

自 20 世纪 80 年代中期开始，我就开始探讨美国人口流动，围绕农业人口外迁与城市化、都会人口郊区化及美国移民和少数族群问题，在《美国研究》《世界民族》《世界历史》等杂志发表了系列学术文章，并以此为基础出版了《人口变迁与当代美国社会》一书。进入新世纪，我的学术方向转向国际关系和华侨华人问题研究，获批了国家社科基金重大重点项目、教育部重大攻关项目和基地重大项目等，就华侨华人与中国软实力、海外华人社区文化传承、海外中国公民安全和权益维护、统一战线、美国与东南亚国家关系、中美关系等领域问题，在《世界经济与政治》《当代亚太》《人口研究》《华侨华人历史研究》《东南亚研究》《统一战线学》《中华民族共同体研究》《暨南大学学报（哲学社会科学版）》等杂志发表了数十篇学术文章，出版了《依赖与抗争：冷战后东盟国家对美国战略研究》（2006 年）、《"和谐世界"之桥：海外侨胞与中国国家软实力》（主编，2014 年）、《2014—2016 年世界侨情报告》（主编，2017 年）、《华侨华人在国家软实力建设中的作用》（联合主编，2018 年）等著作。

2019 年，暨南大学依托自身特色和优势，整合校内相关机构的力量，成立中华民族凝聚力研究院，重点围绕港澳台同胞与国家认同、海外侨胞与民族认同、海外传播与实践路径等方向开展协同攻关，旨在为深化新时代民族研究工作，构筑最广泛海外统一战线，实现中华民族伟大复兴的中国梦贡献"暨南智慧"。我有幸受邀成为中华民族凝聚力研究院的首席专家，研究领域也拓展到海外侨胞的民族认同与中华民族共同体建设。在国家民委的指导和学校的大力支持下，暨南大学中华民族凝聚力研究院获批国家四部委联合设立的首批"铸牢中华民族共同体意识研究基地"，并在后续的科学研究、社会服务、人才培养等方面取得明显成绩。

本书正是我领衔的学术团队这些年来相关科研成果的汇总，其中不少内容已经在学术期刊发表。在此，特别感谢暨南大学铸牢中华民族共同体意识研究基地的支持，向前述杂志和暨南大学出版社的各位编辑老师致以诚挚的谢意！同时，感谢参与本书撰写的各位成员的贡献，包括学术团队成员石沧金教授、代帆教授、朱磊副教授，博士后研究员莫光木，博士研究生宋敏锋、罗发龙、苏朋、陈友明、关亦佳、杨晶滢、黄思婷，硕士研究生赵子琴、李才玉、尹昭伊等。也对参与排版、参考文献整理的硕士研究生曹锦洲和李舒婷表示感谢！

最后，要说明的是，由于海外侨胞的族群认同与中华民族共同体建设涉及的国别、领域、层面、内容较多，书中部分内容写成于不同时期，加上个人水平的限制，本书的疏漏和错误在所难免，敬请各位专家同人批评斧正！

陈奕平

2022 年 12 月于广州·暨南园